民间股神之
冰海奇迹

白青山◎著

海天出版社
HAITIAN PUBLISHING HOUSE
·深圳·

图书在版编目(CIP)数据

　　民间股神之冰海奇迹 / 白青山著. —深圳：海天
出版社，2020.5（2021.11重印）
　　ISBN 978-7-5507-2853-0

　　Ⅰ.①民… Ⅱ.①白… Ⅲ.①股票投资－经验－中国
Ⅳ.①F832.51

　　中国版本图书馆CIP数据核字(2020)第023606号

民间股神之冰海奇迹
MINJIAN GUSHEN ZHI BINGHAI QIJI

出 品 人	聂雄前
责 任 编 辑	涂玉香
责 任 技 编	陈洁霞
封 面 设 计	元明·设计

出 版 发 行	海天出版社
地　　　址	深圳市彩田南路海天综合大厦（518033）
网　　　址	www.htph.com.cn
订 购 电 话	0755-83460239（邮购、团购）
设 计 制 作	深圳市龙墨文化传播有限公司（电话：0755-83461000）
印　　　刷	深圳市晶宇印刷有限公司
开　　　本	787mm×1092mm　1/16
印　　　张	23
字　　　数	320千
版　　　次	2020 年 5 月第 1 版
印　　　次	2021 年 11 月第 2 次
印　　　数	10001～13000册
定　　　价	78.00 元

图1　在广东茂名采访郑东茂（右）

图2　郑东茂在他创办的千年古树茶生产基地

图3　郑东茂创办的龙头股吧

图 4　张水牛（右一）在和众多投资高手交流中

图 5　张水牛在私募交流会上发言

图 6　张水牛（左）与作者白青山（右）合影

图 7　在南海之滨采访张水牛（左）

图 8　吴继国为投资者传授操盘技艺

图 9　作者白青山（左）与吴继国（右）合影

图 10　在南海之滨采访吴继国（右）

图 11　摩根士丹利与上海财经大学联合举办的行业研究大赛现场颁奖仪式，杨帆（左三）获得一等奖

图 12　在摩根士丹利与上海财经大学联合举办的行业研究大赛上，杨帆作为参赛者发言

图 13　在深圳采访杨帆（左）

图 14　在羊城将军山采访君山居士（右）

图 15　君山居士（右一）与各位高手在沈阳与投资者谈笑风生

图 16　重访君山居士（左）

图 17 《民间股神》签名售书现场，读者激情澎湃

图 18 作者白青山（右二）接受天津卫视采访

图 19 与《民间股神·第 3 集》高手顺手黑马（右一）、神剑（左一）在《寻找中国巴菲特》新书发布会上再相遇

图 20 作者在采访途中跋山涉水

自　序

风雪漫漫的迷途，路在哪儿？

——写在《民间股神之冰海奇迹》出版之际

"打烊了。"

当茶社的服务生微笑着向坐在僻静一隅专心敲击着电脑键盘的我们走来时，我才意识到已临近午夜时分。

恰巧这时，我已和书中的采访人物杨帆，共同将几万字的稿件最后仔细梳理修改了一遍，同时也正式宣告这本《民间股神之冰海奇迹》全部结稿。我和杨帆举起手中的茶杯开心地相碰："打烊了!"

这时，也只有在这时，在历时整整一年的采访全部结束后，我才长长地舒了一口气。

回到家中，手机"叮咚"一声，是杨帆发的微信：

"白老师辛苦了! 跟您在一起的时光很快，也很宝贵! 最终能够完成全部稿件的写作，得益于您的坚持和专业精神! 很感激您的总结和提取，让我也受益匪浅! 您记载了中国股市 20 年的人与事，点点滴滴串起 20 年的光影，这既是传道授业，也是承载 A 股从稚嫩走向成熟的历史! 希望您注意身体，享受时光! 多陪陪老伴，不负人生!"

是夜，我辗转反侧，难以入眠。回顾 20 年来坚持在中国证券一线

"艰难的淘金路"上，寻访民间高手所走过的一程又一程，回顾一年多来，在股市风雪弥漫之中采访本书 5 位股市英杰的那些难忘日子，心潮澎湃，久久难以平静……

2018 年 3 月，《民间股神》系列第 8 集即《寻找中国巴菲特·寒夜亮剑》出版发行，股市行情虽然低迷，但这本书却受到千万读者的格外热捧，很快售罄加印。热情的赞扬、感激的言语随着来电、微信，似雪花般扑来，不少读者期盼我能再多采写一些这样的内容，以帮助大家提高投资技艺。这令我感动，并受到莫大的鼓舞与激励。我决意放弃因长年奔波采访身心疲惫、原想"金盆洗手"清闲"安度晚年"的念头，再次投入寻觅民间投资高手的新征途之中……

风雪漫漫，股票市场的投资环境异常恶劣、残酷。我克服一切困难艰辛地寻访，从滔滔的南海之滨，到滚滚的长江之畔，历时整整一年时间，终于挖掘到了闪烁在熊市中的五颗耀眼"明珠"——

我第一个采访的人物叫张水牛。他是从一个"放牛娃"成长为掌控几十亿元资金的股市"牛人"。他给我最深刻的印象是，无论行情怎样差，都不悲观，不言放弃。从 2008 年到 2017 年的 9 年间，他把 200 万元变成了 3.2 亿元，创造了 100 多倍的奇迹。2018 年，中美贸易战日渐加剧，大盘狂泻 1000 点，而水牛的账户却奇迹般地逆势翻番！

结束对水牛的采访，已近 2019 年春节，我放弃和家人春节团聚，前往广东茂名与"默默发财"的郑东茂相处了 28 天，年三十、大年初一至正月十五，我与郑东茂几乎每天都交谈到凌晨两三点。在那段辛苦而又充满欢乐的日夜相伴日子里，我被他的传奇故事时时感染着。在 2014 年至 2015 年上半年的牛市中，他把 300 万元资金做到了一亿元，称得上是一个地道的"股市英豪"。在 2017 年、2018 年股市最"冰冷"的日子里，郑东茂发行的两期基金，分别获利 54% 和 19%，一个专户产品在大熊市中竟逆势夺得高达 76.48% 的收益，奇迹般地远远跑赢大盘，令人震撼！

生长在长江之畔的"美髯公"吴继国，故事同样传奇：他用其独创的"MK·纳金波段交易系统"，从 2015 年 2 月始，到 2019 年 4 月短短的 4 年零两个月时间里，硬是把起始资金 100 万元像变魔术一样操作成了 3000 多万元，整整翻了 30 倍！

杨帆是我在采访中结下的"忘年交"。在 2018 年与他相识时，他才 28 岁。这是一个才智过人的金融学子。他 18 岁上大一时就炒股，在大学校园里炒股炒成了"千万富翁"。金融硕士毕业那年，他就拥有了 6000 多万元的资产。在 2018 年和 2019 年极度艰难的操作环境中，他靠着卓越的专业能力，独自潜心挖掘出数只大牛股，依然业绩翻番。尤其是他在 2008 年，在股市创下 1664 低点的前夜果敢入市，于 2015 年 6 月 15 日股灾发生当日成功逃顶，且同年在暴跌中果断抄底让资金翻了 6 倍。他在股市的传奇故事令人难忘……

2018 年和 2019 年年末，我还两度重访隐居在广州花城将军山的君山居士。从 2008 年至 2019 年的 11 年间，他从昔日一个战胜熊市业绩翻倍的顶尖高手，到今天走出国门、征战华尔街再创辉煌战绩的中华金融骄子，续写着自己出彩的股市人生。在不断奋进的征途上，他与时俱进，执著追求，永不停步，用自己的聪明智慧、汗水和人工智能高科技手段不断完善盈利模式，并成功打造出神奇的"阿尔法牛"，震撼中国股坛，令世人赞叹和颂扬！

…… ……

五位"英杰"，五部传奇！

他们，在风雪交加的中国股票市场上，似严冬季节里盛开的簕杜鹃，如此绚丽、夺目！

也许有人会问：高手们何以在股市"暴风雪"袭来最为猛烈的时刻，不仅能安然存活，而且还能取得如此卓越骄人的战绩呢？

记得在采访杨帆时，我怀着同样的疑惑，向他提问。他以他投资策略的三个"坚决"回答了我：一要坚决买低估值！二要在低位连续大跌时坚决买入！三要在高估值时，坚决卖出！其实说白了，三个"坚决"透着一个核心：超强的风险意识！超人的投资智慧！这也正应了巴菲特那句既简单而又极难做到的名言："别人恐惧我贪婪，别人贪婪我恐惧。"杨帆如此，其他几位高手也如此。善于逃顶，敢于抄底，是他们在熊市中制胜的共同操盘秘诀。在 2015 年的疯牛行情最炽热时，郑东茂果断离开股市，向着"七彩云南"旅游胜地进发；表面上操作颇为激进常抓涨停的水牛，在风险来临时，其实他一直非常谨慎，敬畏市场。采访中，他常说的一句座右铭："低吸富三代，追高毁一生"，至今我都一直贴在电脑上最醒目的地方警示自己。

当然，能制胜股海，创造奇迹，更离不开超强的操盘技艺。高手们各有各的"独门暗器"，各有各的"撒手锏"：郑东茂惯以"龙头战法"，一剑封喉；水牛以多年磨砺的九把"利剑"斩关夺隘，助他长期立于股市不败之地；吴继国靠自己独创的神奇的波段操盘体系，4 年业绩翻了 30 倍；杨帆则擅长以"巴菲特之道"寻找伟大的公司，挖掘出市场中最具潜力的翻倍牛股；而"熊市牛人"君山更是以他创新的"四大操盘绝技"在征战华尔街中不断取得佳绩。

尽管"绝技"不同，但殊途同归。他们的一切成功，无不是用心血和智慧换来和铸就的。这是我和他们朝夕相处的一年中，感悟最为深刻的一点。

征途坎坷，风雪漫漫，路，究竟在哪?

其实，路，就在自己的脚下。

在跌宕无常的股票市场，不论是红红火火的牛市，还是风雪肆虐的熊市，只要你像书中的高手们一样不懈地努力，执著追求，永不放弃，且能在实战操作中找到适合自己的盈利模式，你，也一定可以走向成功，创造出奇迹。

不是吗?

我坚信这一点!

当然，奋进的路上，我也会一如既往地努力，与你一起前行。只要身体允许，我将"不忘初心，牢记使命"，不懈地在波涛汹涌的股海中淘到更多的"宝藏"，献给亲爱的读者朋友！

白青山

2019 年 12 月于深圳

01

郑东茂

阴沉沉的"风雪天"，飘着一抹"彩霞"……

解密中国股坛"龙头股侠"郑东茂牛熊市持续盈利的生存制胜之道

当市场一夜之间崩溃时，当猛烈的暴风雪袭来的时刻，你是否能安然存活在这个残酷的市场中？

他，深居在南海之滨一座"小城"的一个名不见经传的"小人物"，却以"独占鳌头，剑指天下"的气概，劈风斩浪，持续盈利，默默地创造出一个又一个奇迹与辉煌，交出了一份优秀的答卷！

▼

02

张水牛

深圳，有个股市牛人叫"水牛"……

记中国股坛被人们誉为"股市天才"的张水牛——一个贫穷的"放牛娃"闯荡大都市，以 6000 元入市起步到执掌 22 亿元资金的"股佛"的传奇故事

他从一个"放牛娃"成长为执掌几十亿元资金的股市"牛人"，并在 10 年间神奇般地将 200 万元的资产变成 3.2 亿元，业绩增长了 100 多倍。这一惊人的奇迹究竟是怎么发生的？让我们踏着南海的浪涛，去寻找他走向成功的足迹……

▼

03

吴继国

"纳金波段王子" 30 倍传奇

记中国股坛被尊誉为"纳金波段王子"的吴继国，在 4 年间利用其独创的"MK·纳金波段交易系统"，从残酷的股票市场中斩获 30 倍利润的传奇

在 2015 年至 2019 年 4 年间"冰雪皑皑"的股票市场上，有多少人亏损累累？而他，却将 100 万元魔术般地变成了 3000 多万元，在残酷的行情中竟创造出了 30 倍收益的惊人奇迹！

在白雪飘飞的寒冷季节里，这一美丽的"神话"究竟是怎么发生的呢？本文所纪实的传奇故事以及他独创的"纳金波段交易系统"和十二大操盘绝技，将为你揭开其中的奥秘……

▼

04

杨帆

迷上巴菲特的"校园股神"

记在大学生涯里炒股就炒成"千万富翁"的金融学子杨帆制胜股海的故事

他，一个痴迷"巴菲特之道"的优秀金融学子，从18岁到26岁，从13万元起家，到创造出6000多万元的财富，再到数亿元规模基金的"掌门人"，他用所学的金融专业知识和无悔的青春年华，在校园里、在中国股坛上奏响了一曲令人惊叹的价值投资"青春之歌"……

▼

05

康会民（君山居士）

征战华尔街

记中国羊城股坛奇人、广东君利对冲基金董事长君山以独创的四大操盘绝技制胜华尔街的传奇故事

从 2008 年至 2019 年的 11 年间，他从昔日一个战胜熊市、业绩翻倍的顶尖高手，到今天走出国门征战华尔街再创辉煌战绩的中华金融骄子，续写着自己出彩的股市人生。在不断奋进的征途上，他与时俱进，执著追求，永不停步，用自己的聪明智慧、汗水和人工智能高科技手段不断完善盈利模式，并成功打造出神奇的"阿尔法牛"，震撼中国股坛，令世人赞叹和颂扬。

01

郑东茂

————

"我们应怀有感恩之心，龙的传人
要永远爱龙头！拜龙头！"

当市场一夜之间崩溃时，当猛烈的暴风雪袭来的时刻，
你是否能安然存活在这个残酷的市场中？

他，深居在南海之滨一座"小城"的一个名不见经传的
"小人物"，却以"独占鳌头，剑指天下"的气概，劈风斩浪，
持续盈利，默默地创造出一个又一个奇迹与辉煌，交出了一
份优秀的答卷！

投资简历
RESUME

个人基本情况
Personal Information

郑东茂，网名："金融浪子""龙头股侠"。广东茂名人。大学文化。

入市时间
Stock Market Entry Time

1995 年。

投资风格
Investment Style

"一万年太久，只争朝夕。"快进快出，只买涨停板中的龙头。

投资感悟
Investment Insights

不要企图比市场聪明，市场永远都是对的。我们只专注龙头，其他股票不要去理它。

阴沉沉的"风雪天"，飘着
一抹"彩霞"……

解密中国股坛"龙头股侠"郑东茂牛
熊市持续盈利的生存制胜之道

风好大。雪好猛。

真的好冷，好冷。

中国股市自 2015 年 6 月遁入"风雪之途"，让人们寒透了心：漫漫冰雪长夜，何时是尽头？又何时才能见到黎明前的曙光？

在这使人肝肠寸断、备受煎熬的日子里，我头一次真真切切感受到了"不寒而栗"的滋味：看来，在证券一线采访了整整 20 年的我，真到了该封笔的时候了。

在股市的"寒冬腊月"里，也确实难寻到"精英"了。我试图一次次地寻觅，又一次次心灰意冷地"碰壁"。

然而，我并不甘心。尤其是我一直记挂着在心头存念已久的那抹"彩霞"，它，让我念念不忘。

那是《民间股神》第 8 集——《寻找中国巴菲特》在广州举行千人发行盛会当天，我刚从讲台上走下来，一个小伙子紧跟在我身后，对我说："白老师，能不能写一下我们的郑总？"

"你是哪的？郑总是谁？"我问。

"我是广东茂名的，叫柯小小。郑总是我们基金的经理，他叫郑东茂，也是我的救命恩人。我原来炒股亏了很多钱，是他教会我操作，让我成了村里的首富。不光是我，他还开了一个会所，帮了许多乡亲股友们。我想让您写写他，完全是种感恩！"

"他实战的业绩怎样？"

"我们的基金产品，收益50%多。"我看到，小柯的脸上荡着满满的自豪感。

"行情这么不好，还有这么有能耐的人？"我疑惑地想，心里在打鼓。

但，他的话，很快得到了验证：广东九州证券的冯总把郑总操刀的基金业绩走势截图给我看："我们认识很多年了，对他的投资理念和操作风格，都非常了解。"

基于此，我把郑东茂列为我下一步采访的一个重要对象。

可没想到，信息很快"消失"了。

行情越来越差，茂名再未传来一丝一毫消息。我心里在揣摩着：倾巢之下，岂有完卵？无情的行情，葬送了不知多少投资人！一天天，我也渐渐淡忘了他。

可是几个月后，就在股市行情最为低迷的2018年8月末，小柯再次给我传来郑总的信息：郑东茂操作的"财林第二期基金"运作一个月时间，收益率19%，同期大盘跌13%，相差32%！

奇人奇事啊！我再次燃起立马赴茂名采访的念头。

可很快从小柯那儿又一次听到郑总"消失"的讯息："现在行情不好，郑总出国搞茶场去了。不过，郑总答应等他回来后接受您的采访。"这是我听后略感欣慰的一点。

我通过微信天天跟踪着郑东茂的踪迹。国内，冰冷的行情依旧；国外，郑东茂在异国忙碌耕耘千余亩的古树茶场密林，挥汗如雨。

我静静地等着，期待着他的归来。

引子：世间难觅的金丝楠木"龙头茶台"：你究竟想说什么？

等待了许久许久之后，茂名终于传来了信息：郑总已回国，随时迎候您的来访。

2019 年 1 月 22 日，尽管春运高潮已至，尽管我当时因连日采访日夜奋战十多天身体甚感疲惫，但一想到要与心目中的高手谋面，我便毫不犹豫，立刻启程，于当日就赶到了广东茂名。

小柯和郑总的好朋友余经理在车站热情地接我。一上车，头次见面的余经理就对我说："白老师，您来茂名采访郑总真是来对了。这些年，我在全国曾拜访过许许多多股票高手，郑总是我最认可佩服的一位杰出人才。他有好的策略，高超独创的操盘技艺。我这些年和他在一起朝夕相处，看得真真切切。您此次采访，绝不会失望。"

不一会儿，当小柯开着车把我带到被人们称为"中国第一吧"的茂名"龙头股吧"时，郑总已泡好他从千里之外的原始森林亲手采制的原生态古树茶，为我"洗尘"。正宗甘洌的古茶香，顿时溢满整个"龙头股吧"。

我一口口品味着这道极品茶，与思待多日的郑总亲切交谈。

这时，小柯见郑总用手搭着我的肩交谈得十分开心，举起手机为我们拍照。当快门按下后，一个"奇观"竟猛然乍现：桌上，古树茶香浓烈扑鼻，郑总从原始森林带回的一块花岗岩，这时突然放出一团红彤彤的耀眼光亮，对面墙上郑总的千亩茶林大幅照片，也奇巧地映入我俩身后上方的古树茶分布图上，同时，一轮太阳显现……

"太奇妙了！太神奇了！"在场的人都在惊叹。是天意？还是期盼已久相见的缘分？

我不迷信，我看不懂，但心情是激动的、兴奋的。

此刻，我抬眼望向面前龙头股吧中，最为显眼、世间难觅的三吨重5米多长的金丝楠木"龙抬头"茶台。这会儿，在欢乐的气氛中，栩栩如生的它，似乎也昂着头向我微笑：它，是郑东茂在股票市场中从一个"小散"走向一个成功基金经理的见证！

它听闻过郑东茂入市后9年赔钱的劫难；它也听闻过郑东茂艰难起步时摸索出了炒股的"道道"，从2万元赚到了100万元首次"大捷"的喜悦；在2008年金融危机中股市灾难性地暴跌中，它也见证过郑东茂逆势夺得150%的奇迹；它忘不了2014年底至2015年年中，郑东茂在6个月的时间里，竟把账户上的300万元变成1亿元创下的辉煌；它也忘不了在2017年、2018年股市最"冰冷"的日子里郑东茂发的两期基金，分别获利54%和19%，一个专户产品在大熊市中竟逆势夺得高达76.48%的收益，奇迹般地远远跑赢大盘！

…… ……

我心里在问"龙抬头"，它，从容地在笑答。

是啊，一年又一年，翻倍的业绩真是太多了。

那张记忆满满的"龙抬头"茶台，你，该从何说起呢？你又究竟能向我说些什么传奇故事呢？

"金融浪子"的九九"劫难"

> ➲ *他崇尚自由，股海追梦。当赔光了所有的钱，5位舅舅向他发出"最后通牒"时，在痛苦中他债台高垒，背水一战……*

夺"命"的 K 线

郑东茂出生在粤西一个偏僻而又名扬在外、听起来蛮有点"霸气"名声的地方——广东省茂名市鳌头镇飞马村。如今成名后的他，对我说："我生长在一个很'牛'的地方。南海岸的茂盛之地，鳌头，牛吧！飞马，不用说，也牛吧……"提起养育他的这块热土，他颇有一种自豪感。

他是民族英雄郑成功郑家军队的后裔，从小习武，有着剽悍的性格，灵活而勇敢。

"我从小到大，经历过许多劫难。"采访中，郑东茂驱车带我到他的故乡。在家乡两处碧绿的水塘边，他驻足向我述说了他儿时记忆中两件"大难不死"的事情：

6岁那年的一天晌午，顽皮的他在村边一块花生地里，"偷"了一捧别人家种的花生，跑到附近的·汪池塘边，见有几根竹子伸向水塘，便爬了上去，一边玩，一边吃着花生。就在这时，脚下一滑，不小心掉进了竹子下方的水塘里。

那会儿，他还不会游泳。池塘水很深，咕嘟咕嘟，他一下子喝了一肚子水。大晌午周围没有一个人。他拼命地在水中挣扎着，慢慢地沉了下去，想到自己死定了，父母还不知道呢！

可就在当他的小生命要结束时，他扑腾挣扎的手，忽然间竟抓到了一把水草。他紧紧地抓住它，顺着水草，最终爬到了岸边，吐了整整三四个小时的塘水……

"还有一件事，也是与水有关。"他带我来到另一处较大的水塘边，"7岁那年，父亲刚刚教会我游泳。我每天上学，都要绕过眼前这个大池塘，多跑几里路。后来看一些高年级的大孩子都把书包顶在头顶，游到对岸，我也学着他们的样子，想抄近路。可是我力气小，刚学会游泳水性不是很好，手顶着书包仰泳，谁知，游着游着，方向偏了，越游越远，慢慢地我全身的力气没了，身子一个劲地往下沉了下去。我垂死挣扎，无人应答。当我沉没水底就要死去的时候，没想到昏迷中往下沉的我，突然脚下碰到一块硬的东西。我猛地一踩，冒出了水面，原来，我已游到岸边……"

"你真是应了一句老话：大难不死，必有后福啊！"听着他的讲述，我感叹道。

"儿时的这两次劫难，倒是也应对了我博弈股海20多年的经历：我早年入市时喝过不少'苦水'；在生死博弈间，也不知经历了多少次龙口夺食和绝地反击，死，然后复生呀！"郑东茂面对泛着碧波的水塘，感慨道。

的确，童年时的"劫难"，也正是他日后股海生涯的一个写照与缩影。

郑东茂从小崇尚自由。打小他常常躺在河边上，凝望着在蔚蓝天空和海浪里自由翱翔的海鸥，遐想着未来：将来，我要像海鸥一样自由，去环游世界！

1995年，当他从广东商学院（现广东财经大学）毕业后，被分配到茂名水务部门下面的一个单位工作。父亲为儿子能在令许多人羡慕的一个事业单位，捧上个"铁饭碗"而高兴，而一向追求自由的郑东茂却怎么也开心不起来：

"这下把我困死了！"当时，他这样想。

一个偶然的机会，有个朋友把他"带"到了股市。没想到，他竟喜欢上了"不看任何人脸色""万事不求人"的炒股这一行。

　　恰在这时，碰到单位大改革，鼓励员工"下海"。他二话没说，递了申请。领导再三想挽留这个聪明的年轻人，要他慎重考虑。

　　但，他不想一个月拿 450 块钱的工资，把自己一生绑死。

　　他婉拒了领导的好意，带上积攒的全部"工资家底"，很快到证券营业部开户"上班"，并专门为自己起了个响亮的网名："金融浪子"。他决意在股票市场这个自由的海洋里，去翱翔，去任意"游玩"！

　　然而，现实并不像他想象的那样自由惬意。八九年时间，他不仅赔光了投入的所有工资和积蓄，连借父母和亲戚的钱也在残酷的股市中"打了水漂"。

　　面对失败，他望着电脑上那连绵起伏的一根根 K 线，恨得直咬牙根："一根 K 线一天命，这夺命的 K 线，耗去了我 9 年的青春、9 年的年华呀！……"

债台高垒，背水一战

　　郑东茂是个不轻易服输的人。回忆 9 年来，他一事无成。原有的理想与追求，随着海风都统统飘走了，全没了。

　　他痛苦，难过。

　　但他不肯放弃。可本赔光了，咋办？为了能在股市里扳回多年的损失，他恳请父母帮助。可是家底并不厚实的父母，无力为他填补那不断亏损的"无底洞"。

　　无奈之下，他想到寻找"外援"。他有 5 个舅舅。他一个一个地去"游说"和"发誓"：表示赚了钱，一定加倍还他们。5 个舅舅从小都喜欢这个小外甥，在他的恳求说服下，个个都倾囊相助，一共凑了 40 多万元借给了他。

　　"这下，我一定要把过去亏的钱全给赚回来！"他信誓旦旦地暗发誓言。

但那时的他，身上只有一股子热情，什么也不懂。没有"师傅"指点，唯一有的只是他的盲目加自信。那会儿，炒股没有电脑，他只能看着报纸，打电话下单"乱买"。

几年下来，他陆陆续续把好心帮他的五位舅舅所凑的 40 万元钱，亏得最后只剩下了 2 万多元。这是 2006 年底的事。

他不敢面对亲人，逢年过节，都躲着舅舅们。最后，知道"底细"的几位舅舅听说他把钱亏光了，愤怒了，一齐向他发出了"最后通牒"：

"若不还钱，以后亲戚都没得做！"

"现在行情好，请舅舅再宽限我一年时间！"在郑东茂恳求下，慈爱的舅舅们最终算是给他们疼爱的小外甥推后一年还账的"延长期"。

在高额债务面前，执著于股市的郑东茂，决定背水一战！

寻找"真谛"，2 万元变 100 万元

> ⊃ *他闭关反省，进行"魔鬼"式的学习与训练，终于悟出制胜股海的"真谛"，那"扭转乾坤"的一刻，令他终生难忘。*

究竟错在哪？

通向成功的路途是不平坦而艰难的。

郑东茂在股市里摸爬滚打了漫长的 9 年时间，终究没有走出困境，失败的命运总是伴随着他。

　　他为此付出了太多的代价。没有赚钱的方法和能力，他就向别人学习。他看了不少书，也拜过不少老师，只要听别人说哪里有高人，不管再远，他都去拜师学艺。海南、广州、深圳等地，他都花高昂的学费去上过课，还在网上买过所谓"包能赚钱"的"料"，但结果是花尽了钱财，得到的却都是南柯一梦。

　　后来，他将自己"封闭"了起来，冷静地进行反思。他回忆并打开自己所有买卖过的股票，认真进行剖析，企图找到失败的原因。他问自己，问 K 线，究竟错在了哪呢？他要从自己的错误中找出教训。

　　采访中，他对我说起那段时间他最为深刻的体会是："一根 K 线一天命。K 线是无限的，生命是有限的，我们不能把有限的生命投入到无限的 K 线中去，跟它玩不起！"

　　过去，他犯了太多的错误：买对的，没拿住。买错的，死扛着。跟 K 线玩了整整 9 年，还没有弄明白它真正的含义。

　　那段日子，他很苦恼，几乎几天几夜睡不着觉，吃不下饭。他对着电脑中的 K 线走势图，不断地在反思：为什么自己买进的股票老是跌？为什么自己很少买进那些能赚钱的股票呢？市场上又究竟是哪些股票在涨？又有哪些股票是最值得去买的呢？

　　一连串的问题，撞击着他的心。

　　他终于从中悟到了一个最简单不过的真谛：要在股票市场上赚钱，就得去买那些涨得好的股票。而哪些股票涨得最好呢？当然是封涨停板的股票！每天，最牛的是它！最能赚钱的还是封涨停板的股票！

　　这，是个不争的事实。为了寻找和总结一套买市场中表现最好的涨停板股票的操作技艺，郑东茂开始了"魔鬼"式训练。他把深沪两市几千只股票翻了个遍，挑出其中走得最强的股票，分析它们从主力建仓、拉升、洗盘，一直到放量飙升走主升浪的全程。

　　他一遍遍地复盘，从分时图到日线图再到周线和月线走势图，每天看盘研究长达 16 个小时以上，甚至常常通宵达旦，决意要找到其中的规律。

采访中，他把脖梗亮出来给我瞧："在那段日子，我天天'埋'在电脑里，吃了太多的苦，你看，我的颈椎都变形了。"我看到他的大椎关节隆起，能体谅到他走向成功的路有多艰难！

终生难忘那"扭转乾坤"的一刻

"你是什么时候找到自己的盈利模式的呢？"采访中，我问郑东茂。

"2006 年 12 月。准确地说，是 2006 年 12 月 18 日至 20 日。"他回答道。

"哦？记得这么清楚？"

"没错。这个日子我一生都不会忘。它，让我重生。"

"是买到好股票赚钱了？"

"是的。不只是买了两只好股票，赚到了钱，更使我记住不忘的是，那是在我的投资生涯中，一个扭转乾坤的时刻。也可说是我此后多年来盈利模式的一个'奠基'仪式。"

"操作的什么股票？这样叫你难忘？"

"一只是华闻传媒（000793），另一只是健民集团（600976），原名叫武汉健民。"

"具体操作还记得吗？"

"当然。虽然十二三年都过去了，但当时的走势和操作，一直刻在我的心上。

"先说第一个买进的华闻传媒吧。时间是 2006 年 12 月 18 日，这一天，这只股突破了长期盘局，一开盘就冲击涨停，盘中进行调整后，于上午 10 点又强劲地拉升，我就是在它二次冲涨停板时，以 7.30 元的价格迅速买入的。第二天，它继续涨停，第三天开盘冲高，我以 8.7 元价位卖出，短短三个交易日获利 19%。

"在卖出华闻传媒后，我买入了另一只股票武汉健民。买入价为 6.90 元左右，同样是当天冲击涨停。第二天跳空高开，冲击涨停未封住，我以 7.70 元获利了结，盈利 11.5%。"

"你对这两只股票操作得真成功！"

"这两只股票的贡献，不仅是让我在短短的两三天时间获得丰硕利润；更重要的是，我终于成功地寻找到了一个盈利模式。毫不夸张地说，它对于我来说，是扭转乾坤般的重要。从此，我开始几乎天天赚钱。又碰上 2007 年的大牛市，粗略统计了一下，这一年仅有 16 个交易日没赚钱，其他日子全部赚！"

"这种盈利模式是什么？可以讲一讲吗？"

"其实，就是我这些年来逐步完善的龙头战法。捉拿涨停板中的龙头股，并不是一件容易的事儿。实战中怎么去判断和具体操作的一些技巧，涉及许多方面，我会在后面一一谈到。"

"那一年，你总的盈利如何？"

"我没有仔细算过。记得当时亏得本钱只剩 2 万块钱了，是摸索到的方法让我大获全胜。我不是复利滚动操作，而是赚点钱，就取出来用于还债和消费。到年底，除了还完了全部债务和平时取出花费外，账面上还有 100 万元。我用这些钱买了一套房、一辆小车、一个车位，剩下的，留在账户上 10 万元继续操作。"

一招鲜，吃遍天

郑东茂在炼狱般的 9 年磨难中，自从悟出了股市制胜的真谛后，便走上了年年赚钱的良性投资之路。不管行情如何，他就靠着"抓涨停板"这一招，闯荡股市天涯。

2008 年，是最难熬的一年。在美国金融危机的风暴中，中国股市一落千丈，暴跌不止，生存的希望非常渺茫。但郑东茂似乎在股市的苦海中遨游得无比自在。

他紧紧围绕市场中的热点，如当时的农业板块、迪斯尼概念股、奥运板块、新能源汽车和基建板块的强势股，轮番操作，快进快出。那时他的资金少，跑得快，一次能赚几个百分点就抛。一年下来，他不光没亏，竟赚了150%。在他的朋友当中，他也算是小有名气的"股神"。

赚了钱后，郑东茂买了一台笔记本电脑。在当时，他在茂名的朋友圈中，是第一个拥有笔记本电脑的"富哥"。他给电脑装了联通的CDMA无线上网卡，想实现儿时环游世界的梦想，背着电脑走到哪，股票炒到哪。可是一出去才知道，当时的网卡上网速度很慢，无奈，刚到广州就又折回了茂名。

一次，他与一位同学一起喝茶，那位同学给他介绍了一位广州做生意的老板。那位老板听说郑东茂做股票厉害，便向他"救助"，说他有一个200万元的账户，亏得只剩下了40万元，请郑东茂代为"操刀"。再三请求下，郑东茂受领了。2009年，他用这个账户从40万元赚到了209万元。后来，那位老板把郑东茂请到广州，为他安排了一套房，几台专用电脑，待遇条件非常优越，想让他为自己操作更大的资金。可郑东茂的性格是喜欢自由地驰骋，他的心在广大散民中。他身边有几十个朋友常常一起吃喝玩乐，只要赚了钱，他就请他们一块嗨，好不快活！于是，他借故深夜"逃"离了那套为他准备的豪宅，回到了故乡。

在他身上还发生了这样一件事：近年，由于他股票操作得很出色，成功率高，交易很活跃，频频"上榜"。一个著名的券商得知后，特意从大上海的总部来考察，发现并珍视郑东茂这个股票操作奇才，请他到总部工作，掌控全国的一个规模很大的基金。在别人眼里，都认为这是个很好的发展机遇，但郑东茂却婉拒了。我听说这件事后，问他为何不去？他说，他深知，他是一个"金融浪子"，他的根在"乡下"，在"天涯"，不属于"大城市"。

采访中，郑东茂常带我去他热爱的水乡，见了许许多多和他一起在股市中摸爬滚打的股友们。多年来，他正是在这个偏僻的小地方，不显山、不露水，潜心地研究股票，用自己的智慧和拥有的"一招鲜"绝技，默默地享受着年年赚钱的快乐。

2014～2019：擒"龙头"，铸就 5 年辉煌

➲ *他以自己所创建的独特盈利模式，自 2014 年至 2019 年初的 5 年多时间里，他每天都在创造着财富快速裂变的惊人奇迹，尤其是在 2016 年至 2018 年惨烈的大熊市中，他逆势飞扬，独占鳌头，不断铸就辉煌，震撼中华股坛……*

建立盈利模式，捉拿"王中王"

郑东茂在股市中的财富裂变速度是惊人的。在与他朝夕相处的采访中，我经常套他的"秘密"。一天深夜，都快凌晨 3 点了，相互交谈竟没了睡意。我随意甩了一句给躺在我旁边的郑东茂："郑总，你能给我说说你在股市赚钱这么快的秘密吗？"

"对你不保密。"他说，"说到底，我就是沾了市场上龙头股的光。许多人也问过我这个问题，我回答，要赚钱，先要修福，先要弄明白你是谁，不要忘本！"

"此话怎讲？"

"我们中华民族是龙的传人，就要爱龙头、拜龙头才对呀！"他风趣

而认真地回答道。

"你过去一直在抓涨停板，什么时候创立龙头战法的？"我问。

"这些年随着对涨停板研究的深入，我发现涨停板中的龙头威力非常之大，于是，我就开始对龙头股进行了深入研究。说起起因，有两只股票，对我震动很大，感触很深。来，打开电脑，我讲给你听。"

说着，他和我起身来到桌前。他打开电脑，把记忆拉回到了2013年。在数千只股票中，他先调出了一只叫潜能恒信（300191）的股票："你看它，在2013年9月中多抢眼呀！仅一个月，股价就从8元多飙升到31.90元，后来经过调整，又拉了一大波，股价最高到37.88元，涨势非常剽悍！"（见图1-1）

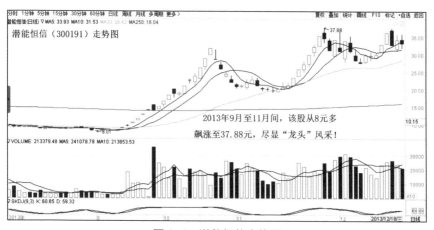

图1-1　潜能恒信走势图

"这真是熊市中罕见的一幕呀！"我看着熊气沉沉的大盘走势，再看看潜能恒信的雄起勃发，惊叹不已。

"你再看看2014年7月至8月间深天马A（000050）的表现，照样是那么威猛。"郑东茂指着盘面上深天马A那近似90度角飙涨的走势图，感叹道："强者为王！龙头就是有龙头的风范啊！"（见图1-2）

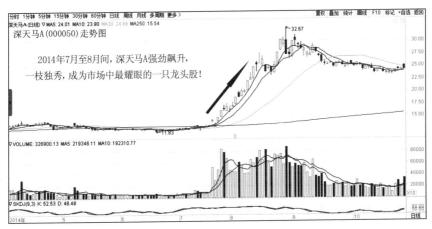

图1-2　深天马 A 走势图

"要是抓住这样的龙头股，你说，赚钱还难吗？"他笑着问我。

"是啊。"我附和道，"难怪你这些年把精力都放在了研究龙头股上。成果不小吧？"

"最大的成果是我找到了一个适合自己又能稳健获益的模式。"

"你说什么是真正的龙头股？你主要是从哪些方面进行判断的？"我问。

"所谓龙头股就是在市场中上涨时间最早、涨幅最大、涨速最快、上涨时间最长，能带动板块内其他股上涨的个股。我主要从基本面、消息面、资金面、行业、股份规模、价格、形态、市场热点、重大题材等方面进行研究，找到龙头必须具备的 9 个条件。"交谈中郑东茂说，"我在实战操作中，选择标的时还把握这样几个要点：流通盘要适中，不能过大。价格不能太高，尤其在题材方面，越是没炒过的新鲜题材越重要，也最容易激发人气，产生市场中的大黑马！"

多少个夜晚，我与被誉为"龙头股侠"的郑东茂围绕他创立的盈利模式及他实战的一个个震撼人心的案例，一谈就是一个通宵，听得很过瘾。

我通过他的实战日志、微信记录和证券公司提供的交易清单，详细地把这些年他擒拿龙头创造的辉煌事迹一一记录在案。但因为他操作的股票繁多，有太多的精彩，不能一一表述。在此，只能从无尽的交易记录中，挑选一些最为光彩夺目的篇章，以飨广大读者。

奇迹，无言的见证……

这是郑东茂在正式发阳光私募产品前的一段"散打"日子里发生的真实故事。

2014年末，中国A股市场迎来了一波牛市行情。也正在这时，一天，郑东茂的合作伙伴柯小小，通过关系找到在茂名炒股已有名气的郑东茂，对他说，他的许多股友这些年在股市中亏了许多钱，损失惨重，想请郑东茂"出山"帮帮他们。

郑东茂看到柯小小打开的一堆账户，一共有30多个，都是"血泪斑斑"，亏得一塌糊涂。这让他感到操作这些严重亏损的账户有点为难。

然而，执著的小柯"咬定青山不放松"，一而再，再而三地"三顾茅庐"。最终，善良的郑东茂为了帮这些股民，答应下来。当时，30多个账户都是零零星星的小账户，大部分都是10万元、20万元左右，少的只有2万元，最多的也只有100多万元，加起来的资金不足300万元。这些小账户，买卖起来，非常困难。

2014年的冬天，郑东茂肩负着众望，开始了艰难的启程——

2014年12月29日：资金增至526.67万元

2014年末，当郑东茂开始操作时，他首先瞄准的是市场上走得最强的证券板块。围猎龙头股中信证券（600030）是他在征程中打响的第一炮。他每天都是逢低买，涨停板抛，反复操作。他已记不清在中信证券上享受了多少个"涨停板"（见图1-3）。后来当中信证券调整时，他又适时轮番操作另一只龙头股票西部证券（002673），每天收益在六七个百分点（见图1-4）。

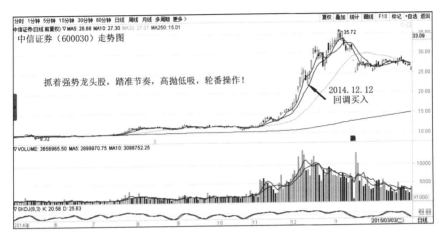

图1-3　中信证券走势图

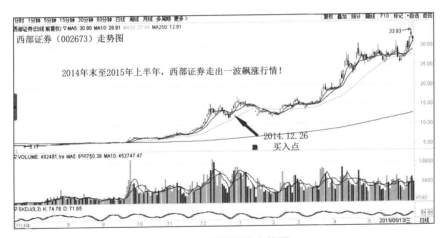

图1-4　西部证券走势图

从2014年12月12日开始操作至12月29日卖出，短短十几个交易日，资金就做到了526.67万元（见图1-5）。

刷新 锁屏 操作 查询 系统

登录帐号 所有帐号 选择市场 前台未知交易所 条件过滤 0 - 全部 刷新

起始日期 2014/12/29 中止日期 2014/12/29

#	成交时间	证券代码	▲证券名称	操作	成交价格	成交金额	成交日期
79	09:38:11	600030	中信证券	卖出	33.460	43498.00	09:38:11
80	09:32:28	600030	中信证券	卖出	33.790	37169.00	09:32:28
81	09:38:11	600030	中信证券	卖出	33.460	23422.00	09:38:11
82	09:32:28	600030	中信证券	卖出	33.790	16895.00	09:32:28
83	09:32:25	600030	中信证券	卖出	33.790	6758.00	20141229
84	09:32:25	600030	中信证券	卖出	33.790	3379.00	20141229
85	09:38:11	600030	中信证券	卖出	33.460	70266.00	09:38:11
86	09:32:29	600030	中信证券	卖出	33.790	67580.00	09:32:29
87	09:38:10	600030	中信证券	卖出	33.510	13404.00	20141229
88	09:38:11	600030	中信证券	卖出	33.490	33490.00	09:38:11
89	09:32:28	600030	中信证券	卖出	33.790	27032.00	09:32:28
90	09:38:11	600030	中信证券	卖出	33.460	13384.00	09:38:11
91	09:32:25	600030	中信证券	卖出	33.790	13516.00	20141229
92	09:32:29	600030	中信证券	卖出	33.790	10137.00	09:32:29
93	09:38:10	600030	中信证券	卖出	33.510	16755.00	20141229
94	09:38:11	600030	中信证券	卖出	33.490	23443.00	09:38:11
95	09:32:28	600030	中信证券	卖出	33.790	16895.00	09:32:28
96	09:38:11	600030	中信证券	卖出	33.490	77027.00	09:38:11
97	09:32:25	600030	中信证券	卖出	33.790	16895.00	20141229
98	09:32:25	600030	中信证券	卖出	33.790	23653.00	20141229
99	09:32:29	600030	中信证券	卖出	33.790	70959.00	09:32:29
100	09:38:11	600030	中信证券	卖出	33.460	20076.00	09:38:11
101	09:32:29	600030	中信证券	卖出	33.790	16895.00	09:32:29
102	09:38:10	600030	中信证券	卖出	33.490	43537.00	20141229
103	09:38:11	600030	中信证券	卖出	33.490	43537.00	09:38:11
104	09:32:29	600030	中信证券	卖出	33.790	37169.00	09:32:29
105	09:38:11	600030	中信证券	卖出	33.460	36806.00	09:38:11
106	09:32:29	600030	中信证券	卖出	33.790	33790.00	09:32:29
107	09:32:26	600030	中信证券	卖出	33.790	125023.00	09:32:26
108	09:38:11	600030	中信证券	卖出	33.468	194115.00	09:38:11
109	09:38:11	600030	中信证券	卖出	33.460	130494.00	09:38:11
110	09:32:29	600030	中信证券	卖出	33.790	192603.00	09:32:29
111	09:38:11	600030	中信证券	卖出	33.460	46844.00	09:38:11
112	09:32:28	600030	中信证券	卖出	33.790	43927.00	09:32:28
113	09:32:29	600030	中信证券	卖出	33.790	47306.00	09:32:29
114	09:38:11	600030	中信证券	卖出	33.460	163954.00	09:38:11
115	09:38:11	600030	中信证券	卖出	33.490	53584.00	09:38:11
116	09:32:29	600030	中信证券	卖出	33.790	162192.00	09:32:29
117	09:38:10	600030	中信证券	卖出	33.500	10050.00	20141229
118	09:38:10	600030	中信证券	卖出	33.510	20106.00	20141229
119	09:32:25	600030	中信证券	卖出	33.790	27032.00	20141229
汇总						5266710.00	

图 1–5 郑东茂操作账户交易单 1

2015 年 2 月 16 日：资金增至 1525 万元

股市行情的火爆加上郑东茂娴熟的“龙头战法”，他操作的账户如坐火箭一般，发生着“井喷”式的裂变。

2015 年 1 月至 2 月中旬，他先后买入了中国中车（601766，原名：中国南车）、中国中冶（601618）、中国中铁（601390）、中国铁建（601186）这些“中字头”热门龙头股票，及在市场中表现抢眼的康美药业（600518）、红星发展（600367）等，每天轮流滚动操作，使利润最大化。有时一天竟盈利 17%、18%，甚至 20%，资金很快增至 1525 万元（见图 1–6）。

刷新 锁屏 操作 查询 系统

登录帐号 所有帐号 选择市场 前台未知交易所 条件过滤 0 - 全部

起始日期 2015/ 2/16 中止日期 2015/ 2/16

#	证券代码	证券名称	操作	成交数量	成交金额	成交日期
1	600005	武钢股份	卖出	3000	11010.00	20150216
2	600005	武钢股份	卖出	10000	36700.00	09:41:35
3	600005	武钢股份	卖出	18500	67895.00	09:41:35
4	600005	武钢股份	卖出	6600	24222.00	09:41:35
5	600005	武钢股份	卖出	19300	70831.00	09:41:35
6	600005	武钢股份	卖出	9000	33030.00	09:41:35
7	600005	武钢股份	卖出	90800	333236.00	09:41:35
8	600005	武钢股份	卖出	14500	53215.00	09:41:35
9	600005	武钢股份	卖出	4300	15781.00	09:41:35
10	600005	武钢股份	卖出	112200	411774.00	09:41:35
11	600005	武钢股份	卖出	27800	102026.00	09:41:35
12	600005	武钢股份	卖出	7400	27158.00	09:41:35
13	600005	武钢股份	卖出	10200	37434.00	09:41:35
14	600005	武钢股份	卖出	7900	28993.00	09:41:35
15	600005	武钢股份	卖出	23900	87713.00	09:41:36
16	600005	武钢股份	卖出	27600	101292.00	09:41:36
17	600005	武钢股份	卖出	10800	39636.00	09:41:36
18	600005	武钢股份	卖出	1300	4771.00	09:41:37
19	600005	武钢股份	卖出	22600	82942.00	09:41:37
20	600005	武钢股份	卖出	100	367.00	09:42:16
21	600005	武钢股份	卖出	32200	122038.00	13:02:00
22	600005	武钢股份	卖出	32200	122360.00	13:01:52
23	600005	武钢股份	卖出	8900	32663.00	20150216
24	600005	武钢股份	卖出	95	348.65	20150216
25	600367	红星发展	卖出	2900	39063.00	09:32:50
26	600367	红星发展	卖出	600	8082.00	09:32:50
27	600367	红星发展	卖出	500	6735.00	09:32:50
28	600367	红星发展	卖出	900	12123.00	09:32:50
29	600367	红星发展	卖出	3100	41757.00	09:32:50
30	600367	红星发展	卖出	5800	78126.00	09:32:50
31	600367	红星发展	卖出	1100	14817.00	09:32:50
32	600367	红星发展	卖出	600	8082.00	20150216
33	600367	红星发展	卖出	1700	22899.00	20150216
34	600367	红星发展	卖出	1700	22899.00	20150216
35	600367	红星发展	卖出	500	6675.00	09:31:07
36	600367	红星发展	卖出	800	10680.00	09:31:06
37	600367	红星发展	卖出	2800	37380.00	09:31:05
38	600367	红星发展	卖出	500	6675.00	09:31:05
39	600367	红星发展	卖出	3000	40050.00	09:31:05
40	600367	红星发展	卖出	1000	13350.00	09:31:05
41	600367	红星发展	卖出	5700	76095.00	09:31:05
42	600367	红星发展	卖出	500	6675.00	20150216
43	600367	红星发展	卖出	1000	13350.00	20150216
44	600367	红星发展	卖出	500	6675.00	20150216
45	600367	红星发展	卖出	100	1335.00	20150216
46	600367	红星发展	卖出	1700	22695.00	20150216
47	600005	武钢股份	卖出	3300	11979.00	20150216
汇总				1848800	15252098.79	

图 1-6　郑东茂操作账户交易单 2

2015 年 3 月 17 日：资金增至 2406 万元

2015 年 2 月底至 3 月份，郑东茂成功地擒拿到盛屯矿业（600711）（见图 1-7）、永大集团（002622，现名：融钰集团）、内蒙君正（601216）

这几只股价翻了好几倍的"大黑马"。他反复操作，获得了非常丰厚的利润。另外，他还操作了国脉科技（002093）、中国中铁、京东方A（000725）（见图1-8）等强势股，资金迅速增至2406万元（见图1-9）。

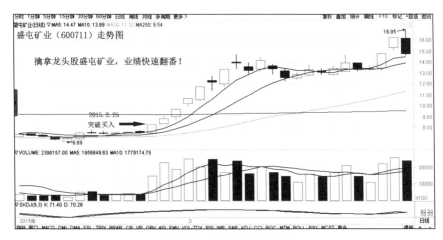

图1-7　盛屯矿业走势图

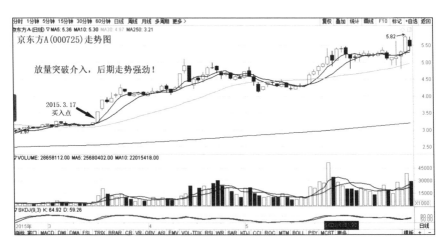

图1-8　京东方A走势图

#	▽证券代码	证券名称	操作	成交金额
	登录帐号 所有帐号 ▼	选择市场 深圳A股		
	起始日期 2015- 3-17 ▼	中止日期 2015- 3-17		
288	000725	京东方A	买入	225105.00
289	000725	京东方A	买入	212890.00
290	000725	京东方A	买入	95975.00
291	000725	京东方A	买入	102955.00
292	000725	京东方A	买入	276408.00
293	000725	京东方A	买入	173104.00
294	000725	京东方A	买入	426827.00
295	000725	京东方A	买入	461378.00
296	000725	京东方A	买入	43276.00
297	000725	京东方A	买入	183574.00
298	000725	京东方A	买入	170312.00
299	000725	京东方A	买入	129897.80
300	000725	京东方A	买入	38041.00
301	000725	京东方A	买入	20940.00
302	000725	京东方A	买入	349.00
303	000725	京东方A	买入	173104.00
304	000725	京东方A	买入	3490.00
305	000725	京东方A	买入	56887.00
306	000725	京东方A	买入	34900.00
307	000725	京东方A	买入	10470.00
308	000725	京东方A	买入	349.00
309	000725	京东方A	买入	27920.00
310	000725	京东方A	买入	10470.00
311	000725	京东方A	买入	34900.00
312	000725	京东方A	买入	6980.00
313	000725	京东方A	买入	12215.00
314	000725	京东方A	买入	369484.00
315	000725	京东方A	买入	10470.00
316	000725	京东方A	买入	6980.00
317	000725	京东方A	买入	3490.00
318	000725	京东方A	买入	71196.00
319	000725	京东方A	买入	6980.00
320	000725	京东方A	买入	41531.00
321	000725	京东方A	买入	79572.00
322	000725	京东方A	买入	6980.00
323	000725	京东方A	买入	3490.00
324	000725	京东方A	买入	28967.00
325	000725	京东方A	买入	34900.00
326	000725	京东方A	买入	126687.00
327	000725	京东方A	买入	3490.00
328	000725	京东方A	买入	3490.00
329	000725	京东方A	买入	34900.00
330	000725	京东方A	买入	6980.00
331	000725	京东方A	买入	17450.00
332	000725	京东方A	买入	6980.00
333	000725	京东方A	买入	247790.00
334	000725	京东方A	买入	698.00
335	000725	京东方A	买入	6980.00
336	000725	京东方A	买入	10470.00
337	000725	京东方A	买入	66310.00
338	000725	京东方A	买入	3490.00
339	000725	京东方A	买入	4467.20
340	000725	京东方A	买入	12982.80
341	000725	京东方A	买入	91368.20
汇总				24064165.00

图 1-9　郑东茂操作账户交易单 3

2015年4月8日：资金增至3725万元

2014年末至2015年上半年期间，郑东茂滚动操作中国中车（见图1-10）、中国中铁、中国中冶（见图1-11）、中国重工（601989）、中国建筑（601668）等"中字头"股票及云南城投（600239）等市场龙头，使账户资金不断增值，达到3725万元（见图1-12）。

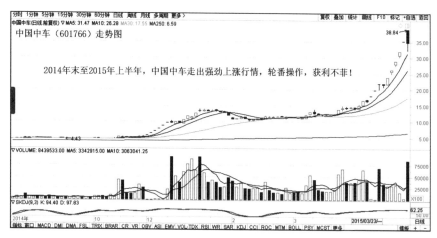

图1-10　中国中车走势图

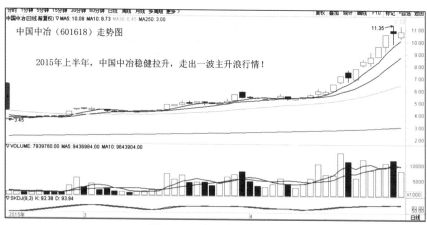

图1-11　中国中冶走势图

| 起始日期 | 2015- 4- 8 | 中止日期 | 2015- 4- 8 |

#	证券代码	证券名称	操…	成交金额
133	600239	云南城投	卖出	140976.00
134	600239	云南城投	卖出	34848.00
135	600239	云南城投	卖出	111072.00
136	600239	云南城投	卖出	22470.00
137	600239	云南城投	卖出	95920.00
138	600239	云南城投	卖出	44856.00
139	600239	云南城投	卖出	31610.00
140	600239	云南城投	卖出	3186.00
141	600239	云南城投	卖出	53100.00
142	600239	云南城投	卖出	10620.00
143	600239	云南城投	卖出	28836.00
144	600239	云南城投	卖出	15930.00
145	600239	云南城投	卖出	16335.00
146	600239	云南城投	卖出	8496.00
147	600239	云南城投	卖出	47080.00
148	600239	云南城投	卖出	50243.00
149	600239	云南城投	卖出	19116.00
150	600239	云南城投	卖出	18054.00
151	600239	云南城投	卖出	86508.00
152	600239	云南城投	卖出	66906.00
153	600239	云南城投	卖出	38115.00
154	600239	云南城投	卖出	19116.00
155	600239	云南城投	卖出	22302.00
156	600239	云南城投	卖出	19602.00
157	600239	云南城投	卖出	37060.00
158	600239	云南城投	卖出	13068.00
159	600239	云南城投	卖出	53401.00
160	600239	云南城投	卖出	10890.00
161	600239	云南城投	卖出	18513.00
162	600239	云南城投	卖出	59895.00
163	600239	云南城投	卖出	32670.00
164	600239	云南城投	卖出	2138.00
165	600239	云南城投	卖出	53557.00
166	600239	云南城投	卖出	8552.00
167	600239	云南城投	卖出	77964.00
168	600239	云南城投	卖出	10690.00
169	600239	云南城投	卖出	4276.00
170	600239	云南城投	卖出	16992.00
171	600239	云南城投	卖出	1069.00
172	600239	云南城投	卖出	5345.00
173	600239	云南城投	卖出	75243.00
174	600239	云南城投	卖出	29736.00
175	600239	云南城投	卖出	31001.00
176	600239	云南城投	卖出	54570.00
177	600239	云南城投	卖出	10620.00
178	600239	云南城投	卖出	75141.00
179	600239	云南城投	卖出	47790.00
180	600239	云南城投	卖出	38232.00
181	600239	云南城投	卖出	6372.00
182	600239	云南城投	卖出	4248.00
183	600239	云南城投	卖出	5318.00
汇…				37250647.17

图 1-12　郑东茂操作账户交易单 4

2015年4月30日：资金增至6260万元

　　2015年4月份以后，随着中国中车、中国中冶、中国中铁、中国重工（见图1-13）、中国建筑（见图1-14）等"中字头"市场龙头股进入主升浪，郑东茂也迎来了账户翻番的收益，资金很快达到了6000万元（见图1-15）。

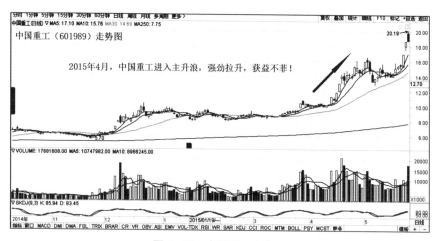

图1-13　中国重工走势图

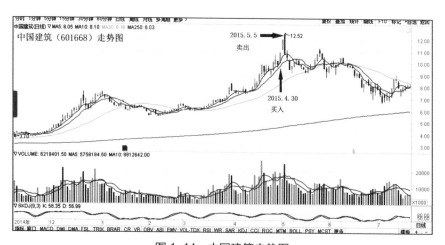

图1-14　中国建筑走势图

起始日期	2015- 4-30		中止日期	2015- 4-30	
#	证券代码	▽证券名称	操作	成交数量	成交金额
694	601668	中国建筑	买入	1000	10740.00
695	601668	中国建筑	买入	2000	21480.00
696	601668	中国建筑	买入	1200	12888.00
697	601668	中国建筑	买入	4800	51552.00
698	601668	中国建筑	买入	5000	53700.00
699	601668	中国建筑	买入	100	1074.00
700	601668	中国建筑	买入	5000	53700.00
701	601668	中国建筑	买入	500	5370.00
702	601668	中国建筑	买入	500	5410.00
703	601668	中国建筑	买入	5000	54100.00
704	601668	中国建筑	买入	9000	97380.00
705	601668	中国建筑	买入	300	3246.00
706	601668	中国建筑	买入	1000	10820.00
707	601668	中国建筑	买入	5000	54100.00
708	601668	中国建筑	买入	400	4328.00
709	601668	中国建筑	买入	1000	10820.00
710	601668	中国建筑	买入	500	5410.00
711	601668	中国建筑	买入	900	9738.00
712	601668	中国建筑	买入	400	4328.00
713	601668	中国建筑	买入	2900	31378.00
714	601668	中国建筑	买入	300	3246.00
715	601668	中国建筑	买入	800	8656.00
716	601668	中国建筑	买入	1000	10820.00
717	601668	中国建筑	买入	800	8656.00
718	601668	中国建筑	买入	500	5410.00
719	601668	中国建筑	买入	1000	10820.00
720	601668	中国建筑	买入	1000	10820.00
721	601668	中国建筑	买入	800	8656.00
722	601668	中国建筑	买入	100	1082.00
723	601668	中国建筑	买入	69	746.58
724	601668	中国建筑	买入	79900	858126.00
725	601668	中国建筑	买入	3800	40812.00
726	601668	中国建筑	买入	631	6827.42
727	601668	中国建筑	买入	3000	32460.00
728	601668	中国建筑	买入	500	5410.00
729	601668	中国建筑	买入	500	5410.00
730	601668	中国建筑	买入	100	1082.00
731	601668	中国建筑	买入	68100	736842.00
732	601668	中国建筑	买入	100	1082.00
733	601668	中国建筑	买入	100	1082.00
734	601668	中国建筑	买入	1400	15148.00
735	601668	中国建筑	买入	4900	53018.00
736	601668	中国建筑	买入	3000	32460.00
737	601668	中国建筑	买入	200	2164.00
738	601668	中国建筑	买入	1369	14812.58
739	601668	中国建筑	买入	48800	524112.00
740	601668	中国建筑	买入	207200	2241904.00
741	601668	中国建筑	买入	2500	26850.00
742	601668	中国建筑	买入	8700	94134.00
743	601668	中国建筑	买入	600	6444.00
744	601668	中国建筑	买入	2900	31146.00
745	601668	中国建筑	买入	43500	470670.00
746	601668	中国建筑	买入	10900	117938.00
747	600688	上海石化	撤卖	12000	121080.00
汇				6044279	62600797.13

图 1-15　郑东茂操作账户交易单 5

2015 年 6 月 13 日：资金超过 1 亿元

从 2015 年 4 月底至 6 月中旬，郑东茂主要对中国建筑和国电电力（600795）、上海电气（601727）（见图 1-16）、暴风集团（300431）（见图 1-17）等强势股反复进行高抛低吸操作，攫取了极其丰厚的利润，使账户资金超过了 1 亿元。

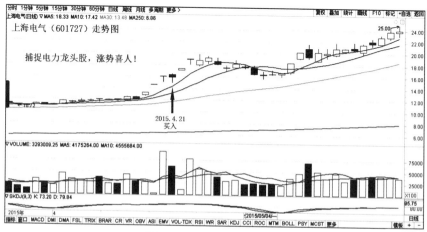

图 1-16 上海电气走势图

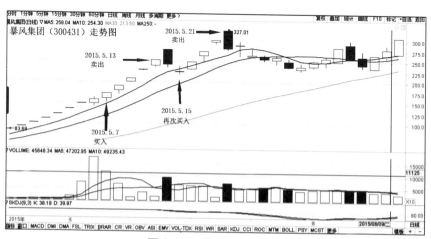

图 1-17 暴风集团走势图

但这时，疯狂的大盘已接近高点，5月28日暴跌，千股跌停，郑东茂已感到股票操作难度加剧，开始降低仓位，把绝大部分利润拿了出来。

及时撤离战场，驱车七彩云南

2015年6月26日，国泰君安（601211）上市，该股第二天涨停板在盘中打开，郑东茂认为该股涨幅不大，盘子易操作，便天天在该股中高抛低吸。

在整个股灾期间，国泰君安抗跌明显，跌幅有限，之后在2015年7月9日的股市大反弹中，连续两日冲涨停。这让郑东茂在2015年上半年账户中的剩余利润在股灾中得以幸存了下来。

在之后的几个月中，尽管大势暴跌不止，但郑东茂凭借着灵活的仓位控制和超短线高抛低吸的操作，不但没有亏损，还盈利30%，甚至在市场"熔断"中都毫无损失，仍保持着盈利状态。但此时操作难度已经明显加大，郑东茂预感牛市已终结，便决意离开战场。

不久，一台越野车载着郑东茂和他的几位朋友，满载着胜利成果，向着七彩云南方向开启了自驾游的旅程……

如今，这段难忘的历程，虽然已过去好几年了，但作为成长中的重要一幕，郑东茂仍历历在目。许多真实的记录，已难以查找，但从他的助手手机中仅存的一些历史交易单截图中，足以帮我们再现那段精彩的日子。它是无言的见证，可以让我们充分了解奇迹是怎样发生的，从中更能领悟到郑东茂的超人智慧与操盘技艺。

逆势飞扬，财林一号基金半年获利54%，熊市传佳话

郑东茂出名了。

当他仅用6个月把300万元做到1亿元后，人们都疯传开了：茂名出

了个股市奇才！

　　许多投资者听说后，纷纷找上门来救助和讨教取经，更多的券商则看到了其中的"商机"。他们纷纷找到郑东茂，要免费帮他组建基金公司、发基金产品，在全国推广，树立标杆，也都想通过他的影响力，吸引更多的客户资源。

　　"这本不是我情愿的。"采访中，郑东茂坦诚道，"我只想默默地做好股票，根本没想过出名。但在券商再三盛情邀请下，我只好答应了。"

　　也就在这种背景下，在广发证券的指导帮助下，他成立了财林投资管理有限公司，"无奈"地当上了法人。

　　由于当时行情差，尤其是股灾后，许多基金产品清盘了，基金的名声并不好。甚至一些人一听要他们买基金产品，都有一种要"亏死"的感觉。

　　为了不让投资者受连累，历来有担当精神的郑东茂决定用自有资金发产品，以便摸着石头过河。为此，他除了研究股票，还加班看书，聪明的他，很快顺利拿到基金从业资格证。在经过长达 10 个月的申报、等待后，财林一期基金终于在 2016 年 7 月 18 日"开锣"。

　　当时，市场环境很差，股灾后伤了元气的大盘像扶不起来的阿斗，天天下跌。有时刚刚反弹一两天，第三天就来个跳空低开，买啥套啥。操作起来，实在难啊！不要说赚钱，就是不赔钱能生存下来，都十分不易了。

　　"从你们产品的走势曲线看，一直是沿 45 度斜线往上走的。你是怎么做到的？你采取了什么绝招？"我问郑东茂。

　　"我还是采取自己一贯的超短线做法：快进快出，一点一点去赚的'蚂蚁战法'。"他说。

　　"你对有些基金采取价值投资的方法如何看？"

　　"我不敢苟同。在我看来，只有对上市公司的财务状况非常了解才能做价值投资，否则，在这种大熊市中，生存极难，结果只能是统统死光光。"他丝毫不加掩饰自己的观点，"许多人并不知道，买进股票那刻起，就已经把自己的主动权交给了别人，交给了无情的 K 线，已身不由己。而此时唯一可做的就是缩短持股时间，以避免难以预测的一切风险。"

他接着说道："就算是一天的持股，我们还是会常常触碰到许多'地雷'。地雷一：业绩预亏风险；地雷二：市场消息风险；地雷三：政策风险，尤其是周末常有的'喊话'，真吓死人；地雷四：'对手盘'和市场大户风险，他今天进明天出，你跟进去，就把你套住；地雷五：国际行情风险，我们是'跟跌不跟涨'；等等。凡此种种风险，无处不在。不管以前多牛，踩上雷，就是个死。许多人都知道这样一件事：有一个知名的冠军基金，不慎举牌买进了一只叫欣泰电器的上市公司股票，结果这个公司严重亏损最后退市，让这家基金公司亏了几亿元，赔得好惨！"

"你做短线，也踩过雷？"

"踩雷，这是常有的事儿。"郑东茂回答道，"几乎是两个星期左右就会碰到一个雷。包括业绩雷、周末'喊话雷'和对手'出货雷'等。"

"那么，在如此恶劣的市场环境中，你在实战中采取了什么策略应对，竟取得了不错战绩的呢？"

"为了避免风险，我采取了两招：一是快进快出，决不恋战；二是五箭齐发。所谓'五箭齐发'，就是每次选五只股票，不把鸡蛋放在一个篮子里，有三只涨两只跌，就赚了。"

采访中，他的助手柯小小拿出财林一期基金操作的详细交易记录给我看。我看到郑东茂的风格没有变，仍是采用的龙头战法，遇有机会，就重仓干一把。比如，他借 2016 年 8 月 15 日大盘在弱市中强劲反弹之际，重仓杀入前期超跌的万方发展（000638），当日涨停，后连续又拉了两个涨停板，获利 20% 以上（见图 1-18、图 1-19）。在 2017 年市场热点雄安概念股的操作中，他猎击首创股份（600008）（见图 1-20），仅一次操作就收获了超过 40% 的丰厚利润。另外，还操作了柘中股份（002346）等，许多战绩漂亮的交割单，在公开的网络上均可查到，这里不再赘述。

我看到，在私募排行榜上，2017 年 4 月 17 日曾公布了全国私募基金业绩排名：在当月凶险的市场环境中，财林一期基金凭借过硬的实力和

18.64% 的业绩，在全国 4721 家私募中稳居第 21 名，堪称优秀。

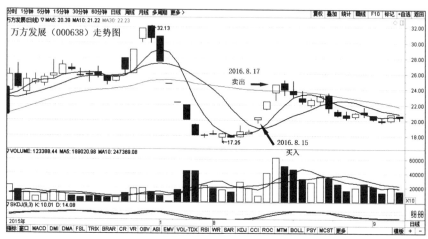

图 1-18　万方发展走势图

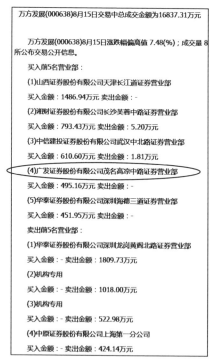

图 1-19　郑东茂所在营业部买入万方发展时，

买入金额登上"龙虎榜"

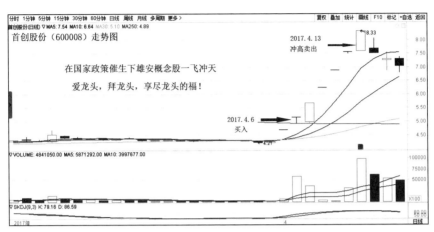

图 1-20　首创股份走势图

　　由于大盘环境不好，郑东茂在操作股票的同时，还在境外办有实业，常常外出，加上春节长假等，断断续续地做，财林一期从 2016 年 7 月 18 日开始操作至 2017 年 4 月 18 日清算，实际操作时间约为半年，收益为 54%（见图 1-21）。

图 1-21　财林一期业绩图

暴跌中，财林二期基金跑赢大市 32% 再创辉煌

郑东茂执掌的财林二期基金，可以说是生不逢时。它是在 A 股市场暴跌最为猛烈的 2018 年中诞生的。

财林二期于 2018 年 5 月 8 日发行，2018 年 7 月 2 日开始运作，2018 年 8 月 2 日清算。操作时间仅为一个月。

"何故这么短暂？"采访中我不解地问郑东茂。

"原因主要有两个：一是行情极端差，大盘一直跌跌不休，操作难度极大；二是我那段时间一直待在国外搞实业，整天穿梭在原始森林中，没有网络信号，也没有电脑，偶尔遇到有点机会，只能用手机操作，上网速度极慢，网络又经常断。即使有点机会，也很难正常操作。"

郑东茂在股市的主要盈利手法是抓龙头。可是，从市场活跃股指数的走势图上可以看到，真是"一江春水向东流"（见图 1–22）。难怪股灾中和近年来，不少基金都清盘了，它们被无情的熊市浪涛吞噬了。幸存者，业绩为负，沉在"水下"的，比比皆是。

尽管如此，身怀绝技的郑东茂还是常常以他娴熟的操盘技艺，横刀立马，龙口舔血！其间，他对绿色动力（601330）的操作即为"险中取胜"的一个出彩的案例。

2018 年 6 月 11 日，绿色动力上市，以飞龙在天的气势，连拉 17 个涨停板，在冰冷的市场中傲视群雄，不可一世。

郑东茂瞄准这只飞龙，伺机擒拿。当该股连续 16 个"一字板"后，于 2018 年 7 月 4 日，没有再"一字板"涨停，当日高开近 3 个百分点，盘中震荡后于下午再封涨停。之后，又横盘调整三日，到了 7 月 10 日这天，开盘后直接往下"砸" 6 个多点。早就盯着该股走势的郑东茂再也不肯错过良机，以 19.64 元重仓杀入，几乎买在了最低价。上午 11 点 17 分，该股即封涨停。他当天获利近 17%。

次日，该股高开 8 个点，郑东茂再加仓，随即该股封涨停。第三天（7 月 12 日）该股涨停开盘，郑东茂以 27.85 元的涨停板价集合竞价悉数

抛出，3天获利40%（见图1-23）。在遥远的异国他乡，他奏响了一首绝妙的"擒龙曲"，荡漾在无垠的原始森林之中……

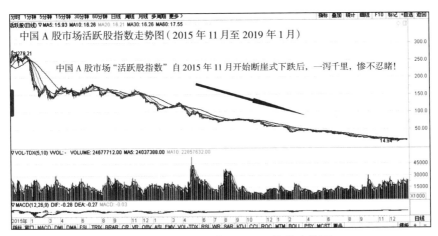

图 1-22　中国 A 股市场活跃股指数走势图

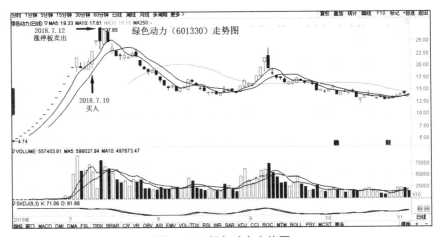

图 1-23　绿色动力走势图

此外，他还成功操作了龙头股天华超净（300390）、建研院（603183），均获得不菲的收益。

据统计，从 2018 年 7 月 2 日至 2018 年 8 月 2 日，财林二期收益

19%，而同期大盘跌幅为 13%，相当于他跑赢大盘 32%（见图 1-24），创造出了熊市中的又一段佳话！

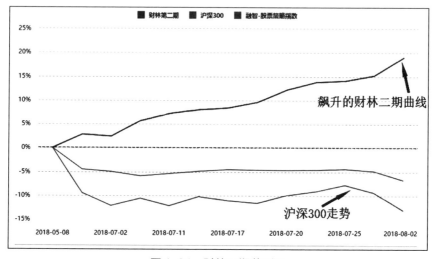

图 1-24　财林二期获利图

辉煌的十二大经典实战案例精彩回放

> ➲ *面对暴跌的惨烈行情，他以超人的智慧和"降龙十八掌"绝技，创造了一个又一个奇迹。那"光彩照人"的十二大经典案例回放，充分展现了"龙头股侠"的王者风范！*

从 2014 年至 2019 年初，"龙头股侠"郑东茂先后成功操作过难以计数的市场大牛股。采访中，他的助手柯小小把他在近年来操作过的数十只龙头股的实战记录、交易单据，还有不少登上"龙虎榜排名"的真实资料——让我察看。其战绩之卓越，令人瞠目、拍案叫绝。但限于篇幅，这里仅摘录其中 12 个实战案例，以帮助大家了解和学习他操盘的智慧、技艺与可借鉴的风格。

实战案例： 2014 年 11 月 13 日，神奇操作兰石重装（603169），两天复利收益 40%。

兰石重装于 2014 年 10 月 9 日上市后，连拉 24 个涨停板，成为沪深两市中最大的龙头黑马股。郑东茂一直盯着它，早想"咬它一口"，但苦于一直没有机会。

2014 年 11 月 10 日，机会来了。郑东茂在早盘集合竞价挂涨停板价以 19.70 元成交。次日，该股以涨停开盘，他卖出了昨天买进的筹码，后该股剧烈震荡，从涨停疯狂地"砸"到跌停，郑东茂在跌停时又重仓买回了兰石重装，上午 10 点左右，股价再次狂飙到涨停，一天累计收益 33%。

11 月 13 日，他在该股上冲 7 个百分点时卖出，几乎卖在了最高价，仅两天复利高达约 40%，堪称一次绝妙完美的顶级神奇操作（见图 1-25、图 1-26）！

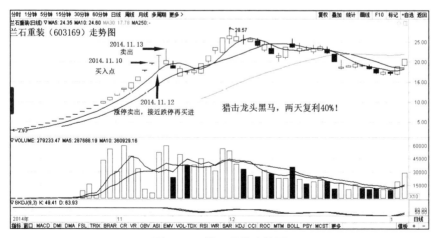

图 1-25　兰石重装走势图

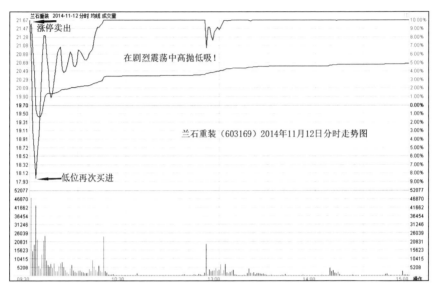

图1-26 兰石重装分时走势图

实战案例： 2015年1月15日，在龙头股中国中车上反复做差价，积小胜为大胜。

自2014年以来，郑东茂年年赚钱，收益多年都翻番。但人们不知情的，还以为他是幸运地抓了几只黑马龙头股赚的。其实，采访中我才知晓，他并非一次抱个"金娃娃"，逮到一只龙头股狠劲地赚一把，而是每次"只赚一点点"，积少成多，"让无数个小黑马变成个大黑马"。即使在牛市中，他也是这样做。

他对龙头股中国中车的操作，即是如此。这里，仅列举其中的一个片断操作为例：

2015年1月15日，郑东茂在中国中车放量向上再次突破时，以涨停板价买进。次日，该股于上午10点16分冲涨停，他果断抛出。

2015年1月19日，中国中车调整，他在跌停板附近果断再次杀入。收盘前，股价拉回到只跌2.6%，当天获利7%～8%。

1月20日，该股震荡上攻，9点56分冲涨停未果，他果断抛出。10

点 53 分，该股再冲涨停，他再次杀回。

1 月 21 日，中国中车高开，震荡中冲 8 个百分点，他全仓抛出，获利 28%（见图 1-27）。

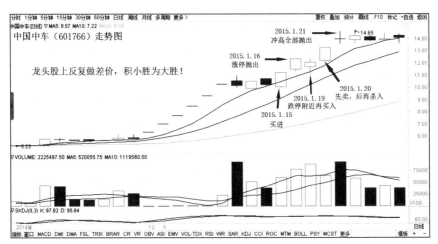

图 1-27　中国中车走势图

对中国中车的操作，也是他当时操作一系列"中字头"牛股的一个"缩影"。在那段时间，他就是这样，反复在中国中车、中国建筑、中国重工、中国中铁、中国中冶等股票上轮番做差价，真可谓"每天数票子数到手软"！

实战案例： 2015 年 7 月 9 日，"股灾 1.0"中扫货中国核电（601985）、国泰君安（601211），收益 40%。

2015 年 6 月 12 日，大盘创出了 5178.19 点新高后，于 6 月 15 日结束了一波"疯牛行情"，开始暴跌，一直跌到 7 月 9 日的 3373.54 点。这一事件被称为"股灾 1.0"。

7 月 9 日这天，开盘后大盘低开跳水，郑东茂用 6000 多万元的资金勇敢地重仓扫进躺在跌停板上的中国核电和国泰君安两只股票。当大盘触及 3373.54 低点后展开了绝地反击。中国核电和国泰君安双双从跌停冲上了涨停板。

第二天，当国泰君安开盘后冲上 8 个百分点时，他抛出，在涨停板价加仓买入中国核电。

7 月 13 日，即第三个交易日，上午 10 点半左右，中国核电快速涨停，郑东茂以涨停板价抛出手中全部筹码。

仅 3 个交易日，他收获了 40% 的丰厚利润（见图 1-28）。

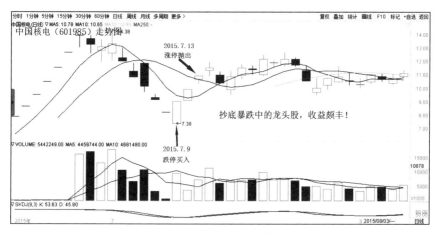

图 1-28　中国核电走势图

实战案例： 2015 年 8 月至 9 月，"股灾 2.0"中三买龙头股梅雁吉祥（600868），获利 43%。

2015 年 8 月 18 日，是中国 A 股市场的一个"灾难日"，上证指数从 4006.34 高点开始狂泻，以"铡刀式"的大阴棒，再次屠杀从 6 月 15 日一直暴跌下来本已虚弱的大盘，千股跌停。这一天，被人们称之为"股灾 2.0"。

之后，大盘一直下跌，直至 2015 年 9 月底，上证指数已从 4006.34 点跌到了 3039.74 点，跌了近千点。

而就在这种惨烈的状况下，郑东茂对当时的市场龙头股梅雁吉祥进行了三次成功的操作：

第一次买入时间：2015 年 8 月 19 日，正是大盘暴跌的次日，梅雁吉祥跌停，郑东茂以跌停价 7.98 元扫货 1 亿元，当日该股从跌停到涨停，账户收益 22%，仅此一股就赚了 2000 多万元。

第二次买入时间：2015 年 8 月 28 日。买入当日涨停，次日，在涨停时出局。

第三次买入时间：2015 年 9 月 24 日以 5.70 元买入，当日涨停。第二天，他以 6.41 元的涨停板价悉数抛出（见图 1-29）。

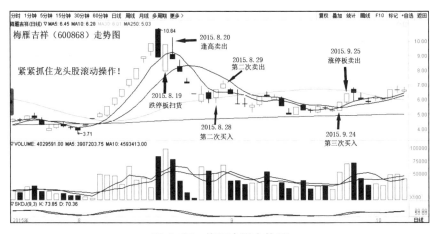

图 1-29　梅雁吉祥走势图

郑东茂在"股灾 2.0"中三次操作梅雁吉祥，累计获利高达 43%。而同期大盘跌幅竟达 32%。对他的这种绝妙操作，人们惊叹不已，无不称奇！

实战案例： 2015 年 11 月 2 日，介入众兴菌业（002772），登上买入"龙虎榜"。

2015 年国庆后，该股放量强势拉升，当股价从 27 元左右涨到 40 元后，进行了 12 个交易日的横盘调整。11 月 2 日，开盘后众兴菌业迅速放量急拉，再次向上突破，郑东茂以 40.28 元的涨停板价全仓介入。第二天，该股停牌。11 月 10 日，复牌"一字板"涨停。次日，该股再冲涨停板（48.74 元），郑东茂以 48.66 元抛出，获利 20%（见图 1-30 ～ 图 1-33）。

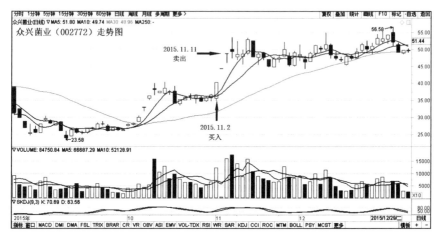

图 1-30　众兴菌业走势图

图 1-31　众兴菌业交易单 1

图 1-32　众兴菌业交易单 2

买入金额最大的前5名

序号	交易营业部名称
1	华泰证券股份有限公司上海浦东新区福山路证券营业部
2	华泰证券股份有限公司深圳侨香路智慧广场证券营业部
3	国泰君安证券股份有限公司郑州黄河路证券营业部
4	海通证券股份有限公司南京广州路营业部
5	申万宏源证券有限公司茂名油城六路证券营业部

图 1-33　郑东茂所在营业部买入众兴菌业时，
买入金额登上"龙虎榜"

实战案例: 2016 年 1 月 4 日,"股灾 3.0"中狙击千股跌停中的龙头股博敏电子（603936）。

2015 年 12 月 31 日,在市场龙头股博敏电子连续十多个"一字涨停板"打开后,郑东茂果断介入。不料,当跨入 2016 年 1 月,正值辞旧迎新之际,中国股市 A 股市场却迎来了"开门黑"。

2016 年 1 月 4 日,熔断机制实施,千股跌停,一片悲泣! 而就在这"风声鹤唳"中,郑东茂紧紧抓住龙头不撒手。这日,他勇敢地继续加仓买进博敏电子,一开盘就逢低买入,之后该股曾一度冲击涨停,他卖出节前买进的部分筹码,在受熔断影响、股价盘中下滑之际,他再次逢低"吃货"。

2016 年 1 月 5 日,龙头股博敏电子开盘后便直奔涨停,独占鳌头,大放异彩! 1 月 6 日,继续涨停! 1 月 7 日,大盘开年第二次实施熔断机制,该股震荡中封涨停未果,抛出! （见图 1-34）

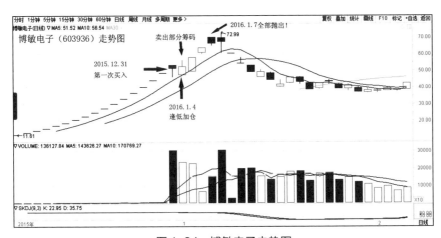

图 1-34 博敏电子走势图

实战案例：2016 年 3 月 23 日,借调整,低吸龙头股西部证券（002673）。

2016 年 3 月 18 日（周五）西部证券以涨停的方式突破盘局,21 日高开 8 个百分点，瞬间强势冲击涨停，且当天涨停板封得死死的。次日，再冲涨停后盘中调整，当天收出"十字星"，股价报收于 26.60 元。

3 月 23 日，早晨开盘后，该股低开后迅速"下沉"，最低达到 25.67 元，郑东茂猎鹰般的眼睛几天来一直盯着这只股。在分时图上可以看到，股价一直在均线上下缠绕，但在下午 2 点左右，股价突然向上蹿起。就在它翘头之际，郑东茂果断按下了买入键，以 26 元左右价位重仓买入，该股当天涨停，收于 29.26 元，他一天就获利 12%（见图 1-35）。

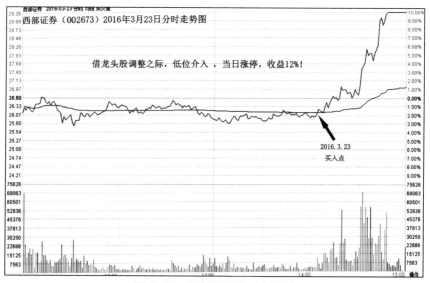

图 1-35　西部证券分时走势图

3 月 24 日，西部证券低开后，再次冲高，创下 30.37 元的新高，郑东茂在 30 元附近悉数抛出，两天盈利 15.38%（见图 1-36）。

从交易记录上看，郑东茂操作龙头股票时，在介入时机的把握上，拿捏得相当准确。图 1-37 为西部证券 2016 年 3 月 23 日交易单节录。

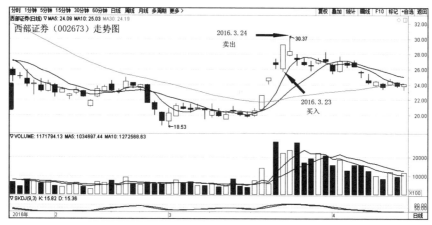

图 1-36　西部证券走势图

#	成交时间	证券代码	证券名称	操作	成交数量	成交价格	成交金额	成交日期
302	13:56:32	002673	西部证券	买入	400	26.180	10472.00	20160323
303	14:00:29	002673	西部证券	买入	1000	26.040	26040.00	20160323
304	14:00:29	002673	西部证券	买入	4200	26.000	109200.00	20160323
305	14:00:55	002673	西部证券	买入	600	26.020	15612.00	20160323
306	13:56:32	002673	西部证券	买入	500	26.180	13090.00	20160323
307	13:55:30	002673	西部证券	买入	200	26.110	5222.00	20160323
308	13:55:30	002673	西部证券	买入	320	26.110	8355.20	20160323
309	14:01:35	002673	西部证券	买入	500	25.980	12990.00	20160323
310	13:54:42	002673	西部证券	买入	100	26.040	2604.00	20160323
311	13:56:32	002673	西部证券	买入	600	26.170	15702.00	20160323
312	13:54:42	002673	西部证券	买入	200	26.040	5208.00	20160323
313	13:54:40	002673	西部证券	买入	400	26.040	10416.00	20160323
314	14:01:03	002673	西部证券	买入	1600	26.020	41632.00	20160323
315	14:00:36	002673	西部证券	买入	3200	26.000	83200.00	20160323
316	14:00:29	002673	西部证券	买入	1600	26.040	41664.00	20160323
317	13:59:11	002673	西部证券	买入	2700	26.000	70200.00	20160323
318	14:00:59	002673	西部证券	买入	1500	26.020	39030.00	20160323
319	14:01:18	002673	西部证券	买入	100	26.010	2601.00	20160323
320	13:56:32	002673	西部证券	买入	500	26.170	13085.00	20160323
321	13:56:32	002673	西部证券	买入	3200	26.190	83808.00	20160323
322	13:56:32	002673	西部证券	买入	500	26.190	13095.00	20160323
323	14:01:08	002673	西部证券	买入	300	26.020	7806.00	14:01:08
324	13:56:32	002673	西部证券	买入	1000	26.180	26180.00	20160323
325	13:56:32	002673	西部证券	买入	300	26.180	7854.00	20160323
326	14:00:29	002673	西部证券	买入	300	26.040	7812.00	14:00:29
327	14:00:36	002673	西部证券	买入	600	26.000	15600.00	14:00:36
328	13:59:11	002673	西部证券	买入	500	26.000	13000.00	13:59:11
329	13:56:32	002673	西部证券	买入	1200	26.200	31440.00	13:56:32
330	13:57:02	002673	西部证券	撤买	400	26.110	10444.00	13:57:02
331	13:55:05	002673	西部证券	买入	400	26.100	10440.00	13:55:05
332	13:55:05	002673	西部证券	买入	400	26.080	10432.00	13:55:05
333	13:57:02	002673	西部证券	撤买	400	26.040	10416.00	13:57:02
334	14:01:01	002673	西部证券	买入	900	26.020	23418.00	20160323
335	13:56:32	002673	西部证券	买入	4000	26.200	104800.00	13:56:32
336	14:01:00	002673	西部证券	买入	1000	26.020	26020.00	20160323
337	13:59:11	002673	西部证券	买入	1600	26.000	41600.00	13:59:11
338	14:00:29	002673	西部证券	买入	3700	26.000	96200.00	20160323
339	14:00:29	002673	西部证券	买入	1900	26.040	49476.00	20160323
340	13:54:52	002673	西部证券	买入	1600	26.070	41712.00	20160323
341	13:54:52	002673	西部证券	买入	200	26.070	5214.00	20160323
342	13:54:52	002673	西部证券	买入	1500	26.070	39105.00	20160323
343	13:55:05	002673	西部证券	买入	200	26.100	5220.00	20160323
344	13:55:05	002673	西部证券	买入	400	26.100	10440.00	20160323
345	13:55:05	002673	西部证券	买入	200	26.100	5220.00	20160323
346	13:55:05	002673	西部证券	买入	1300	26.100	33930.00	20160323
347	13:55:05	002673	西部证券	买入	1100	26.100	28710.00	20160323
348	13:55:05	002673	西部证券	买入	100	26.100	2610.00	20160323
349	13:55:29	002673	西部证券	买入	3400	26.110	88774.00	20160323
350	13:56:31	002673	西部证券	买入	100	26.150	2615.00	20160323
351	13:56:31	002673	西部证券	买入	100	26.150	2615.00	20160323
汇总					2474419		64641196.39	

图 1-37　西部证券交易单

实战案例：2016 年 12 月 26 日，擒拿市场翻倍龙头股柘中股份（002346）。

2016 年 12 月中旬，柘中股份放量拉升，12 月 19 日、20 日、21 日当该股连续强势拉出三个涨停板后，开始进行调整下挫。12 月 26 日，该股开盘后股价被迅速砸到了跌停板，郑东茂果断介入，随之股价反身向上，急剧拉升，直冲涨停。郑东茂当日抓了个"天地板"，获利 20%。此后，该股股价很快翻倍（见图 1-38、图 1-39）。

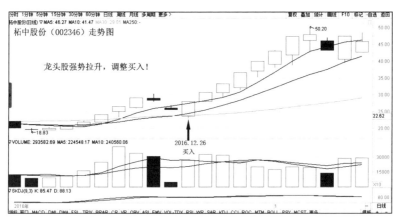

图 1-38　柘中股份走势图

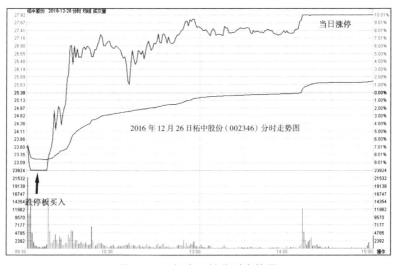

图 1-39　柘中股份分时走势图

　　实战案例：2017 年 4 月 6 日，猎击雄安板块龙头股首创股份（600008），收益超过 40%。

　　2017 年 4 月，在国家政策的感召下，中国 A 股市场刮起一股强烈的"雄安风"。4 月 6 日，市场敏锐度极高的郑东茂在龙头股首创股份第二个涨停板打开瞬间，果断重仓介入。此后，该股又连拉 5 个涨停板，后被叫停，于 4 月 18 日复盘，郑东茂当天抛出，获益 40%。后来，他又多次介入该股，反复进行高抛低吸，收获多多（见图 1-40）。

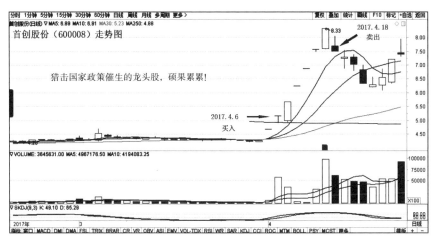

图 1-40　首创股份走势图

　　实战案例：2018 年 6 月 5 日，乘坐"亚厦汽车"（002607），风景这边独好。

　　2018 年 5 月下旬至 6 月中旬，亚厦汽车放量上攻，成为市场中一颗耀眼明珠。6 月 5 日，借龙头股短暂的调整，郑东茂在 9 元左右重仓介入。

　　之后，大盘跌出三根阴线，尤其是 6 月 8 日大盘低开低走，破位下行，市场一片哀鸣，而亚厦汽车却风景这边独好！自郑东茂买入后的第三个交易日，该股竟剽悍地连拉 5 个涨停板，至 6 月 12 日该股冲高到 13.35元时抛出，他的钱袋已胀得鼓鼓的（见图 1-41～图 1-43）。

20180605	002607	亚夏汽车	证券买入	9.090
20180605	002607	亚夏汽车	证券买入	9.070
20180605	002607	亚夏汽车	证券买入	9.040
20180605	002607	亚夏汽车	证券买入	9.050
20180605	002607	亚夏汽车	证券买入	9.060
20180605	002607	亚夏汽车	证券买入	9.010
20180605	002607	亚夏汽车	证券买入	9.000
20180605	002607	亚夏汽车	证券买入	8.940
20180605	002607	亚夏汽车	证券买入	8.920
20180605	002607	亚夏汽车	证券买入	8.890
20180605	002607	亚夏汽车	证券买入	8.860

图 1-41　亚夏汽车交易单

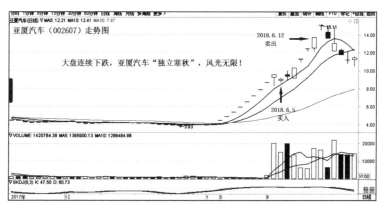

图 1-42　亚夏汽车走势图

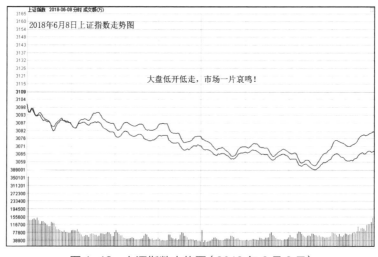

图 1-43　上证指数走势图（2018年6月8日）

实战案例： 2018 年 7 月 27 日，介入"回踩"中的龙头股建研院（603183），连赚几个涨停板。

这是郑东茂操作财林二期基金产品时的一则案例。

2018 年 7 月 24 日、25 日建研院突破横盘整理平台，放量连拉两个涨停板。随后进行"洗盘式"调整，7 月 27 日当股价"回踩"5 日均线，郑东茂意识到该股如此这般，后面一定有"戏"，便于当日逢低介入。果然不出所料，此后，该股竟不顾大盘下跌，逆势放巨量强势上攻，连续拉出涨停，这让郑东茂操作的财林二期基金再传捷报（见图 1-44）。

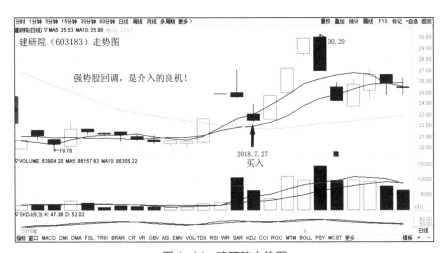

图 1-44　建研院走势图

实战案例： 2019 年 1 月 22 日，捕捉"全柴动力"（600218），见证奇迹。

来茂名采访郑东茂之前，早听说他善于抓牛股，功夫厉害。为验证他的功力，也曾有不少人"考"过他。据说，2014 年 7 月的一天，他到深圳会朋友。聚会中，一位基金经理当场想为难他，知道他短线选股功夫了得，却偏让他选一只能中长线持有的股票。面对这种"挑战"，功力深厚的郑东茂并不怯场。他在电脑上搜索片刻，便点了一只股票：万马股份

（002276）。"这只股此后必有大戏唱！"当时，他果断地判定。

"干吗那么肯定？不怕砸了你的牌子？万一它走得不好，岂不毁了你的名声？"来访当晚，我听说这件事后，问郑东茂。

"不会。我心里有底。我打开它的 K 线给你看。2014 年 7 月 9 日，该股以涨停方式向上突破，之后一直在横盘，拉出了十几根有长上引线的阳线，此意为何？你知道么？""不知道。"我说。"你听说过古代打仗出征前，都有祭旗这一说吗？这么多带上引线的阳线，像不像一炷炷上供的'香'？明明是在'祭旗'呀，我说后面一定有戏，就一定有戏！不久，它又拉出一个涨停板，便向上稳步攀升，最后，股价最高达 45.30 元，整整翻了 5 倍！"

"你的眼力真厉害！"我夸赞他。同时，也想"考考"他："郑总，我看你真有一双火眼金睛。这些天，全柴动力涨得不错，算是市场龙头吧？你们介入了吗？后面还有戏吗？"

"它的确算得上是龙头股。我们在 1 月 16 日、17 日还有 19 日它调整时都有进。"郑东茂回答说。

"昨天、今天又是两个涨停。你看，后面还有机会吗？比如，明天还能买吗？"

"我认为，既然是龙头，后面估计还会有两到三个涨停板出现。假如你有兴趣，可以跟进。或你观察一下，验证一下我的看法吧！"他很有把握地说。

2019 年 1 月 23 日，也就是我采访到来的次日，该股又封涨停。此后，24 日、25 日仍然持续涨停。这走势，可真应了郑东茂的话。"神了！真是神了！"看着龙头股全柴动力在市场中表现出的风采，我对郑东茂神奇的判断，算是真正地折服了（见图 1-45）。

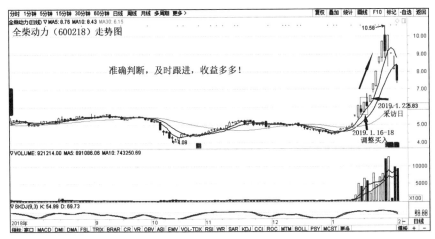

图 1-45　全柴动力走势图

擒拿龙头股的三大举要

> ☞ *市场中"奔腾呼啸"的龙头股百般诱人，如何捕捉到它? 就"识别真假龙头""找寻最佳介入点"和"何时卖出龙头股"，他道出了多年来成功操作的要点和秘籍。*

2019 年的春节，从大年三十到初五的夜晚，是挂满大红灯笼的茂名南香公园最为静悄悄的时刻。我和郑东茂却在采访中消磨着节日的欢乐时光。

一天晚饭后，我和郑东茂漫步于公园幽静的小路上。想起近些天听他讲述多年来成功捕捉龙头股的一桩桩事儿，我禁不住问出多日来闷在心中的一个大大的"问号"：

"能捕捉到市场上涨势最为凶猛的龙头股，几乎是每一个投资者的愿望。为什么有许多人天天在追涨停，抓龙头，却很少成功，甚至亏损越来越大、越套越深呢？"

"那他八成抓到的是假龙头，或者说他介入的时机不对。龙头股的走势有'龙抬头''龙喝水'和'飞龙在天'几个阶段，什么时间介入、什么时间卖出，都有学问。"郑东茂边走边说道。

此后几天的交谈中，他就"如何识别真假龙头""何时介入龙头股"和"何时卖出龙头股"三大捕捉龙头股的举要，道出多年来他悟出的一些道道，也透露了他多年来操作的一些秘籍。

举要一：如何识别真假龙头

"识别龙头，是捕捉龙头的第一个关键点。千万莫把'蛇头'当龙头。这也是许多人操作龙头股失败的一个重要原因。"郑东茂谈起"龙头"与"非龙头股"的区别，主要强调了以下几点：

◆ 首先要明确一点：强势股不等于就是龙头股。龙头股具有很强的市场感召力，含金量高，得到大众的认可。而非龙头股则不然，没有那么强的市场共鸣，往往是单打独斗的行情为多。

◆ 龙头股涨势持续时间较长，即使回调还会涨；而非龙头股上涨持续短，一旦回调，常常会偃旗息鼓，一般不会再有大的涨势。

◆ 龙头股一旦形成，后面一般都有跟从的"小弟"，俗称"龙二""龙三"；而非龙头股则没有。

"常言道：十个龙头九个假，不无道理。市场上鱼龙混杂，什么情况都有，投资者一定要擦亮眼睛，分清哪个是'龙'，哪个是'蛇'，以免误入'雷区',遭蛇咬伤!"采访中,郑东茂真诚告诫。

"那么,怎么选择真正的龙头股呢?"

"我想,主要有以下三点很重要。"他介绍道:

- 首先要选择在未来行情中可能形成热点的板块。要特别注意,板块热点的持续性不能太短。
- 题材要具备想象空间。常言说,炒股就是炒未来。板块的领头个股要具备能够激发市场人气带动大盘的能力。比如我于2015年操作的在"一带一路"这一重大题材中涌现出的中国中车、中国铁建、中国中冶、中国建筑等一批"中字头"的龙头股,以及2017年具有重大题材的雄安板块,即是如此。
- 价格要低。盘子要适中。不能过大,也不能太小,有价格优势,后市就具备一定的上涨空间。盘子适中,便于市场主力的进出。
- 均线多头排列,MACD、KDJ等技术指标金叉,特别是放量突破年线的股票,要重点关注。
- 大盘要安全,没有较大风险。

最后,郑东茂强调指出:龙头股是市场的一种"合力"形成的,它是"走"出来的,而不是"猜"出来的。我们能做的只能是"顺势而为",而非整日费尽心思去猜测哪个是龙头!

举要二:何时介入龙头股

那么,什么时候介入龙头股呢?郑东茂强调以下两点:

强势追击。市场龙头一旦出现,我们在实战操作中,一定要做到稳、准、狠。尤其是上午开盘后半小时内涨停的股票追涨的价值大。这也是郑东茂常常使用的一种"精确打击"手段。

调整中介入。如果龙头股启动后突然连续发飙，我们没有或无法在第一时间介入，那么，在它调整之际介入，也不失为一种好的方法。

关于这一点，郑东茂介绍了以下几种方法：

"五福临门"介入法

这种买入法，即指龙头股在强势拉升过程中，如果有一天进行调整，触及5日均线，便是很好的买入良机，尤其是第一次触碰5日线，更是介入的一个最佳时机。郑东茂之所以将其命名为"五福临门"，是指它会给你带来福气和财运。

实战案例：绿庭投资（600695）。2018年10月，市场主力"挖坑"将该股股价打至最低价2.46元后，以迅雷不及掩耳之势连拉四个涨停，放量突破长达数月的横盘。在强劲的拉升中，10月29日股价第一次回踩5日线，显现介入最佳良机。此后，该股上升中再现8个涨停板，股价快速翻番（见图1-46）。

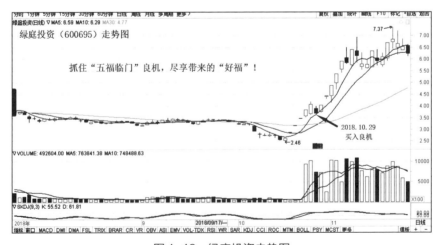

图1-46　绿庭投资走势图

　　实战案例：初灵信息（300250）。这一案例发生在对郑东茂的采访中。该股属软件和信息技术服务业。在 2019 年"春季躁动"的序幕中，通信、软件服务、5G 等符合国家战略导向的科技题材板块纷纷爆发。2019 年 1 月 31 日，初灵信息一开盘便快速封涨停，迅速收复前日跌停的失地。随后三天，再次强势上攻，连续拉出涨停。

　　2019 年 2 月 13 日开盘，该股高开后，瞬间把股价从昨日收盘的 14.39 元一下子砸到 13.41 元，接近 5 日均线，这是一个绝佳的机会。眼明手快的郑东茂没有放过，果断杀入。第二天，股价再次打向 5 日线，"五福临门"再次呈现，郑东茂再加仓，当日收涨停。第三天，该股开盘后低开冲高，继续冲击涨停，郑东茂抛出离场。下午我问郑东茂何时卖的，他说，开盘后该股低开，他即落袋为安，果断先行卖出。我问："再等等，冲涨停，利润岂不更大？"他说："我没有等它冲涨停，也没有卖在最高点。它低开，我就先走人。后来涨起来，虽然看起来有点遗憾，但我不后悔。因为股市风险太大，每时每刻都要十分警惕。我们要控制好心魔，每天能赚几个点足矣！"（见图 1-47、图 1-48）

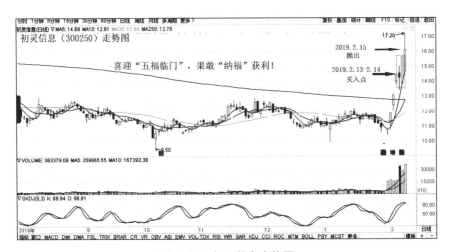

图 1-47　初灵信息走势图

成交时间	证券代码	证券名称	操作	成交数量	成交均价	成交金额
10:48:54	300250	初灵信息	证券买入	2900	13.960	40484.000
10:48:54	300250	初灵信息	证券买入	400	13.960	5584.000
10:48:56	300250	初灵信息	证券买入	23200	13.960	323872.000
10:46:30	300250	初灵信息	证券买入	2000	14.010	28020.000
10:46:29	300250	初灵信息	证券买入	1500	14.000	21000.000
10:46:29	300250	初灵信息	证券买入	600	14.000	8400.000
10:46:54	300250	初灵信息	证券买入	1900	14.010	26619.000
10:46:29	300250	初灵信息	证券买入	100	14.000	1400.000
10:46:29	300250	初灵信息	证券买入	300	14.000	4200.000
10:46:29	300250	初灵信息	证券买入	800	14.000	11200.000
10:46:29	300250	初灵信息	证券买入	9300	13.990	130107.000
10:46:29	300250	初灵信息	证券买入	200	14.010	2802.000
10:46:29	300250	初灵信息	证券买入	300	14.000	4200.000
10:46:29	300250	初灵信息	证券买入	1000	14.010	14010.000
10:46:29	300250	初灵信息	证券买入	2300	14.000	32200.000
10:46:29	300250	初灵信息	证券买入	100	14.000	1400.000
10:46:29	300250	初灵信息	证券买入	11300	14.010	158313.000
汇总				362994		5001517.990

图 1-48 初灵信息交易单

"十面埋伏"介入法

龙头股在飙升中，若股价打到或接近10日均线时，同样也是一个好的买入点。

实战案例：东方通信（600776）。2018年11月下旬至2019年1月中旬，龙头股东方通信在市场中表现十分抢眼。该股在拉升中，多次遭遇"十面埋伏"，若预先有此战略，介入其中，受益将颇为丰厚（见图1-49）。

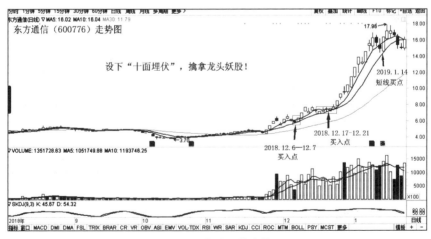

图 1-49 东方通信走势图

需要注意的是：若在第二波拉升中触及 10 日均线，不提倡介入，因为此时介入安全系数不大。

"龙喝水"介入法

市场中的龙头股，即使表现最强势的，在它"一飞冲天"之前，总有个蓄势过程，"喘口气，喝口水"，不可能"一蹴而就"。而这一短暂的"龙喝水"，正是我们介入龙头股的一个难得的机会。

实战案例： 冀东装备（000856）。2017 年 4 月，国家建立雄安新区的方案公布后，雄安概念股"万马奔腾"。冀东装备就是其中一只涨停喜人的龙头股。该股在 4 月初连拉数个涨停后，于 4 月 17 日至 21 日，有 4 个交易日"龙喝水"蓄势的短暂歇息过程，这正是介入其中的绝佳机会（见图 1-50）。

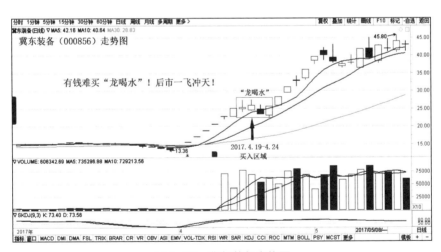

图 1-50　冀东装备走势图

举要三：何时卖出龙头股

股市中有一句谚语："会买的是徒弟，会卖的是师傅。"说的是会卖的重要性。而只有卖个好价钱，才能使利润最大化，也才能将胜利成果落入袋中。

郑东茂的做法是：快进快出，决不恋战！

操作中，他坚持几个原则：

◆ 买入后，若第二天快速封涨停，就持有。假如第二天不能马上封涨停，赚六七个百分点立马走人！

◆ 快进快出，积少成多，不管行情好坏，他一直坚持"蚂蚁搬家战法"，以防风险。

◆ 滚动操作。不"一次吃个够"，即使在牛市中也如此。

◆ 如果向下跌破 10 日均线，果断坚决地先卖出。除非第二天高开迅速拉回，否则暂不考虑再行介入。

◆ 以盈利为目的，不与股票"谈恋爱"。形态一旦破坏，不要再抱任何幻想，马上逃离为上。这是由无数血的教训换来的。

在采访中了解到这样一件事：郑东茂有一个朋友，原来做股票常常赔钱。后来，郑东茂亲自传授给他龙头战法。这位朋友在郑东茂的指导下，买入了"一带一路"中表现最牛的中国中车，账户资金从 100 万元做到了 1700 多万元。但在该股几次出现"头部"信号时，郑东茂多次让他卖出，他都不肯。他太痴迷这只给他带来巨大财富的龙头股了。怎么劝，他都听不进去，甚至说："若中国中车股价不上 80 元，国家总理都不答应！"结果，市场是残酷的，随着中国中车的风光不再，他账户的资金一天天"缩水"，但他仍迟迟不肯撤离，幻想着"很快还会上来的"，不仅不

"壮士断腕"，还往里加资金，不断地补仓。当股价从最高 39.47 元，跌到 7 元多时，他的账户也从原来的巨额盈利，变成倒亏了几百万元，让人感叹！

在谈及捕捉龙头股战法时，郑东茂特别提醒中小投资者：操作龙头股，是要靠一个投资者的综合判断能力和果敢的执行力，特别还要有市场的应变能力。市场千变万化，龙头股走势也是各有千秋，操作方法要灵活多变，决不可循规蹈矩、机械模仿。正如《孙子兵法》中的一句名言所说：兵无常势，水无常形，能因敌变化而取胜者，谓之神！

18 条股市生存至理名言和 24 年感悟

> ⊃ *在风云变幻的股市如何能抗击无常的风险来临而长久地生存？他用 18 条句句斟酌并践行多年的股市生存法则，和 24 年炒股智慧的真诚告白，激励和警示人们前行。*

在到茂名采访郑东茂之前，他的助手柯小小曾在微信上给我发过一张郑东茂的照片。他坐在"龙头茶台"旁，面前摆有一盘正在下着的象棋，右手托腮深思。

看着郑东茂的照片，我的第一印象是年轻、帅气，应该是个思维很敏捷的人。

但同时，照片上他身后背景墙上的那一条条"股市投资格言"十分醒目地呈现在我眼前，引起了我的关注——"买入的股票一定要是强势股""永不在交易清淡的品种上投资""在股票操作中，你必须是个毫无感情的机器人""每天进步 1%，这就是成功的最大秘密"……

这是多么好的投资至理名言啊！我想，这一定是他多年制胜股海践行的铁律！

采访中，印证了这一点。这些年来，郑东茂正是将这些格言刻在心底，不管行情涨跌、股市牛熊，他都一丝不苟地严格执行。创建"龙头股吧"后，他特意整理出来，将这 18 条格言张贴在进门的墙壁上。这里全文刊录，以警示投资朋友：

18 条股市至理名言

第一条：规避和防范风险是第一要务，也是取得长期成功的前提和保障。

第二条：顺应股价趋势而为是第二要务，也是能在市场上生存的第二法门。

第三条：成功的关键是被动地跟踪股价运动，不可妄想自己比市场更聪明。在买卖时机确认之后，要果断地采取行动，并按自己的交易系统信号进出。但是，你自己的交易系统必须符合科学、定量、客观三个要求：科学是指每一次交易赢的概率大于 85%，客观是指不以人的意志为转移，定量是指至少能以一个数学模型来描述。

第四条：买入的股票一定要是强势股，重势不重价。股价高而指标低的股票比股价低而指标高的安全得多，趋势是我们永远的朋友和依据。

第五条：只有短线操作与中线操作之分，不存在长线操作。在买入股票之前，是短线操作还是中线操作是不能预先确定的。

第六条：一家企业和一家企业的股票是完全不同的两码事。企业有好坏之分，股票只有上涨和下跌的区别。在股票操作中，买卖的是股票的涨跌而不是企业的好坏。

第七条：股票运动永远处于不确定之中，换句话说，股市中唯一不变的就是它永远在变，时间越长，不确定性就越大。股价运动的本质具有高度的随机性，其方向只有可能性而没有绝对性。在股票操作中，任何对股价的分析和预测其可靠性都是值得怀疑的；在股价运动趋势发生转折之前，主观判定顶和底既不明智，风险也大。

第八条：股票投资中，真正的投入要素包括金钱、时间、心态和经验。对股票运动规律的认识、投资哲学思想和操作策略等远远不像金钱那么简单。如果你已经输了钱，不要再赔进你的心态，凡是人就会犯错误，但这绝不是你再犯错误的理由，同样的错误绝不允许犯第二次，每天进步1%，这就是成功的最大秘密。

第九条：在股票操作中，你必须是个毫无感情的机器人，无条件地执行自己的交易原则。

第十条：任何一次买卖都不允许过量，永不在交易清淡的品种上投资。在买卖受损时切忌赌徒式加码。

第十一条：在股票操作中，我们必须要求自己战无不胜。而战无不胜的真正含义是不胜不战，操作质量远远重要于操作数量。

第十二条：我们不能控制市场和他人，但是，我们要绝对能够控制自己。

第十三条：我们不要求每次都看对，但是，我们必须要求自己每次都做对。做对比看对重要得多，这个重要程度怎样夸张地形容都是恰当的。

第十四条："古来圣贤多寂寞"，最伟大和最智慧的人都是孤独的，不甘寂寞是大众的做法。

第十五条：大思维决定大境界，大境界决定大成功。

第十六条：炒股就是炒心，套牢就是套心，人的心灵意志大于一切。在股票操作中，没有事情是你努力过了也做不到的。胜负只是一时的，但意志却能决定你的一生。

第十七条：短线或者是中线操作都只是获利的一种方法，决不是投资的目的。短线操作的真正目的是应对股价走势中的不确定因素。

第十八条：交易时犹豫、迟缓是投资者心态不成熟的标志，是心灵意志力脆弱的标志，也是妨碍投资者向专业化和职业化晋级的最大障碍。

24 年感悟与真情告白

采访中，当我问及郑东茂入市 24 年来能够在股市长期生存并能持续盈利的核心体会是什么时，他深有感触地回答说："我 1995 年入市，一转眼 24 年了。前 9 年是赔钱的，后面都是持续盈利的。你要我说说最核心的体会，那就是我深深感到股市真是深如海呀，要想长期生存，就得要时刻保持谨慎之心。因为股市时刻在变，风险非常大，要操作得好，难度极大。没有对市场的敬畏之心和谨慎态度，是绝对做不好的。

"我为什么一定要做龙头股，也正是基于市场防范风险角度上考虑的一种策略。因为，不论是牛市还是熊市，龙头股是市场中表现最强势的股票，也是最安全的股票。即便是这样，我也是采取快进快出的战术。"说到这，郑东茂风趣地比喻道："在股票投资上，我只做'花花公子'，不与股票长期'谈恋爱'，只有'一夜情'。否则，'感情一旦深了'，不能自拔，涨了舍不得抛，跌了舍不得'离'。最终，甚至，她会置你于死地！"

"另外，我觉得，在股市中要想制胜，不是单凭一招一式就能解决问题的。它是一种综合能力的体现。所以，在股市中操作的每一个投资者，要想取得成功，就要不断提高自己的综合素质，在任何情况下，都能做出准确和客观的判断，这就要靠平时不断地勤奋学习与刻苦钻研。就像一个皮球一样，你往里充的气越多，它弹跳的力度才会越大。要记住，即便你的业绩很优秀，也一定要保持谦虚谨慎的心态。绝不能因为一时的成果，而放松警惕，狂妄自大，自以为是。"

郑东茂最后告诫广大股民："如果你还在股市中操作，就算是偶然取得了大成功，也不能醉酒庆祝，泡在 KTV 狂欢。因为这两样东西会扰乱你的思维，要想让原来的正常思维在短期内复位很难。这样做，很容易出现乐极生悲的现象。"

"你认为应该如何庆祝？这些年你取得了那么多战果，高兴时怎么做？"我笑问。

"我在股市生存了 24 年。我从不醉酒和狂欢。我认为，如果要庆祝，就要去远行。"他回答说，"我常常这样做。到大海边，到森林中，去看远方的风景，这对提升操作能力和时刻保持清醒的头脑很有益！"

留在"龙头股吧"里的欢乐

> ⊃ *受伤心灵的慰藉，正确理念的传播，操盘绝技的交流，他把温暖带给中小投资者，让欢乐驻在"中国第一吧"……*

爱的传递

在广东茂名市中心有一个地方，是这里的广大中小投资者最为眷恋的"温暖之家"。每晚，这里灯火通明；周末，这里更是车水马龙，充满着欢声笑语。它，就是郑东茂 4 年前创建并命名的"龙头股吧"。大家亲切地称之为"中国第一吧"。

那是 2015 年初，郑东茂在股市获得了丰厚的利润。有钱后的他，首先想的不是自己建豪宅、买名车，心里挂念的却是仍处在"苦难"中的广大股友。

他要把自己走向成功的心得和操作技艺传给更多的人。于是，他在市中心一个繁华的路口，找了一个几百平方米、上下两层楼的场所，投资创办了一个豪华的"龙头股吧"。

挂牌开业那天，四面八方的人潮涌向这里，欢声笑语从插满鲜花的龙头股吧中溢出……

"为什么要建造这样一个温馨的股吧？"采访中，我问起郑东茂 4 年前创建"龙头股吧"的动因。

"说心里话，我一直在想，中国的股民太苦了，我常常想着要为他们做点什么。他们为中国的改革开放事业做出了巨大贡献，我算过，应该贡献了三分之一的力量吧！但他们大都伤痕累累，我琢磨着给大家提供一个温馨的场所，慰藉人们受伤的心灵。"郑东茂深情满满地回答说，"在这里，我购置有多台电脑，还有投影仪、龙头茶台。通过这个平台，大家围坐在龙头茶台旁，相互交流股票操作的体会。另外，股吧里还有供大家娱乐的卡拉 OK，让大家一起开心唱歌。

"我还请来了许多证券营业部的分析师和各路高手、专业老师分期地给大家上课，把正确的理念和方法传授给迷茫中的中小投资者。这样，大家受教，一起欢乐，有多高兴呀！"

"收费吗？"我问。

"所有的一切都是免费的。"郑东茂回答。

"你为大众做了这么件好事，几年下来，投入应该不少吧？"我问道。

"4 年来，郑总先后在龙头股吧里投入五六百万元资金。"谈到这儿，他的助手插话道，"郑总为了股民朋友很舍得。股吧里全部电脑设备都是最高配置，给大家喝的红酒是拉菲，品的是千年古树茶，吃的水果有车厘子、榴莲。聚会时，郑总还买了一卡车 60 箱的茅台酒免费给大家喝。每逢中秋节、春节等重要节日，他都会买几百份月饼和精美礼品免费送给股民朋友们。来到这里的人，无不感到温暖。"

他们，在这里得到改变

4 年多来，来到龙头股吧的人成千上万。他们在这里得到的，不只是心灵的温暖和修复，更多的是股市博弈的理念和操作水平的大幅提升。这些年，发生在"中国第一吧"的故事真是太多太感人了。

一天夜晚，我和当地的几位股民朋友在股吧里一起喝茶。其中一位名叫阿超的朋友，给我讲起了他身上发生的故事：他很热爱股票投资，可是，过去炒股没有方法，整日盲目地追涨杀跌，几年下来，投入的钱赔光了，连女朋友都找不到。

后来，他成了龙头股吧的常客。他不仅在和大家的交流中得到了安慰，而且在郑东茂指点下，找到了自己过往失败的教训。

"为了帮我，茂哥（指郑东茂）亲自指导我操作，我终于很快在股市中赚钱了。现在，我可以告诉你一个秘密，我的女朋友就是在这儿找到的。现在，我家的五层楼也盖了，老婆也为我生了个可爱的女儿，生活得很幸福。回想起来，这一切，真像做梦一样。我一生命运的改变，真多亏了茂哥和他建的这个龙头股吧呀！"

这时，一个叫阿春的也说："我和阿超一样。原来我在单位上班，由于太喜欢做股票，辞职下股海了，没想到炒股炒得一塌糊涂，又转而去做生意也不顺，女朋友谈了几个都嫌我穷离我而去。后来在股吧也是在茂哥帮助下，终于在股市反亏为盈，女朋友也主动地找上门，现在结婚生子了。说起我们的幸福，不能不感谢茂哥和这个全国少有的龙头股吧！"

…… ……

还有一个"小散"的故事，在郑东茂的家乡飞马村一直广为流传。

这位小散原本在股市中投入了 200 万元，炒股一直不得法，加上行情不好又遇股灾，他损失惨重，账户资金天天缩水，最后只剩下 30 万元。这让他痛苦不堪。

后来，他来到了龙头股吧，向郑东茂求助。听了他的遭遇，郑东茂对来自自己家乡的这位股友很同情，想帮他。

可就在这时，从深圳来了一位做生意的老板。他投入股市 2 亿元，最后亏到了 8000 万元。听朋友介绍说茂名出了个股票天才郑东茂，他就专程跑来请郑东茂出山救救他，并许以重谢。

一个是小散的 30 万元，一个是生意大佬的 8000 万元，孰轻孰重？郑东茂权衡再三，觉得受伤的小散更需要他的帮助。于是，他婉言谢绝了那位深圳老板的邀请，接过小散的账户，亲自为他操刀。半年下来，他为这个账户带来了 76.48% 的收益，使这位小散感激不尽。采访中，广发证券提供了郑东茂操作这个账户的收益图表（见图 1–51）。

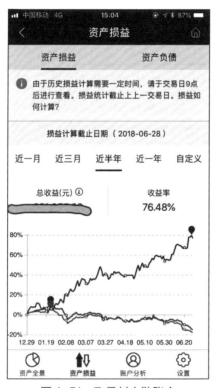

图 1–51　飞马村小散账户

当然，采访中最让我难以忘记的受益人，便是跟随郑东茂多年的阿铭了。大年三十下午，我正待在龙头股吧，阿铭突然开车来找我："白老师，您别忘了，在股吧里，变化最大的可是我。今天年三十你跟我走，我要你亲眼看看这些年的变化。"

"去哪？"

"到了你就知道了。"阿铭二话没话，拉着我就上了他的宝马车。一上车他就兴致勃发地说开了，"你看我的宝马车，另外我家里还有一台轿车备用，我在城里还买有几套住房，今天我带你到我的乡下过年，也让你看看我在茂哥帮助下的变化。"半小时后，阿铭把我带到了他的故乡。一进村，只见村里最高的一栋恢宏的大楼屹立在我面前。

"嗬，如今这农村也盖起这么漂亮的大楼，谁家的？"

"我呀！"看到我惊叹的样子，阿铭在一旁笑得合不拢嘴，"没想到吧！白老师，这都是茂哥带给我的。我原来炒股也是老赔钱，后来找到茂哥，拜他为师，他手把手教了我好几年，我这才有了今天。我是村里的第一个千万富翁，这栋大楼也是最高的。"

他领着我楼上楼下参观。这栋六层大楼每一层有 200 多平方米，装修精美豪华，令我咂舌。

这时，楼前的鞭炮炸响了。我看到此刻的阿铭，笑逐颜开，满脸都是幸福。

年夜饭，我和阿铭一家人围坐一起。他的妈妈动情地对我说："是郑总帮了我们全家。阿铭他爸爸在世时看病的好多费用都是郑总出的。我们家过去住的是全村最矮最破旧的泥瓦房，这栋大楼他爸爸生前没能看到，但他爸爸最不放心的阿铭，如今，跟着郑总'长大了'。郑总不光教会他做好股票的本领，也教他学会了做人做事。这种恩情，我们一家永远不会忘。若阿铭爸爸九泉有知，也会安心了！"

远山的呼唤

➲ *千亩茶林，万株古茶树，他开辟新的投资征程，把大爱洒向人类的大健康，洒向那片神秘的原始森林……*

2015 年 6 月"股灾"后，当郑东茂在股市实现"胜利大逃亡"后，便开车向着七彩云南进发。

正是这次的自驾游，又一次改变了他的"命运"，也开启了他新的投资征程。

一天，他开车进入了老挝的境内。脚下是黑土地，周围是一望无垠的原始森林，他十分惊异：这真是一片他从未踏入过的神秘而古老的土地呀！

那晚，郑东茂开着越野宝马车停在了一家很偏僻的客栈。吃饭后，老板端来一壶茶给他们喝。同行中，一个喝了几十年茶的"老茶鬼"一喝就说这个茶口感非常好，叫他也喝。他以前喝过几次茶，可每次一喝，就肚子痛。所以，他当时拒绝了。

那天临走，"老茶鬼"用空矿泉水瓶装了两瓶茶回去喝。夜里，郑东茂睡到半夜两点时突然醒了，他感到口很渴，当时没有开水，他就只好喝了"老茶鬼"带回的两瓶水中一瓶的一半。因怕肚子疼他不敢多喝。

但是第二天早上起来，他反而感到肚子很舒服，觉得有点莫名其妙。但他心里想，昨夜喝了茶肚子没有疼也许是一种偶然吧，并未多想。

第二天，他们再去那个饭店吃饭时，老板又端上一壶茶。这次，郑东茂有意喝了几杯。20 分钟后，他感到身心很舒服，没有肚子疼痛的感觉。

临走时，他向老板要了一些茶。在往后的几天里，他把老板送的茶泡着喝，发现不仅没有肚子疼，反而感到从未有过的爽快。从此，他对这个茶便开始进行各方面的研究调查，就像他钻研股票一样痴迷。最终，他知晓自己喝的茶，原来竟是千年古树茶！

回国后，那片古老的沃土和那一眼望不到边的原始森林，让他魂牵梦绕。远山，时时在呼唤着他。

从 2015 年至 2019 年，他在炒股的间歇，多次驱车深入云南和老挝，穿越密林，进行实地考察。他发现，这里无论从海拔、经纬度、气候、土壤、周边的生态环境，都得天独厚。没有化肥，没有农药，没有一丝的污染，全部都是纯天然和原生态的。

他如获至宝，决定投资。

近几年，股市行情不好，一直在走熊，他便把在股市中盈利的资金抽出一部分，投入到这对人类社会很有意义的健康事业中去。

目前，他已拥有一千多亩千年古树茶林，一万多株高大粗壮的有着数百年和上千年树龄的古茶树。每当在龙头股吧喝着他采来的千年古树茶，看着四面灯箱中那诱人的古茶绿海的照片，郑东茂总是喜不自禁：

"等我的龙头古树茶基地建好，我带你去参观。那时，我就可以抓两个'龙头'了。一个是中国股市中的龙头，一个是千年古树茶这个造福人类的龙头！"

尾声：追逐永远的"龙头"

转眼，我在茂名待了整整 26 天，近一个月了。

这是我采访几十年来，生平第一次没有与家人团聚，而是在外和采访的民间高手一块过春节，也是第一次放弃儿女的祝福，在外过的一个生日。

值吗？也许你会这样问我。

我说：值！

因为我与中国股坛的一位真正精英朝夕相处了近一个月的时间，虽然没日没夜地采访很辛苦，每天都熬到凌晨两三点，但的确很开心，很难忘。

和郑东茂深入交谈，看他的交易和上榜的记录，观摩他的实战操作，目睹他抓龙头的风采，我的确感到这比我在家里过春节过生日更值得！

郑东茂是个有梦想的人。走过9年赔钱的艰苦岁月，但他却创造了15年来在牛短熊长极其艰难日子里持续盈利的辉煌与璀璨！

尽管有时他说话很"霸气"，甚至让人很难接受，但只要你想想，在市场上百分之八十甚至九十的人都赔得很惨重的情境下，他却能逆势飞扬，我更理解他的"霸气"的流露，很正常。

他为此付出的努力，是常人无法想象的。为了揭开股市制胜的"密码"，他放弃了太多，也牺牲了太多。每天十几个小时的盘面"耕耘"，他的颈椎都变形了。他从小就立志要去"环游世界"，可他为了自己追求的事业，一直泡在茂名这个小小的滨海小城。让我吃惊和不可想象的是，他甚至连首都北京和大上海都没去过。

正是他的专一、他的专注，才有了今天的骄人战绩。不用多举例子，就拿他在2018年极端行情中能做出盈利76.48%的业绩，的确是相当惊人的。通俗地打个比方，比如有100元，他赚了76%，就相当于赚了76块钱，共176元。而在2018年行情中，亏70%的人比比皆是，亏80%甚至90%的，也为数不少，这是不争的事实。亏70%，就剩下了30%的本钱，亏80%，就剩下了20%。同理，亏90%，就只剩下10%了，而郑东茂不仅没亏钱，还赚了76%。这样算下来，相较那些亏70%、80%、90%的人，郑东茂多赚了多少倍呢？用176分别除以30、20和10，得到的是5.87倍、8.8倍和17.6倍。

这是多么大的差距！这是多么让人瞠目结舌的奇迹！

更何况，这些奇迹的创造，竟来自他在境外的原始森林中的操作，而且是在信号时有时无、断断续续的情况下，在手机上进行的操作！

也难怪他在财林一期基金最后取得 54% 收益清盘的当天晚上，在手机上写下了令人会感到太过有点"霸气"和"傲气"味道的话语：本人已破解股市制胜密码。在崎岖泥泞的道路上都能如履平地，在高速公路上当然就会健步如飞了。万亿，这个目标只是时间问题，不存在障碍问题。

"为什么你能做到这一点呢？"我看了他转给我的这段霸气十足的话，问道。

"因为我顺应了宇宙的规律。道法自然，要相信大自然的力量。相信宇宙的力量，相信客观的力量。"郑东茂站在"高点"的宇宙观上看待他在股市中持续盈利和在实业中开发"千年古树茶"的思维根源："在股市中，讲究的是顺势而为，龙头股就是市场的潮流，是领导者。它已在振臂高呼，它已发出了'总动员'，你说，你不跟它跟谁呀？！

"还有，你不是老问我，为什么许多人也抓龙头股，却以失败告终呢？除了没有跟对真龙头外，就是对龙头期望值太高了。你这次专访我，看过我的操作，我每天只盈利几个点，常常有三四个点就跑了，我感到一天赚两个点也不错了，一个点也可以呀。其实，你要这样想，银行一年存款利息也才三个点左右，就连巴菲特一年也就百分之二十左右。想想银行收益，想想巴菲特，你就会知足了，心里也就平衡了。在操作中，要时刻把防范风险放在首位。你前天亲眼看到我头头蔚蓝生物，我买进当天涨停，第二天涨停没封住再封涨停时，我就坚决离场了。当天这只股从涨停到盘中跌四个点变成绿盘，不跑行吗？不管它今后怎么走，当时先落袋为安，保住十几个点的收益更重要！"

听了他的一番话，我由衷地、钦佩地点点头。

广东九州证券的冯总还对我说了这样一件事："郑总在当地股民中和我们营业部都成了一个风向标了。只要他频繁地操作，大家都会安心地跟着做股票；只要他'歇'了，特别是外出旅游了，大伙也就会纷纷跟着抛出手中股票休息，八成不看好后市。几年下来，这样'跟风'炒股，基本十拿九准。"

"今后有什么打算？"临别，我问郑东茂。

"接下来，我要两手抓，一手抓虚的，一手抓实的。也就是一手抓股市龙头，一手抓千年古树茶这个关乎人类健康的龙头。我要从茂名走出去，到北京、上海这些大城市，去汲取更多的智慧和信息，继续做大做强今后不断发行的基金产品。有可能的条件下，可以在全国巡讲，把自己的投资经验，传递给更多的投资朋友。也同时，让更多人喝上古树茶，把大自然千年的灵气、精华与健康，送给热爱生活的人！"

"你儿时环游世界的兴趣和愿望还在吗？"

"当然，我热爱自由。环游世界是我的梦想。实现了财富自由，离这种梦想不远了。但无论到什么时候，我都不能松懈，不能停止前进。不是有位名人说过一句话嘛：我们不能苟且于眼前，还有诗和远方！"

是呀，他不会停止！他更不会躺在过去的功劳簿上！

因为，在他的前方有"诗"！有无限的风光！他要去追逐永远的龙头！

附记：永远谱写新篇章

自 2019 年春节前后采访郑东茂至今，又大半年过去了。但我对他这个已铭刻在心底的"龙头股侠"的关注，一天都没有停止过。

记得 2019 年 5 月 6 日，当时我正在南京。这是五一假期后的第一个交易日，没想到，这天大盘暴跌，上证指数从节前的 3078 点，竟断崖式"大跳水"，最低砸到 2876.47 点，跌去了 202 点，千股跌停，满眼绿色。其单日暴跌的惨烈度，可谓空前，令人战栗！

在这种极端低迷的行情中，我不禁又记挂起远方的郑东茂。他还好吗？此刻也许他正在原始森林中采收千年古树的新茶吧？这次暴跌，不知会否影响他？我向千里之外的他发微信询问。

5 月 7 日，即在暴跌的次日，他给我传来了两张交易单，我看到那是当时炒得最火爆的两只市场中的龙头股：一只是春兴精工（002547），另一只是美锦能源（000723）。他微信上告诉我："空仓十几天了，昨日（5 月 6 日）进货，今日（5 月 7 日）出货。"我看后，对他智慧的操作，由衷地佩服！他不光收获了千年古树的新茶，也在股市不失时机地成功抄底，收获了巨额利润。

2019 年 5 月，市场行情在中美贸易战激化中表现很差，但农业板块中的丰乐种业（000713）倒可谓一枝独秀，强劲飙升，连拉涨停，在盘中熠熠发光。我心想，这种行情中，怎能少得了"龙头股侠"的身影？

果然，5 月 22 日，郑东茂的助手柯小小在微信上给我发来了几张图片，展现了郑东茂的实战操作，再现"龙虎榜排行名单"。在图中，小柯还将郑东茂操作的买卖点标出。这些图显示，5 月 22 日，他在低位买入丰乐种业，同时又在涨停板抛出上一日买入的仓位。操作手法依然是精准打击，果敢犀利！（见图 1-52、图 1-53）

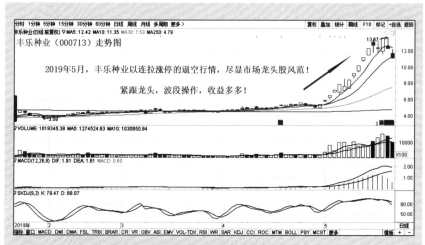

图 1-52　丰乐种业走势图

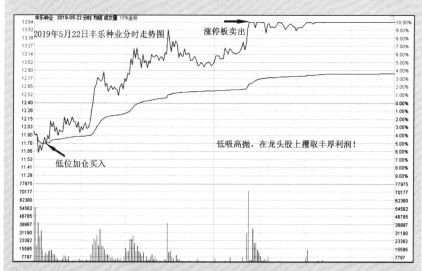

图 1-53　丰乐种业分时走势图

从不断传来的实战纪录可以看到，虽然行情低迷，但郑东茂的战绩依然是那么出彩！

尽管，未来的征程，中国股市依然会风雨飘摇，充满坎坷，但我深信，在磨难中成长的"龙头股侠"郑东茂永远不会停止前进的脚步，一直会在中国股市中不断地续写新的篇章。在阴沉沉的风雪天飘着的那抹"彩霞"，一定会更加绚丽夺目！

我们期待着！

02

张水牛

————

"大海是我的天堂，股市是我的人生。自
己赚钱永远不算成功，只有大家一起分享、
一起合作、一起赚钱才算真正的成功！"

他从一个"放牛娃"成长为执掌几十亿元资金的股市
"牛人"，并在 10 年间神奇般地将 200 万元的资产变成 3.2
亿元，业绩增长了 100 多倍。这一惊人的奇迹究竟是怎么
发生的？让我们踏着南海的浪涛，去寻找他走向成功的足
迹……

投资简历
RESUME

个人基本情况
Personal Information

张水牛，网名"股市就是取款机"。1977 年 1 月生，籍贯：福建，常住深圳。大学文化。

入市时间
Stock Market Entry Time

1999 年。

投资风格
Investment Style

牛市重拳出击，握紧牛股 5 ～ 10 倍复利增长；猴市降仓，波段操作，价值超跌股看长炒短 2 ～ 3 倍盈利；熊市空仓会贵人，现金为王，等待进攻。

投资感悟
Investment Insights

"低吸"富三代，"追涨"毁一生。宁可错过赚钱机会，也决不能接受没有把握的操作。熊市中少亏一波，等于牛市中多赚两波利润，这是股市成功操盘手的铁律！

深圳，有个股市牛人
叫"水牛"……

记中国股坛被人们誉为"股市天才"的张水牛——一个贫穷的"放牛娃"闯荡大都市，以6000元入市起步到执掌22亿元资金的"股佛"的传奇故事

与水牛相识，完全是一次偶遇。

那是两年前的一个夏日，我到深圳罗湖书城给从国外回来探亲的小外孙购书。正在挑选中，抬头只见一位年轻男子目不转睛地直盯着我看，与他四目相对的瞬间，他突然向我发问：

"请问您，是不是写了许多中国民间股神的白老师？"

"哦，您是?……"疑惑间，我点了一下头。

"真是幸运呀，白老师。我是《民间股神》系列书的忠实读者，叫张水牛，福建人。刚才看到您，我咋看，都觉得和书上的照片很像，没想到在这儿能碰到您！"他满脸喜色地握着我的手说，"白老师，十多年来，您写的《民间股神》系列对广大投资者帮助很大。

可以说，它是伴随着我们在中国股市的风雨中成长的。我的许多朋友都喜爱读您写的书，想见到您。若您肯赏光，明后天刚好是周末，我召集一个'深圳私募聚会'，与大家一起交流一下，好吗？"

他用企盼的眼光望着我。

"好！"我被他的热情打动，不加犹豫地当场答应。

引子：到大海深处探寻秘密

周末的夜晚，我如期而至。这是一次令人难忘的聚会。那晚，深圳八卦岭的"老船长"酒店，灯火辉煌，高朋满座，一下子涌来了20多位各路投资精英：有股票投资高手，也有期货投资奇才；有优秀的基金经理，也有著名的"牛散"；有巴菲特式的价值投资高人，也有超级短线的"涨停王子"。另外，还有市场的资金大佬，熊市翻倍的"股侠"；甚至，还有闻讯从北京和上海远道赶来的投资朋友……席间，大家谈笑风生，真是难得的一个"群英会"啊！

没料到，水牛的感召力这么大！此后，每一两个月，只要我在深圳，水牛都会邀我参加这样的"私募牛散汇"，这是后话。其实，在熊气弥漫股市行情惨淡的当下，这是非常难能可贵的有益活动。

那天，就在大家相互热烈交谈的兴致中，晚宴的召集者水牛提议并宣布了当晚聚会的一项"重头议程"——到会者每个人，都要把自己投资的绝招秘籍，与大家分享一下。

这是最热闹的，也是众人最企盼的！与会的英杰们都积极响应水牛的这一号召。在交杯换盏中，不论是执掌百亿元资金的基金经理，还是叱咤风云的"牛散"，一个个都坦诚地把自己制胜股海的"独门暗器"和"看家本领"毫不保留地"亮宝"，与大家一起分享自己的投资理念与操盘技艺。

一晃，两个小时很快过去了。从晚上 8 点开始一直分享到晚上 10 点多酒店快打烊时，大家交流的热情丝毫不减。

"排排坐，吃果果。"最后，轮到水牛了。一时间，鸦雀无声，大家把目光投向了热情帅气的水牛身上，都想聆听他叱咤股海 20 年的奇招妙计。

然而，水牛一开口，却让众人吃惊了：

"我感恩众位兄弟的分享。回想我 20 年的股海生涯，真是不堪回首，一路风雨，一路血泪。在这个残酷的市场中，我赔了太多太多的钱，真是难以计数，要加起来算，真都要上亿了，好辛酸呀……"说到此，水牛的话语，越来越低沉，眼里似有泪花溢出。

"可我不甘心，几起几落，卧薪尝胆，一路拼杀。其中的苦与乐，真是一言难尽……"

"后来呢？"当水牛的讲述被酒店打烊"无情中断"后，我心中不免留下了一个大大的问号。

"光 2007 年那波牛市中他就赚了 900％！2008 年至 2012 年的熊市期间，也获利 160％！不简单哪！"

"我知道，他有个账户从 2008 年 200 万元做到今年（2017 年）变成了 3.2 亿元，真是奇迹啊！"

"不光这，他现在可牛了，操作的资金规模也大了，10 多年前入市时才 6000 元，现在，管理的资金都达几十亿元了呢！"

……　……

离别的车上，我身边几位和水牛一起操盘的知情人你一句我一句地向我"抖料"。

知晓这一切，我越发对在书城偶遇的水牛先生产生了浓浓的采访兴趣。"没想到，到书城买书，不经意间，竟撞到了深圳股市的一个大牛人！"我心里暗喜。

此后，我们不断地见面喝茶聊天，微信上交流，竟成了"忘年交"。久而久之，相互熟了，我多次正式向水牛提出要采访他，可他都婉拒了："等以后我赚了大钱，真正成功了，就请您来写我，好吗？"

听后，我苦笑一下，无奈地只能静静地等着。但，在 2018 年发生的一件事，真正让我无法"静坐"下去了。

2018 年在中美贸易战日渐加剧中，大盘暴跌不止，沪指从 3500 多点狂泻 1000 点到 2400 多点，而水牛的账户却奇迹般地逆势翻番，知情人还晒出了交割单。我知晓后震惊了：真没想到，大盘"狂轰滥炸"，水牛却悄悄赚了那么多钱，厉害呀！

我决意探寻这位股市骄子身上发生的"秘密"！在我几次"软磨硬泡"下，他终于答应和我"聊聊"。

…… ……

2019 年初春。深圳。南海洋面。蓝天碧水，浪涛拍岸。

在大海深处的水牛"战斗指挥部"——一栋豪华海景房里，我们利用新年假期，终于"封闭"了半个多月。每天早起晚睡，同吃同住同操盘，有时甚至通宵达旦。

在贴身采访、共同生活的那段难忘日子里，日夜闻着南海洋面传来的阵阵涛声，倾听水牛满怀激情地讲述他 20 年来在股市中博弈的蹉跎岁月，是那么令人难忘，那么动人心魄……

无悔的追求

⊃ *海边长大的"放牛娃"，一直渴望着外面精彩的世界。当他怀揣 200 元只身闯荡大都市，发现电脑里也能赚钱时，他在心底里发誓：此生，我不再离开股市！*

怀揣 200 元，"放牛娃"只身闯深圳

1977 年 1 月，水牛出生在福建省东海边的一个普通的渔村人家。他上面三个姐姐、一个哥哥，他是父母眼中最为宝贝的"幺儿子"。他出生后，老来得子的父母给他取名"宝贝"，十分疼爱他。

孩子多，他的家境十分贫寒，全靠父亲常年在外打鱼、做砖瓦师傅维持一家人的生计。

他的家开门见海，海边长大的水牛，水性极好。他从小就具备组织领导能力，是村里的"儿童团长"。他才学兼优，小时候就拿过县里的象棋冠军。他也是个极懂事的孩子，看父母操持一家人的生活很辛苦，每天放学后或是假期，他都会帮家里上山砍柴；退潮时，他会游到家对面的小岛去下海捕鱼抓虾捉螃蟹，等涨潮时便带着满鱼篓的"胜利果实"返回。

有天，在外打鱼的父亲病了，没钱医治，水牛见了很心痛。在放牛的路上，他看到路边一片桃园正在收摘桃子，他想为生病的父亲买点桃子，可口袋一分钱也没有。日落回家时，水牛看到原本果实累累的桃园，桃子一下子都被摘光了。此时，他怀着侥幸心理想找找有没有剩下的桃子。他穿进果园，一棵树一棵树地寻找。没想到，他终于在果园里找到了一个

硕大的桃子。它挂在高高的枝头，被茂密的叶子挡在下面。水牛兴奋极了，迅速地爬到高高的树上，摘下了这只被"遗忘"了的桃子。他闻了闻，好香！口水直在嘴里打转，可小水牛舍不得尝一口，小心翼翼地包好，装到口袋里，回家后捧给卧病在床的父亲。母亲看到，一把把他搂进怀里，眼里含着泪："我好懂事的宝贝啊！"

采访中，水牛的姐姐还给我讲了一件水牛童年的往事，那也是"水牛"名字的来由：生产队里有一只水牛，由 12 户村民轮流饲养。这只牛，骨瘦如柴，又脏，两只牛角还向下耷拉着，没有人待见它。而善良的水牛却不一样，他把这只水牛当朋友。别人家饲养时，都是把牛拴死在田边，牛只能吃绳子周围一圈的草；而水牛放牛时，他会牵着它，找最肥的草，让牛吃个够。回家时，还额外割上一筐鲜草带回去给牛当"夜宵"。就这还没够，水牛还常常把牛浑身上下清理得干干净净。他嫌牛圈环境不好，说服父母让牛住进自家准备开店铺的屋子里。乡亲们见了，都夸水牛心眼真好。

三个月后，在他的精心照料下，瘦弱的水牛渐渐变得强壮，干活的力气很大。不久，它还令人惊喜地下了一只小牛崽，水牛和乡亲们都喜不自禁。

张水牛慢慢长大了。一天，已长到 15 岁的水牛，爬到家乡最高的将军山上砍柴。下山前，他站在山顶，举目瞭眺，山下的大海还是那么宽广，田野还是那么五彩缤纷，但是自己生活多年的村庄和山下的路，却变得那么渺小。他的心胸瞬间如波涛汹涌的大海，久久不能平静：未来要干一番事业，一定要走出去，去外面精彩的大世界闯荡！

18 岁那年的春天，水牛终于说服父母，跟着姐姐南下深圳闯荡。临别，水牛把自己多年来一分一分攒下的零花钱，给妈妈买了一件衣服。他还特意去看望他多年精心养育的那只老水牛，在它身旁守候了一夜。老水牛温顺地依偎着他，难舍难分。此时，他毅然将自己的真名更改为"张水牛"，以永远记住养育了他 18 年的东海边的那个小渔村。

次日，张水牛怀揣父母给他的 200 元钱，依依不舍地只身踏上了深圳的创业之路。

6000 元入市，惊喜电脑里也能赚钱

怀着金色梦来到深圳的水牛，年轻气盛，但眼前的生活并非五彩斑斓。现实的生活给了他很大的磨难。他和朋友 4 个人挤住在一间还不到 12 平方米的出租屋里，每餐只吃泡面和一元钱 4 个合在一起的面包。他学过打金条，做首饰，后来又学做服装设计和形象设计。

从小在苦难中泡大的水牛能吃苦，肯学习，三个月就从学徒成了设计师，很快竟当上了店长。之后，刚满 20 岁的水牛，便在深圳开了自己独特的形象设计公司，三年间发展到 9 家连锁店，管理员工达 300 多人。

就在他的事业蒸蒸日上的时候，一件事情的发生，改变了他此后的命运：

那是 1999 年春节后的一天，天气特别好，水牛和员工们节后刚开业，还沉浸在欢度春节的美好时光中。他们吃着从各地带来的美味特产，谈笑风生。这时，一个中年男子走进了他的店铺。水牛一看是他的房东朱总，便热情地为他倒茶让座。朱总是北京一家上市公司深圳分公司的负责人。两人亲切聊天，朱总无意间问水牛："你这么年轻，事业发展得这么好，头脑又灵活，应该也存了一些钱吧? 我们集团公司股票的股价才十来块钱，你可以去买一点。"

"多少钱可以向您买?"

"哈哈! "听水牛一问，朱总被逗乐了，"不是向我买，而是你要到证券营业部开个户进行交易呀! "

水牛是个性情中人，说干就干，揣上 6000 块钱，当天就跑到店附近的海信证券开了户，立马买了 100 股排在"天字一号"的深发展股票。回来后，知道朱总的公司是深桑达，才发现自己买错了，马上让柜台交易员

进行了更正，成交价为 13 元。

自从手里有了股票，水牛的心就被它牵挂起来了。他也曾像广大散户一样，时不时地坐在证券营业部大厅，眼睛盯着那红红绿绿变化莫测的盘面，听着周围股民们一会儿兴奋地高喊，一会儿又是指责和唉叹。这时，沉浸其中的水牛甚至感到很"享受"。但他当时毕竟是率领几百号人的老板，无暇天天看盘。

三个月后，有一天，他在《深圳特区报》的证券版上查看到深桑达的股价竟达到了 22 元，不禁一惊，马上跑到证券公司。他在电脑上一查，发现账户资产已上了一万元。他想都没想，直接抛出，赚了几千块钱。

"没想到，在电脑里也能赚钱！真是轻轻松松，没花任何力气就赚了这么多钱，太让人惊奇了！"回忆当年的情景，水牛兴奋地对我说："首次入市，在电脑里赚了这么多钱，我真的很开心。这也让我对股市产生了深厚的兴趣。当时我内心里有一个念头在涌动，我发誓：将来我一定会用一生的时间去好好学习与研究，在股市中赚到更多的钱，让父母和亲人们都过上好的生活！"

这辈子离不开股市

在初涉证券市场赚钱效应的驱动下，年轻的水牛以极大的热情投入股市中。

为了专心致志地做好股票，他甚至做出了巨大的牺牲，把他熬尽心血经营了几年的正在红红火火运转的 9 家形象设计连锁店，全部赠送给了当时每个分公司的管理人员和自己的亲朋好友。

2005 年，张水牛开始了专职做股票。

刚开始时，行情好，钱赚得挺容易；后来，钱赚多了，他想把事业扩大。这期间，他认识了许多志同道合的民间高手，想一起合作。他们看重了一块风水宝地——深圳证券交易所对面的地王大厦，便在它的附近选址，成立了一家资产管理公司，共同管理着一只基金和他们自己集合在一起的资产。

成立之初，几个年轻人心潮澎湃。他们每天一起研究国际和国内未来经济发展的趋势、战略方向、主题投资、市场热点，制定实战操作策略。他们做得挺顺，每天都赚很多钱。许多熟悉的老板也络绎不绝地拿着资金主动找上门来要求合作。几年下来，他们收益颇丰。

然而，在顺利中风暴也悄然而至。2008年始，随着美国金融危机的爆发，大盘开始一路狂泻，团队的账户出现了严重亏损，几年的利润一下子蒸发掉了，在资金方的压力包括家庭的质疑下，团队开始动摇了。几个月后，连公司的正常运作都出现了困难。这让水牛他们深深体会到了资本市场的残酷。最终，在无奈之下，团队选择了散伙，各奔东西，两位合作的兄弟也改行做了别的行业。

当时，水牛也遭到了来自各方的压力。远方一贯疼爱他的父母指责他："好好的企业你不做，沦落到现在一事无成！"

水牛开始犹豫了：还要不要坚持下去呢？他吃不下饭，睡不着觉。一天晚上，他难过地对家人说："几年积攒下的钱没有了，让你们跟我受苦了。"家人安慰他："没关系，没钱我们就省着花，我相信你的选择，永远支持你！"

曾经帮助过他的一位外国语学校的李校长和刚刚退休的王局长遇到水牛，听闻了他的痛苦与迷茫，亲切地鼓励他说："你是股票行业的人才，一定要坚持好好地做下去，将来必成大器！"

多年来水牛帮助过的许多股友们，在那波金融危机中也受到了重创，此时也主动找到水牛，请水牛帮助他们。这时，痛苦中的水牛突然一下子被触动了："原来，这个市场上还有这么多损失比我惨重的人，他们更需要我的帮助，我怎能轻言放弃呢？"

此情此景，让他忆起了一件难忘的往事。

那是几年前，一边是企业做连锁经营非常顺利，一边是他在股市中也小有名气了，还有，他在房地产投资中也好运连连，赚了不少钱。到底是做企业，还是做房地产，或者是做专职的股票操盘手呢？

在"三难"的犹豫选择中，他深知一个人不可能身兼数职。纠结中，他曾专程跑到湖南衡山的祝融峰顶，手持3个分别写着"房地产""做企业""股票操盘手"的心愿锦囊，在观音菩萨前跪求。跪拜求助后，其中一个锦囊掉入了观音前的元宝盆里，虔诚的水牛紧张地捡起来，慢慢地打开那个神秘的锦囊，只见上面写了五个字：股票操盘手！

这其实早就是水牛所向往的，也是他心底里藏了多年的信念！

采访中，水牛诚恳地对我说："这是天意，更是我热切的企盼。我一生一世都将离不开股市！"

艰难的博弈路

> ○ *征途漫漫，他怀着一腔热忱在奋力攀登。然而，加高杠杆炒股，听"内幕消息"，高位不止损，让他遭遇三次毁灭性的沉重打击。在投资生涯中，这是他永远抹不去的痛……*

迷失在"中集集团"上的噩梦

采访水牛的日子里，每天，我都与他在大海边徜徉漫步。一天，夜已经很深了，两人没有睡意，就沿着海边散步聊天。

夜幕下的大海，浪涛阵阵袭来。见此情景，水牛触景生情，他深情地对我说："白老师，我在股海博弈整整 20 年了，真如这大海潮起潮落一般，每前进一步都不易啊！路途上有多少陷阱、漩涡，防不胜防呀！别看我现在赚钱很顺，股市就像取款机，当初，我也是三起三落，惨遭过失败！"

"我第一次的'毁灭'，就栽在中集集团（000039）这只股票上。"他面对汹涌的浪涛，痛心地回忆着那场"噩梦"。

那是 2001 年发生的事。当时，他已从入市时的 6000 元赚到了 30 万元。在炒股一帆风顺的路上，他的自信心猛增。一天，他无意中分析到了一只非常"牛"的股票，那就是中集集团。当时，这只股票发布了高送转消息：10 送 10 派 5 元现金。水牛十分激动，感觉好像不赶快买入，就买不到这样好的股票了。他想多投资点钱，大赚一把。心急之下，他主动到华林证券找到刘经理，并通过刘经理的介绍与一家配资公司进行合作。

当时，水牛拿出 10 万元，获得 1∶10 的杠杆，此外，还要付 1.8 分的月息（即每月共要付息 1.8 万元）。签订协议后，他的账户就有了 110 万元。第二天，水牛就全仓买入了他看好的中集集团。次日，该股除权。水牛太过自信地认为，中集集团一定会走"填权"之路，自己很快就要赚大钱了。但让他始料不及的是，第三日，该股一开盘就开始下跌，而且天天阴跌，过了一个星期，竟跌到了止损位。他接到配资公司电话，让他追加保证金补仓。他企盼行情很快反转，犹豫不决要不要加保证金，但最后他还是加了。没想到，加了一次，股价还在不断地下跌。无奈之下，他断断续续不停地加保证金，直到自己原本赚的 30 万元本钱用光了，股票仍在下跌中。这让他真切感到了一种前所未有的恐惧，原来的自信全没了，自己分析判断的"大牛股"，行情并没有按照他的预期走。他想，假如当初不加杠杆的话，股价的震荡，自己还能扛一阵子，可现在账户上可是高比例配资借来的钱呀！

面对下跌亏损，还要还高额的利息，水牛感受到了从未有过的压力。

30万元转眼亏空了，从大姐那儿借的钱，很快也没了。在股价加速下跌中，他最终爆仓！

太过自信和高杠杆交易，给他上了一堂风险教育课！

一则"内幕消息"，吞噬 60% 利润

夜半，汹涌的浪涛再起。水牛开始讲述他在股海蒙受的第二场灾难——

那是 2005 年发生的一件事。一次，他在朋友公司喝茶聊天。朋友是他多年挚友，是一家公司的财务会计，也是投资香港股票的一位高手。在聊天中，那位朋友给他透露了一则"内幕消息"：有一只香港股票中国富强金融（HK0290）最近有大庄准备运作，一个月内可能有几十倍的上涨空间。听到这个消息，水牛眼睛都惊得直了，这是多么大的诱惑呀！

此时，他联想到不久前，一个能源集团的老总在与他交谈中曾提前给他透露了一家上市公司业绩增长的内幕消息，让他赚了50%的利润。所以，这次当朋友说起这个"内幕消息"，他的心一下子就被打动了。

"这只股票上涨需要多长时间？能涨多少？"他问朋友。

"一个季度内可以赚七八倍。和 A 股不同，香港股票没有涨跌幅限制，一天就可以涨一两倍甚至两三倍！"朋友说。他还告诉水牛，他投资香港股票都赚了几十倍了，并一再强调，这是一个"绝对可靠"的消息。

水牛听后，确信无疑。

第二天，水牛就找朋友凑了 200 万元准备合伙买入。由于他没有开通香港的账户，如果要买，一定要去香港才行。情急之下，他恳请香港一位朋友，把钱直接打到他的卡上，转入香港让他帮助买进。朋友犹豫了一下，最后还是答应了。因当时的政策，现金转账香港一天最多只能转 15 万元，为怕错失良机，水牛想办法花高价钱通过特殊渠道，第二天就把

钱打到了香港那位朋友的账户上。朋友迅速给他买了那只传闻中 "即将暴涨" 的股票。

期盼中的水牛非常激动，天天盘算着如果股票涨到七八倍，能赚到多少钱。他心里揣摩着，一想到一个月后，这个 "内幕消息" 可能就会让自己成为千万富翁，想着离多年前立下的目标近了一大步，他就顿时感到无比兴奋！

然而，最终千等万等来的结果，却是无情的。该股不是往上翻，而是很快向下跌了将近一半。当水牛得到消息时，价格已从 0.60 元港币跌到了 0.32 元港币。他无法按捺住心中的怒火，第二天向朋友询问。结果朋友告诉他：这次的 "内幕消息" 可能不可靠，股价有可能 "大跳水"（暴跌），并告诉水牛，他准备止损认赔。

听到这一消息，水牛如被雷击一般，在无助的情况下，他强装笑脸让朋友把股票马上抛掉。

后来，他才知道，在香港这样一个成熟的资本市场，完全没有涨跌幅限制，股价每天可做 "T+0"，波动非常之大，可以买涨也可以买跌，许多 "仙股" 股价才几分钱。一个投资者如果不爱惜自己的钱，盲目投资会输得很惨。

…… ……

"听信朋友给你的这一 '内幕消息'，损失了多少？" 听到此，我问。

"惨啊，60% 多！" 面对袭来的浪涛，他深深叹息道。

不会 "逃命" 带来的灾难

回忆 "走麦城" 的往事，是痛苦的。但股市生涯，除了少许的甜，更多的是苦涩。张水牛在走向成功的征战中，也不例外。

在 2005 年至 2007 年中国的那波大牛市中，张水牛投入的 30 万元曾赚到了 500 万元。他在众多股友中已小有名气，大家都称他是"股市小天才"。

但是，收益丰厚的水牛，并没能保住这一胜利果实，原因是当时的他，只会买，不会卖，当风险来临时，更没有学会"逃命"。

那是 2007 年的 10 月，中国股市在一片欢呼声中，天天攀新高。到了 10 月 16 日，上证指数创下了有史以来的最高点 6124 点。止不住的热情摧毁了投资者的理智，人们企盼着沪指很快拉升到 8000 点、10000 点……

张水牛在高点把赚的 500 万元取走了一半，留下一半继续操作。他想，马上到来的 2008 年将是中国召开奥运的喜庆之年，股市怎么也得大涨一番"热烈庆祝奥运"来表示表示吧。由于热情高，希望在，他和千千万万的投资者一样，每时每刻都在希冀着享受大盘暴涨的快乐。

没有料到的是，大盘自创下 6124 高点后，便开始了下跌。它没有顾及投资者的热情期待。到 2008 年 3 月初，上证指数已跌到了 4000 多点，和许多普通投资者一样，水牛仍沉浸在牛市的思维中，明知大盘在下跌，也不止损，或者说他从根本上也不想去止损：万一，它涨到 8000 点呢？这是当时多少人都有的一种美好愿望。

这一愿望，最终被持续下跌的"棒喝"止住，惊醒！

"没有止损，惨遭失败，这是我经历的第三次灾难！"

三次"毁灭"带来的警示

伴着涛声，张水牛讲述着自己在股海的三次沉浮、三次毁灭，心情很复杂。

他说：三次毁灭，给了我非常重的打击，但也给予了我许多重要的警示。我要把它分享给更多人听，让更多的投资朋友也能从中吸取教训：

第一，做投资永远不要加高杠杆！

第二，炒股，千万别听所谓的"内幕消息"，自己没有把握的胜率，不要去参与。

第三，风险来临，切莫存幻想，止损是首位。在股市一定要学会"逃命"。常言说，会买是徒弟，会卖是师傅，会空仓是师爷，说的就是这个道理。

寻觅股市"制胜之道"

> ○ 他读了千百册书，走访了上百家上市公司，遍访大江南北股林高手，寻觅股市的制胜之道。那画满各种K线和图表的墙壁，装有发黄的"笔记"及"实战日志"的十多个口袋，记录下他淘金路上洒下的汗水……

涉足股市赚钱的日子让水牛曾兴奋过，但经历"三起三落"的失败，也让他痛苦不堪。他懊恼、沮丧，但在冷静下来细细总结教训时，发现自己以往在股市中太过盲目和自信，重要的是没有掌握一套自己的盈利模式，人云亦云，听消息、信内幕。既然这辈子决意不离开股市，把投资股票当一项事业干，就要掌握一套过硬的本领。

水牛开始"闭关"，如饥似渴地学习。有好长一段时间，他整日泡在书店和家里的书房中，找来关于股市的中外名著及世界投资大师的传记，一本本认真地苦读，一遍遍地领会其中的精髓。其间，他读了上千本金融、经济和股市的书籍，很有收获。

为了进一步开阔自己的眼界和学习正确的投资理念与方法，他跑遍大江南北，寻访了许多中国著名的经济博士、财经专家、公募基金经理、私募知名人士、民间投资高手、游资大佬，和他们一起交流、探讨股市投资的真谛。

他认真回顾自己以往的失误，不再盲目，不再走捷径，不再听消息。他要用自己的智慧和汗水换得胜利成果。

采访中，水牛从家中拉来整整装满一车的十几袋资料给我看：有20年来他手绘的股市大盘K线走势图表、每天操作的详细记录、强势股复盘笔记，还有每周热点板块分析、每月大盘走势判断、每季度战略布局及每年的操作总结。

他给我说，为了找到价值投资的盈利规律，他每天认真地对个股的基本面、技术面做全面的研究，包括：公司公告、审议、除权、除息公告、十大股东研究、财务分析、总市值、流通盘、主营业务、净利润、负债率、市盈率、公积金、主力追踪等。另外，还有对大盘进行周期走势判断，以及对板块指数和个股日、周、月K线的压力位与支撑位的分析。

每日复盘都在6个小时左右，十年如一日。在长期的学习探索中，水牛逐渐建立了一套独特的盈利模式。

听着水牛的介绍，观看他实战操作中对大盘和目标股的详细分析，环视操盘室中那画满各种K线走势图的墙壁，再看看眼前那一袋袋、一摞摞发黄的分析资料，我真切地感悟到：这些年张水牛之所以能取得许多骄人的战绩，与他多年的努力付出是分不开的。

辉煌的风采历程

⮕ *漫长的熊市，跌宕起伏的行情，他却不断创出辉煌，从200万元到3.2亿元、危难中帮助基金产品"起死回生"以及在大盘暴跌千点中仍能奇*

迹般地攫取翻倍收益的"三大经典"战役，充分展现出了他超人的智慧与才华！

经典战役一：从200万元到3.2亿元辉煌裂变历程

2010年3月29日：起始资金200万元
2010年4月23日：账户资金增至230万元

2010年3月29日，满仓买入海南海药（000566）10.4万股，买入价格19.20元；卖出时间：2010年4月23日，卖出价格22.60元，持有时间25天，获利18%。

买入原因：当时医药板块暴涨，该股均线多头排列，VOL（量能）放大，周量站上60日均线，MACD站上0轴，形成金叉。

卖出理由：股价从低位运行到波段高位，出现短期见顶"回踩"，到达止损位。量能阴柱变长，MACD形成死叉（见图2-1）。

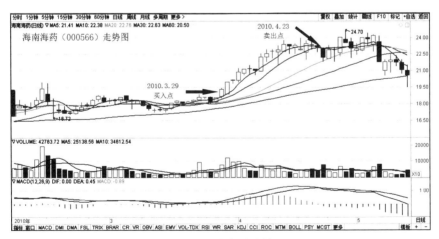

图2-1 海南海药走势图

2010年11月17日：账户资金403万元

2010年7月28日，满仓买入中海油服（601808）18.4万股，买入价格12.48元；卖出时间2010年11月17日，卖出价格21.80。持有时间131天，获利约75%。

买入原因：当时的石油板块集体走好，K线站上5日均线，上穿20日均线，MACD和量线共振金叉。

卖出理由：股价从低位运行到高位，高位出现一条大阴棒，MACD高位背离，产生跳空到设定的止损位，股价已进入下跌趋势中，果断卖出（见图2-2）。

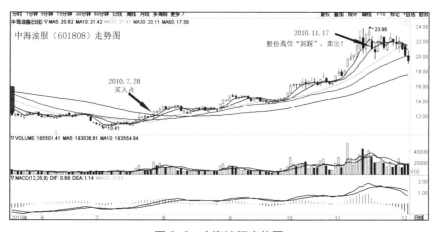

图 2-2　中海油服走势图

2011年3月11日：账户资金491万元

2011年2月1日买入兖州煤业（600188）15.6万股，买入价格25.80元；卖出时间为2011年3月11日，卖出价格32.30元。持股时间40天，获利25%。

买入原因：当时煤炭资源股复苏，需求日益增大，走出一波主升浪，在高位震荡，多头排列，买入。

卖出理由：大盘调整，高位背离，连续三天高位出阴线，特别周量放大绿柱，明显见顶（见图 2-3）。

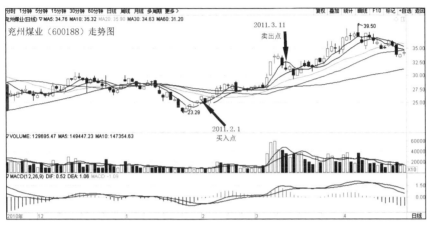

图 2-3　兖州煤业走势图

2014 年 12 月 23 日：账户资金增至 1033 万元

2011 年 3 月 11 日卖出股票后，曾买入中色股份（000758）、西飞国际（000768，现名：中航飞机）、深科技（000021）、新黄浦（600638）、中信国安（000839），过程有亏有赚。账户资金出现小的回撤，至 482 万元。

2012 年的 7 月 19 日，买入中国铁建（601186）103 万股，买入价格 4.76 元；卖出时间 2014 年 12 月 23 日，卖出价格 13.68 元，持股两年多时间，获利 187%。

买入原因：中国铁建属国资委下辖的大型央企，是中国乃至全球最具实力、最具规模的特大型综合建设集团之一，更是每年排名世界 500 强。因受 2008 年美国的金融危机波及，该股股价严重超跌，从 13 元跌到了 3.66 元，是难得的价值超跌的投资标的。

卖出理由：2014 年 12 月，在国家出台的"一带一路"政策的感召下，对基建板块带来重大利好，催生了中国铁建的暴涨行情。该股从 12 月 8

日始，连续拉出涨停板。12 月 23 日，涨停板打开且放大量冲高回落，故先抛出，落袋为安（见图 2-4）。

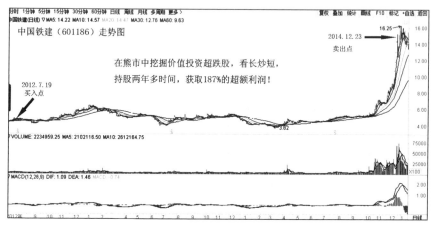

在熊市中挖掘价值投资超跌股，看长炒短，
持股两年多时间，获取187%的超额利润！

图 2-4　中国铁建走势图

2015 年 1 月 16 日：账户资金 1398 万元

2015 年 1 月 6 日满仓买进赛象科技（002337）37.8 万股，买入价格 27.20 元；卖出时间 2015 年 1 月 16 日，卖出价格 38.80 元。持股时间 10 天，获利 43%。

买入原因：该股具有高送转题材，10 送 20 股，强势拉升，多头排列，走主升浪，是当时市场中题材股的龙头。此外，它盘子小，特别活跃，振幅大，业绩好，净资产和公积金都很高。

卖出理由：该股创历史新高后回踩，到达设置的止损位，坚决卖出（见图 2-5）。

2015 年 4 月 27 日：账户资金 2112 万元

2015 年 3 月 11 日买进中环股份（002129）48.7 万股，买入价格 28.70 元；卖出时间 2015 年 4 月 27 日，卖出价格 52.50 元。持股时间 46 天，获利约 83%。

买入原因：该股具有高送转题材，10 送 12 派 0.10 元。盘子小，业绩好，5 日均线上穿 20 日线，日、周、月均线多头排列，均线、量线加速放大，KDJ"三线金叉"，高送转审核通过后，股价急速拉升。

卖出理由：高送转个股在除权前股价已有大幅飙升，为防止除权风险，除权前一天一定要空仓（见图 2-6）。

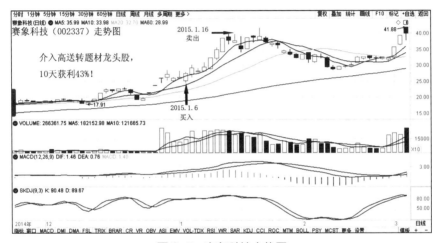

图 2-5　赛象科技走势图

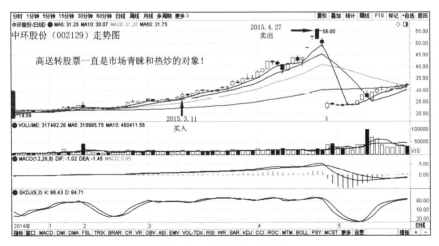

图 2-6　中环股份走势图

2015 年 6 月 3 日：账户资金达 2875 万元

2015 年 5 月 19 日买入浙江美大（002677）57 万股，买入价格 37 元；卖出时间 2015 年 6 月 3 日，卖出价格 58 元。持股时间 14 天，获利 57%。

买入原因：该股具有高送转题材，10 送 10 派 5 元。高位震荡回踩后，站上 5 日均线，强势拉升，买入后，尾盘冲击涨停。

卖出理由：短短时间，股价已经翻倍，KDJ 高位已拐头向下，特别是第二天又要除权，利好已经兑现，故卖出（见图 2-7）。

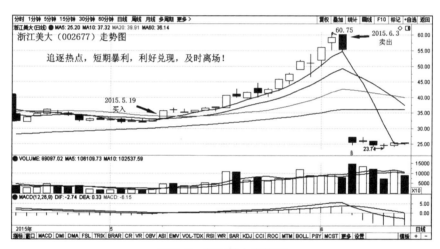

图 2-7　浙江美大走势图

2015 年 10 月 13 日：账户资金达 3720 万元

2015 年 9 月 21 日满仓买入汉缆股份（002498）160 万股，买入价格 17.90 元；卖出时间 2015 年 10 月 13 日，卖出价格 23.80 元。持股时间 22 天，获利 33%。

买入原因：因"股灾"大盘从 2015 年 6 月份的 5178 点高位下跌，一路下跌到 9 月的 3100 多点，跌幅 40% 多。具有高送转题材的汉缆股份，更推出 10 送 20 派 3 元的诱人方案，因受大盘的影响，股价当时也下跌了 50%，后随着大盘一起反弹，极具上涨空间。

卖出理由：股价已拉升到高位震荡，除权前两天，冲高回落，所以获利了结（见图 2-8）。

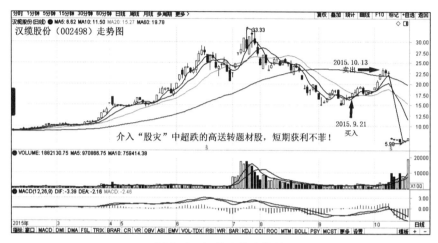

图 2-8 汉缆股份走势图

2015 年 12 月 21 日：账户资金达 5106 万元

2015 年 12 月 14 日买入财信发展（000838，原名：国信地产）108 万股，买入价格 34 元；卖出时间 2015 年 12 月 21 日，卖出价格 47.90 元。持股时间 7 天，获利 41%。

买入原因：该股具有高送转题材，10 送 25 派 0.50 元。均线多头排列，量价齐升，VOL 量能指标站上 15000，周 K 线站上 60 日均线。

卖出理由：短短十几个交易日，股价已经快翻倍，日、周成交量放天量，K 线高位震荡出阴线，KDJ 高位形成死叉，所以卖出（见图 2-9）。

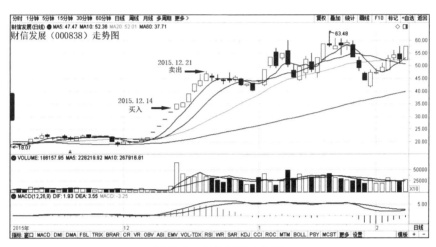

图 2-9　财信发展走势图

2016 年 4 月 6 日：账户资金达 7390 万元

2016 年 3 月 17 日买入龙蟒佰利（002601，原名：佰利联）112 万股，买入价格 45.10 元。

2016 年 3 月 23 日买入棒杰股份（002634）123 万股，买入价格 40.10 元。

卖出时间：2016 年 4 月 6 日卖出龙蟒佰利，卖出价格 64 元，持股时间 19 天，获利 42%。同日，以 58.10 元卖出棒杰股份，持股 13 天，获利 45%。

买入原因：两只股票当时都是龙头强势股，且具有高送转题材。龙蟒佰利 10 送 25 股派 3.50 元，棒杰股份 10 送 26 派 2 元。两只股票 K 线均为多头排列，周量金叉，远强于大盘行情，因此，两只题材股成为重点的选择。

卖出理由：股价从底部运行至波段高位，K 线出现"三阴见顶"的组合形态。卖出后，股价进入下跌趋势中直到除权（见图 2-10、图 2-11）。

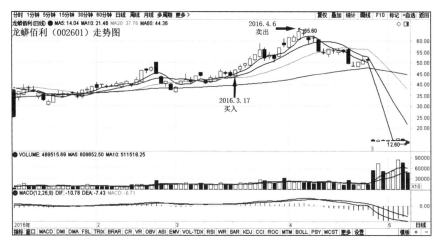

图 2-10　龙蟒佰利走势图

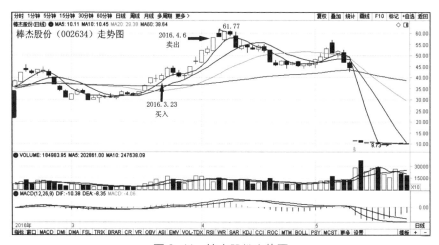

图 2-11　棒杰股份走势图

水牛操作题材股取得重大战果的出色表现，获得了投资股友们广泛称赞。有一位民间高手卜海涛在微信群中，特为他献上一首诗：

人不在高，有德则名；股不在多，龙头则行。斯是水牛，智取佰利联。一声棒杰喝，浮沉惊风云；无股神之称谓，无功高之忘形；南阳诸葛庐，西蜀子云亭；恒基曰："伟哉水牛！"

2016 年 10 月 25 日：账户资金达到 9170 万元

2016 年 8 月 17 日买入沧州大化（600230）315 万股，买入价格 11.78
元；卖出时间 2016 年 10 月 25 日，卖出价格 21.60 元。持股时间 68 天，
获利 83%。

买入原因：该股为国家战略重点开发的雄安概念化工板块，超跌之
后经盘整 5 日均线上穿 20 日均线，KDJ 金叉，量能放大，筹码密集，股
价一直沿着 30 日线突破向上。

卖出理由：短期暴涨成市场龙头后，高位周量柱放大量，大资金出
逃，见顶信号明显（见图 2-12）。

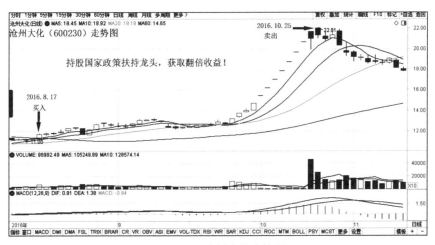

图 2-12 沧州大化走势图

2017 年 8 月 10 日：账户资金达到 1.15 亿元

2017 年 4 月 26 日满仓买入中国平安（601318）306 万股，买入价格
37.40 元；卖出时间 2017 年 8 月 10 日，卖出价格 50.99 元。持股时间 114
天，获利 36%。

买入原因：2017 年 3 月底的一个晚上，和证券分析师及一些基金经理、投行经理一起探讨股票市场未来的趋势，各位谈起了当年的金融板块业绩非常不错。第二天查看银行板块时发现中国平安这只股票的基本面和技术指标都很好，正处于底部小阳稳步攀升，上升角度变大，量能倍增，股价合理。从月线看，该股严重超跌，尚在底部，极具展开"大牛"行情的潜力。

卖出理由：2017 年 7 月平安公告业绩预增的利好，7 月 11 日兑现了 10 派 5 元分红方案，股价急拉一波阶段性创了新高后，K 线开始回踩，高位 5 日线下穿 20 日线形成死叉，跌了 10%，到达了止损位，便获利了结（见图 2–13）。

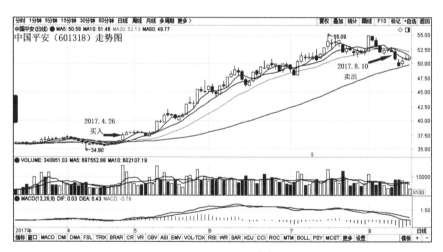

图 2-13　中国平安走势图

2017 年 8 月 31 日：账户资金达到 1.34 亿元

2017 年 8 月 11 日半仓买入皮阿诺（002853）72 万股，买入价格 83.80 元；卖出时间 2017 年 8 月 31 日，卖出价格 116.70 元。持股时间 20 天，获利 39%。

买入原因：该股为次新股家具板块的龙头，更具有 10 送 15 派 3 元现金的高送转题材。量能堆积，MACD 金叉。

　　卖出理由：短期涨幅已高，加之次日马上除权，便获利了结。在除权前卖股票的原因，是水牛多年积累的经验战法（见图 2-14）。

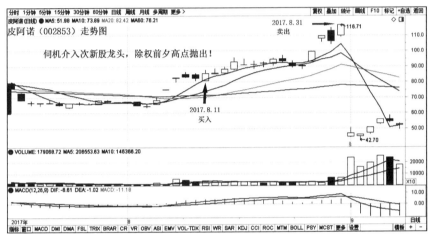

图 2-14　皮阿诺走势图

2018 年 1 月 5 日：账户资金达到 2.02 亿元

　　2017 年 12 月 14 日买入贵州燃气（600903）762 万股。买入价格 8.80 元；卖出时间 2018 年 1 月 5 日，卖出价格 19.92 元。持股时间 19 天，获利 126%。

　　买入原因：受国家政策扶持，贵州板块大发展，该股为低价次新股。上市后"一字板"涨停打开后，一路下跌 30%，之后周量柱放大，KDJ 形成金叉，股价站上 5 日均线。

　　卖出理由：短期强势暴涨，已成为市场次新股龙头。2018 年 1 月 4 日，冲高回落放大量收阴，次日股价又跌破上一日的新低。当时收益丰厚，为安全起见，防止阶段性顶部出现，便先行获利了结。后期这只股成了"妖股"，股价又向上飙升翻了一倍（见图 2-15）。

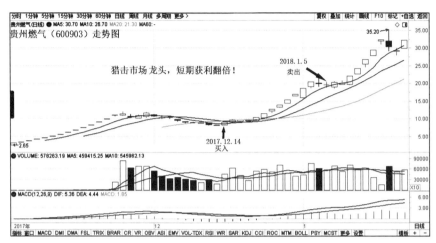

图 2-15　贵州燃气走势图

2018 年 4 月 27 日至 5 月 17 日：账户资金突破 3.2 亿元

自 2018 年 4 月 27 日至 5 月 17 日，水牛曾对优质医药白马股片仔癀（600436）两次进行买卖。

2018 年 2 月 12 日，第一次买入片仔癀 220 万股，买入价格 71 元；卖出时间 2018 年 4 月 12 日，卖出价格 87.90 元。4 月 25 日再次加仓买入 60 万股，买入价为 88 元，5 月 16 日以 106 元到 108 元卖出空仓。持股时间 63 天，获利约 47%。

买入原因：福建板块大开发，地处福建漳州市的片仔癀受益。片仔癀被闽粤两省民众当成养生的必备之物，并走出国门成为海外华人华侨健康的"保护神"。该产品净利润同比大幅增长。技术分析上，该股底部箱体突破，形成"双老鸭头"形态。

卖出理由：股价从底部运行至波段高位已创短期新高。2018 年 5 月 16 日，高位出现急拉大阳线，预示着阶段性顶部可能到来。次日，低开大幅震荡出现阴线十字星，是明显的阶段性见顶信号，抛出（见图 2-16）。

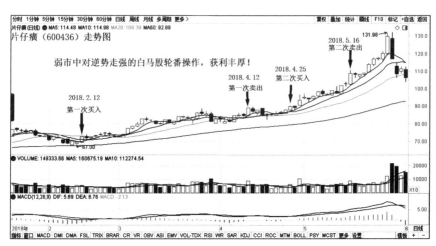

图 2-16 片仔癀走势图

经典战役二：夜半的"呼救"，让基金起死回生!

这是水牛多年来创造辉煌中的一朵小的"浪花"——

故事发生在 2015 年 3 月的一个夜晚：那天，水牛带着家人去北京旅游后回到深圳，刚要休息，一阵电话铃声突然响起：这么晚了，会是谁打来的电话呢?

水牛一接，电话那头传来一个女子的声音："牛哥，我有一事请你帮忙。"

"原来是叶总! 不客气，你说。"

"我们是多年朋友，我有一个基金账户请你一定帮忙管理一下。"说到这儿，她的声音越来越低沉，讲着讲着，竟难过得哽咽起来……

原来，叶总是一家基金公司的老总。她执掌 2000 万元的基金产品，团队管理了半年左右，目前竟回撤得只剩下 970 万元了，亏了整整一半!

无奈之下，叶总想起了水牛。多年的交流，她知道水牛做股票牛，思来想去，便深夜打来电话向水牛发出"呼救"。

水牛听了她的倾诉，同情地对她说："我可以帮你，争取三个月或半年尽量做到'回本'，但你要答应我三件事。"

"你说哪三件事？"叶总问。

水牛认真地说：第一，账户的资金不能有杠杆；第二，资金不能是借高利贷来的；第三，资金更不能是"洗黑钱"来的！

"我答应，保证资金是干干净净的。"

"另外，还有两条纪律，答应了，我就帮忙。"

"什么纪律？"

"第一，我接手后，买卖时可能有上下波动，你如果看账户，可以，但是不能动；第二，交易时间不可打电话干扰，有什么想法与建议，可以发短信或微信留言。"

"我都答应，只要牛哥肯出手相帮。"

在叶总诚肯地请求下，水牛友好地答应了。

第二天一早，又一个电话把水牛催醒。叶总把基金账户及密码发了过来。

水牛打开一看，吓了一跳：天哪！一个基金竟买了20多只股票，全部亏损，账户一片绿！

张水牛把这账户中的20多只股票一一录入自己的自选股，然后逐个查看它们的基本面和技术面，认真地分析后，他全给"否了"。

三天后，水牛把基金账户清空，当时资金为992万元。

次日，他开始了"救赎"行动。

他应用的"撒手锏"，就是他当时操作股票的最强项——狙击具有高送转题材的强势股。水牛说，这类股业绩好，盘子小，活跃，交易量大，净值高，负债低，PE（市盈率）合理。

水牛终于准备出手了。多年来，他操盘养成了一个习惯：不看好的，不建仓；看好的，就重仓买入。他说，我个人做股票只看手上的股票行不行，买后设好止损位，不再看账户每天的盈亏。行，就让利润不停地奔跑；若不行，到达了止损位，坚决止损，不抱幻想！

2015 年 3 月 2 日，水牛买入了一只他十分看好的股票：隆基股份（601012），这只股具有 10 送 20 派 1.3 元的题材。当时共买入 35 万股，平均买入价为 28.30 元。到 3 月 27 日，隆基股份没有辜负水牛，股价最高飙涨到了 54.90 元，然后回落。水牛看到该股股价在高位"回踩"，为安全起见，他立马以 46 元价格抛出一半仓位，当天换入另一只公告已确认 10 送 18 派 1 元的高送转题材股永太科技（002326）。

在高送转的公告后，永太科技连拉了三个"一字板"涨停。3 月 26 日，在水牛期待中，该股封的"一字板"涨停打开。3 月 27 日，上午开盘，水牛趁股价低开之机，以 38 元价格买入了 20 万股永太科技。之后，只持有了一个星期，永太科技就强劲飙升，直到 4 月 7 日尾盘冲击涨停板，水牛以 55.48 元卖出，一周时间净赚 46%。同日，他将原持有的隆基股份一起获利卖出。

就这样，在水牛的帮助下，这只基金从他接手的 992 万元迅速增长了 120%，基金资产净值回到了 1.2 元以上。

更令人惊奇的是，张水牛仅仅用了 35 个交易日! 也仅仅只买了两只股票，就让这只严重亏损的基金得以"起死回生"!（见图 2-17、图 2-18）

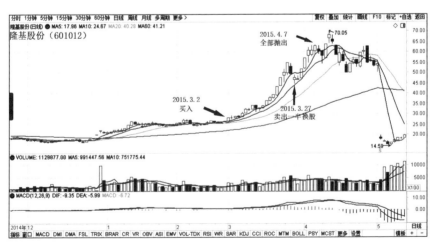

图 2-17　隆基股份走势图

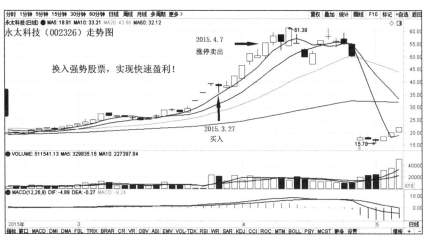

图 2-18　永太科技走势图

经典战役三：大盘暴跌 1000 点，业绩逆势翻倍

2018 年 1 月底，在深圳美丽的大梅沙海边，一场私募系的活动正在隆重举行。许多私募基金经理和企业老总聚集在一起，畅谈着中国未来的经济和大盘的趋势。

当时，大盘创下了 3587 点阶段性高点后，便开始下跌。与会多数人都不看好大盘的走势，认为沪指会向下打到前期 2638 点的低位，甚至还会击穿，创出新低。悲观的情绪弥漫着活动现场……

这时，一位房地产公司的老总怀着一种复杂的心情，问举办活动的招集人水牛："大家都说大盘要见顶下跌，我刚从房地产转到金融行业准备做股票，偏偏遇到这么糟糕的行情，可怎么办？"

"你别急，也不要灰心。虽然不少人对大势看得有点悲观，可是，沪深 300 指数整体市盈率为 14 倍左右，问题不大。未来中国资本市场一定会有大发展的。"水牛对这位老总说，"我个人认为，目前中国股市已处在相对的底部区域。你从房地产转到做私募，也是不错的选择。你想，中国经济在稳步发展，GDP 总量达到 80 多万亿元，而目前中国 A 股市场的总市值才 46 万亿元左右，有着很大的差距和发展空间。原来大盘在 6000 点时，很难看到三四元以下的股票，而现在一元多的股票却很多。10 年前，100 股股票可以换几十斤白菜，而现在，一斤白菜就可换几百股股票呢，你看差别多大！"

水牛说到这，顿了一下："虽然目前大盘是在跌，可具有价值投资的企业有好多呀！原来三四百亿元市值的上市公司，现在市值都跌得剩下三四十亿元了。长期看，危机危机是"危"也是"机"，买到就是赚到。假如你现在投入 2000 万元的话，就相当于牛市高位 2 亿元的市值，真是难得的机会呀！"

一番话，说得那位房地产老总心里暖暖的，心头的"结"也渐渐打开了。

活动结束后，那位房地产老总又与水牛聊了许久，并执意要送水牛回家。临别，他握着水牛的手说："我刚进入金融市场，你一定要帮帮我！"

几天后，他交给水牛一个 2000 万元的账户，笑着对水牛说："这是我多年积攒的全部资金，全靠你啦！"

大盘在持续下跌。肩负朋友重托的水牛，在寻找机会。他搜索的目标定在超跌的小盘次新股上。他心里有个标准：要选上市不超过 3 年、业绩优秀、净资产在 5 元以上、公积金在 3 元以上的个股；另外，PE 要在 50 倍以下，负债率在 50% 以下。还要查看是否是市场的热点板块，最近一年最好有过两次涨停板的纪录。

说起这个"硬标准"，水牛说，他之所以热衷于次新小盘股，是因为它具有许多优势：

◆ 股本扩张弹性好，获利能力强。小盘股公司一般都有股本扩张的内在要求，有的公司即使业绩不佳，但获得优质资产注入的可能性极大，变数也较大，一旦资产重组成功，能在短期内迅速提升公司业绩。如果公司原来就是行业中的佼佼者，进行资本扩张后，便可迅速扩大生产规模，取得规模效益，增强获利能力，从而给投资者以更高回报。

◆ 它们一般都是具有潜在题材概念的股票。而题材与概念历来是股票炒作的导火索，也是形成市场热点的一个重要因素。

◆ 业绩优良并且有良好配送方案的小盘股，将具有更好的涨升潜力。尤其是板块股本数量小的小盘股，更容易受到投机资金的青睐。

基于此，在大盘暴跌1000点的恶劣的环境下，张水牛依照自己的选股标准，先后选择次新、通信、医药、证券板块等五六只股票进行操作。其中：

2018年2月22日28元买入中通国脉（603559），至3月13日37元卖出，赚取了约32%的利润。卖出原因：MACD红柱缩短高位回落走势（见图2-19）。

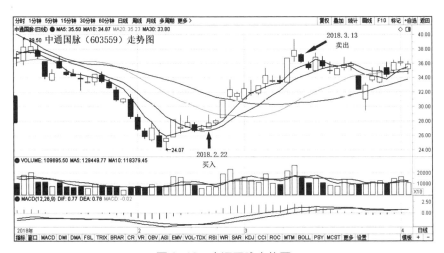

图2-19　中通国脉走势图

2018年3月20日，他以15.80元买入卫信康（603676），持股一周，有几天T+0交易，5月28日以24.40元全部空仓，赚了54%左右。卖出原因：K线短期反弹比较多，加上MACD指标背离红柱缩短，周量放大短期波动逆势（见图2-20）。

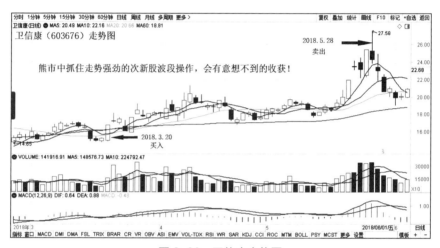

图2-20 卫信康走势图

2018年10月22日，太平洋证券（601099）放量金叉涨停前，他以2.15元满仓介入，且每天进行T+0操作，到了11月1日2.90元至2.96元左右全部出货，大赚约36%（见图2-21）。

"在2018年这种恶劣的市场环境中，你能取得如此骄人的战绩真不容易！你能否举个案例具体说一下，你在熊市中是怎样买卖股票的？操作的思路是什么呢？"采访中，我向张水牛提出这样一个问题。

"可以。"张水牛果断地应诺道。迅即，他打开2018年的实战操作日志："那就说说我买鲁抗医药和中油工程这两只股票的缘由和过程吧！"

张水牛说，买进鲁抗医药（600789）这只股票，是2018年6月的事儿。从沪指走势图上可以清楚地看到，当时，大盘的跌势凶猛，很难寻觅到好的操作标的。可是，就在这时，他发现了一只有逆势走强潜质的股票，那就是代码为 600789 的鲁抗医药。当时，他对其从基本面和技术面都进行了仔细的研究和分析。

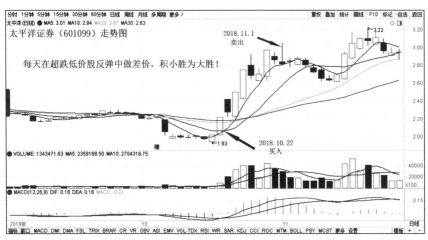

图 2-21 太平洋证券走势图

基本面分析：

第一，鲁抗医药是山东省的一家上市公司，属于医药板块。全国医药行业上市公司一共有 120 家，鲁抗医药一直算是一只较为优质的股票。从股票价位来看，当时医药股中，股价最高的是长春高新 199 元，股价最低的是中恒集团 3.05 元，而鲁抗医药的股价为 9.10 元，处于中等价位。该股的后复权最高价为 56.76 元，最低价 2.51 元，用最高价减最低价除以 2，即（56.76 元 −2.51 元）÷2=54.25 元 ÷2=27.13 元。不复权的最高价是 25.75 元，最低价是 2.07 元。用最高价减最低价再除以 2，即（25.75 元 −2.07 元）÷2=23.68 元 ÷2=11.84 元。而现在股价是 9.10 元，不论从股价后复权或不复权计算的结果来看，短期上升空间大于下降空间。（注：水牛买股票时，常用最高价减去最低价再除以 2，和当前价比较一下，看是否超跌，值不值得买。这也是他买股票的一个窍门。）

第二，从业绩上看，该企业从 1997 年上市 22 年来，每年都坚持分红，2017 年净利润率增长 292%，每股净资产 4.32 元，营业总收入 25.9 亿元左右，资产负债率 52%，市盈率为 19.97 倍，整体算比较安全。

第三，当时，医药板块的股票受到"疫苗事件"的影响，均处在短暂下跌的风口浪尖，许多股票都被腰斩，但鲁抗医药却还有派现分红的题材。业内点评，鲁抗医药是山东省医药的龙头企业之一。其专业兽用抗菌药新厂正逐步投产，2018 年一季度业绩增长预期目标将会进一步提升，未来市值增长到 100 亿元左右的目标还是有可能实现，颇具投资价值。

第四，2018 年 4 月 11 日该企业增发募集资金 8.7 亿元。长期看，这对企业的发展是个利好消息。虽然在二级市场中利好兑现往往会成为利空，但从短期看，该股仍有机会，股价存在大的上涨空间。

第五，再看其十大股东，其中有山东省人民政府国资控股 24.59%，还有多家机构、保险、基金持有，实力雄厚。

技术面分析：

第一，当时整个医药板块的指数处于区间震荡。该股年线、月 K 线均在相对底部。日线 12.58 元是压力位，支撑位 8.68 元，其 9.27 元的股价已经算是压力比较小，接近主力的成本区。MACD 指标模型绿柱缩短，周量柱转红，AH 量组合增加，周 MACD 已开始向上发散运行。

第二，成交量的量柱每 10 天算一组，10 天有 7 天放量红柱，3 天是缩量绿柱，显示有主力介入阶段。再加上 MACD 指标金叉配合，更有上涨的迹象。

第三，从股价运行的"浪形"轨迹看，主力拉升的第一波成本价为 8.90 元和 9.50 元左右。之后洗盘，第二波又拉升，其成本为 10.30 元至 11.20 元。后再次洗盘，当 2018 年 6 月 28 日又一轮拉升到突破箱体时，抓住这一良机介入，以 9.26 元价格买入鲁抗医药，在 7 月 26 日以 13 元价格全部空仓，加日内 T+0 操作，共赚 40% 左右（见图 2-22）。

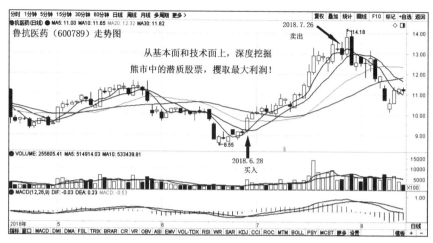

图 2-22　鲁抗医药走势图

再说一下当时买入超跌股中油工程（600339）的事儿吧。下面是对这只股票的分析——

基本面分析：

第一，中油工程属石油板块。2000 年 12 月 25 日上市，在 2012 年至 2016 年中间都没有实施分红派息，2017 年 12 月份实施派现 0.37 元，首次业绩增长和题材派现均达标，这吸引了张水牛的眼球；加上 2017 年 5 月 8 日 ST 摘帽时股价 7.46 元，而到 2018 年 5 月 8 日股价才 3.87 元，差不多跌去一半，这种大市值的超跌低价股，中长线布局高抛低吸是很有利润空间的。

第二，该股具有"一带一路""雄安新区""油气改革"等多概念。研究发现，有社保基金、保险、信托专户和养老基金等十几家基金持仓，成本都是 3 元到 6 元。

第三，2016 ～ 2017 年资本投资运营中增发募集 197 亿元和 59 亿元人民币，让这只超跌的低估值股票，具有超强的现金流支撑，其投资价值凸显。

第四，主营业务工程总承包服务、油气田地面工程、管道工程、环境保护监测、软件开发、化工产品等，2018 年一季度净利润和业绩预增，每月公积金 2.56 元，资产负债率 70%，市盈率 79 倍偏高了一些也还安全。预测未来 5 年也许总市值增长到 400 亿～600 亿元。

技术面分析：

第一，该股后复权最高价 60.15 元，最低价 6.48 元，原始计算公式 [（60.15 元 –6.48 元）÷2]÷2=（53.67 元 ÷2）÷2=26.84 元 ÷2=13.42 元。这个价格是比较合理的，而目前股价只有 3.80 元，距离 13.4 元的目标位较远，就相当于来一波大行情，会有 3 倍预期空间上涨。（注：对于超跌股的估值，水牛采用的方法是：用其最高价减去最低价，除以 2，再除以 2，得到的结果应是未来比较合理的一个股价。与之比较，若低于结果，说明价格低估，可以放心地买入待涨。）

第二，看年线，不复权位置在底部已经止跌。指标 MACD 和 VOL 已经金叉。月均线背离，VOL 量柱放大，MACD 绿色柱状线指标出现缩短上穿零轴，月线呈 W 和 L 形态低位支撑。周线 H 量增多，均线、量线、KDJ 三线指标黏合发散呈金叉形态。日线量柱 8 阳 2 阴算是底部反转信号，MACD 在零轴上处于翻红阶段。

综合分析：

中油工程个股已经严重超跌，可采取长线持股，盘中进行波段操作，实现使利润最大化的投资策略。

实战操作：

2018 年 5 月 8 日，以 3.90 元至 3.98 元价格盘中一直买入中油工程，到收盘 4.01 元，共买入 30% 仓位。当时张水牛心里特有底气，一直在想：明后天如有下跌会继续吸货。正如他所料，买入后一周时间内股价放量拉升，盘中继续保持警惕看多，MACD 红柱没变短前，不停加仓。5 月 21 日股价创出 5.77 元阶段性新高，回落到 5.30 元左右降仓 50%，第二天又降 30% 仓位，锁定 32% 的利润。第二波 6 月 26 日 4.10 元买入、7月30日4.35元买入，到9月18日卖出、10月11日再卖出，90%接近空仓。

之后，第三波、第四波、第五波……不停让利润最大化。

采访中，水牛表示：后期至今或未来5～10年，他手上一直会持仓中油工程、太平洋、第一创业、中远海控等超跌低价优质股并来回波段操作，尽量在大盘和个股企业基本面安全稳定发展中，特别是资金安全的情况下，每月波段和每日T+0交易总合算，利润非常可观（见图2–23）。

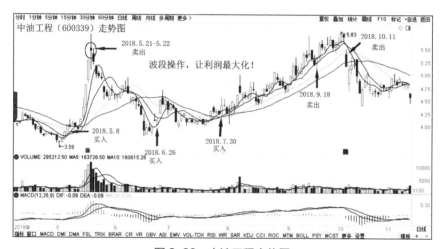

图2-23 中油工程走势图

让人意想不到的是，2018年大盘跌了1000多点，而张水牛却把地产老总的账户在逆势中实现了翻倍，从2000万元资金变成了5210万元（见图2–24、图2–25）。

这，不能不说是个惊人的传奇故事！

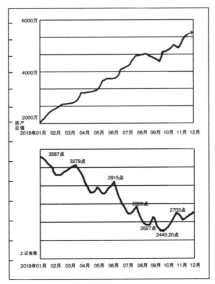

图 2-24　张水牛资产变化与上证指数走势对比图

操作	成交数量	成交价格	成交金额	手续费	印花税	过户费	其他费	合同编号	成交编号	交易市场	股东
买	48800	17.649	861250.000	172.250	0.000	17.230	0.000	23535	7340825	沪A	A80
买	16800	17.650	296520.000	59.300	0.000	5.930	0.000	23540	7353496	沪A	A80
买	7100	17.750	126025.000	25.210	0.000	2.520	0.000	23551	7553950	沪A	A80
买	6500	17.750	115375.000	23.080	0.000	2.310	0.000	23562	7618884	沪A	A80
买	5600	17.715	99203.000	19.840	0.000	1.980	0.000	23545	7706018	沪A	A80
买	23000	17.680	406640.000	81.330	0.000	8.130	0.000	23567	7819447	沪A	A80
买	12000	17.749	212993.000	42.600	0.000	4.260	0.000	23571	7826480	沪A	A80
买	9500	17.780	168906.000	33.780	0.000	3.380	0.000	23599	7899390	沪A	A80
买	5000	17.797	88984.000	17.800	0.000	1.780	0.000	23610	7908245	沪A	A80
买	4800	17.800	85440.000	17.090	0.000	1.710	0.000	23616	7927819	沪A	A80
买	100	17.780	1778.000	5.000	0.000	0.040	0.000	23620	7977826	沪A	A80
买	9800	15.577	152657.000	30.530	0.000	1.530	0.000	23576	11527032	深A	007
卖	40000	18.591	743642.000	148.730	743.660	14.870	0.000	23641	4434317	沪A	A80
卖	46000	18.560	853760.000	170.750	853.760	17.080	0.000	23650	4480184	沪A	A80
卖	15900	18.560	295104.000	59.020	295.110	5.900	0.000	23655	4524069	沪A	A80
卖	13700	18.450	252765.000	50.550	252.770	5.060	0.000	23659	4578510	沪A	A80
卖	13500	18.490	249615.000	49.920	249.620	4.990	0.000	23666	4595158	沪A	A80
卖	22300	18.420	410766.000	82.150	410.770	8.220	0.000	23672	5027199	沪A	A80
卖	11700	18.410	215397.000	43.080	215.400	4.310	0.000	23675	5040441	沪A	A80
卖	24000	18.361	440671.000	88.130	440.680	8.810	0.000	23679	5050374	沪A	A80
卖	15000	18.330	274950.000	54.990	274.950	5.500	0.000	23691	5243421	沪A	A80
卖	8000	18.297	146373.000	29.270	146.370	2.930	0.000	23694	5812548	沪A	A80
卖	900	18.290	16461.000	5.000	16.460	0.330	0.000	23700	5832472	沪A	A80
卖	5000	18.304	91522.000	18.300	91.520	1.830	0.000	23703	5860577	沪A	A80
	4024086		52027067.240	10435.700	28323.460	840.360	0.000				

图 2-25　张水牛交易单

实战制胜的九大秘籍

➲ *股市风雨无常，变化莫测，他用自己独创的、磨砺的把把制胜"利剑"，*
斩关夺隘。下文揭秘的其中九大秘籍，正是助他长期立于股市不败之地
的神秘绝技。

秘籍一：水牛 10% 笔记战法

这是水牛十多年来在实战中用得最多的一个战法，也是他认为最简
单实用的一种战法，胜算极高。

这一战法的做法是：把深圳和上海的 3000 多只优质的股票选入自选
股，最好制成一张图表打印出来。图表上将股票代码、名称、主营、流
通盘、业绩、PE、净资产等项清楚地列出。每天收盘之后，将当天股票
的最高价、最低价、收盘价，依次记入表格里；并在每周计算出一周的平
均价格。若本周的平均价格比上周的平均价格上升了 10%，就打钩，预示
该股有可能出现大涨趋势，可择机买入，并设好移动止损位。若没有达
到 10% 的，就打叉，后续继续关注，直到达到 10% 再买入。

战法要点：

◆ 这种战法，核心实质是上涨趋势的确认，就是当个股趋势发
生了 10% 的反转变动时，及时介入，尤其是在低位，应用这
种战法，效果更佳。

◆ 这种战法，风险低，收益高。但需要长期坚持，持之以恒。水
牛这十多年来大多数时候就是用这种战法，资金从几十万元增
长到上亿元。

◆ 此战法不做沽空交易。

实战案例： 东方通信（600776）。我国近年多次明确指出要加快通信产业进程。作为行业龙头企业的华为，产业升级，5G 进展加速。2018年 4 月 21 日首次 5G 通话成功，这吸引了世人的眼球，也更加引起水牛对这一行业的关注。

2018 年 11 月 13 日，水牛的笔记中弹出了 5G 板块的东方通信符合10% 战法，他便即时满仓买入。买入价为 4.50 元。

12 月 19 日，中央经济会议明确提出，2019 年 12 项重点工作中"加快 5G 商用步伐"位列第三，实属罕见。消息一出，二级市场热点通信和5G 板块指数及有关个股暴涨，东方通信、南京熊猫、奥维通信等强力拉升，涨幅 200% ～ 300%。水牛持有的东方通信，根据他的 10% 笔记战法，两买两卖，取得了丰厚的利润（见图 2-26）。

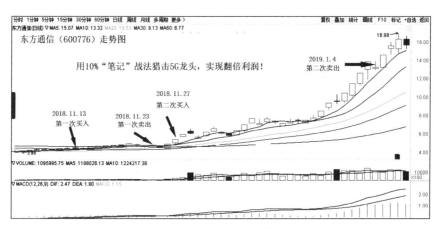

图 2-26　东方通信走势图

秘籍二：周 ABH 量战法

量能是股票上涨的必要条件。尤其是作为中线指标的周量，对判断股票的未来走势具有极重要的参考价值。采访中水牛强调，在周量中一且出现 ABH 量，预示股票此后成为大黑马牛股或者成为主升浪妖股的可能性极大。

他对此种战法的周 ABH 量的形态定义分别是：

"周 A 量"是指周量柱短期从"温量"到放出巨量，之后量能回位，量柱形如"A"字形。

"周 B 量"是指周量急速放大量，其量能超过以前量的两倍以上，后短期急速缩量。之后，再次放大量，量能形态呈现"B"字形。

"周 H 量"是指周量柱间歇性地放量。一段时间突然放量，然后回落缩量，过段时间后又再次放量，多次反复，出现一根一根长短不齐的柱形，其形态呈现"H"形。

战法要点：

- 周量短期形成 A 量时，巨量堆积，股票短期一定会快速飙升，形成市场龙头或成为后期的大妖股。这种量能的出现，常常是市场中游资急拉暴涨式的一种凶猛手法所为。
- 周量趋势形成 B 量时，个股会波段性平稳上升，呈中长线慢牛走势。此种模型，常常是"市值管理"和市场大资产长线价值投资白马股的首选。
- 周量底部形成 H 量组合时，是主力吸货的象征。一般来说，这是大牛股在前期低位建仓期间常常会出现的一种量能形态。
- 应用"周 ABH 量战法"时，有一个必备的条件是：周 K 线一定要站上 60 日均线，形成强势多头排列，表明个股趋势发生反转的概率很大。

如何根据周 ABH 量操作股票？具体做法是：

先把周 K 线主图的 MA 均线指标设置成 5 日和 60 日两条平均线。然后点击 A 股涨幅榜排名，从第一个涨停板开始点击选择周 K 线站上

60 日均线的个股，5 日上穿 60 日均线形成金叉，MACD 站上零轴也形成金叉，以上指标配合周 ABH 量能的形态。激进型的投资者在 A 量出现时可快速跟进，短期获取暴利；稳健型的投资者在 B 量出现时可选择介入，可获波段慢牛翻倍的效益。而发现 H 量时，投资者可先行潜入打好底仓，坚定持有，待股价突破时再加仓跟进，跟随市场主力的节奏获取长远收益。

实战案例：贵州燃气（600903）。该股从 2017 年 12 月中旬之后，连续出现周 A 量，放大的巨量堆积，托着股价连拉涨停，短期暴涨四倍，成为市场中最大的一匹耀眼黑马（见图 2-27）。

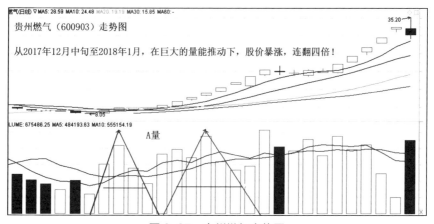

图 2-27　贵州燃气走势图

秘籍三：高送转题材战法

高送转题材战法，是水牛所有战法中，他最情有独钟的。他说这一战法已伴随了他十多年，使他的许多账户资金翻倍。

他讲，高送转题材在中国股市是长盛不衰的一个操作题材。近 30 年来，它造就了许多股价翻几倍的大牛股。历数从 1999 年到 2017 年间，主力手中最重要的砝码，就是高送转题材方案。像具有 10 送 10 转 10 还派息题材的个股就会大幅飙升，如深发展（000001）、深科技（000021）、中环股份（002129）、财信发展（000838）、游族网络（002174）、棒杰股份（002634）等，莫不如此。那时，庄家主力、资金大佬、市场游资都选择有高送转预期的企业，提前调研建仓。中报和年报一旦披露方案，股价就会飞涨，受到市场热烈追捧，有的个股甚至会出现连续"一字板"的涨停行情。这一切都充分说明，高送转题材隐藏着极大的机遇。

那么，既然高送转题材这么重要，如何运用它来赚钱呢？其中又有什么技巧呢？采访中，水牛把他多年来总结的操作高送转题材的"绝密"技艺，无私地奉献给广大的投资者。

他说，这其中最主要的技巧，就是买卖的时机——

- ◆ 第一次买入时机：高送转公告确认后，股价直接受市场资金的追捧，多数会出现"一字板"飙升走势（这是市场先知先觉者发动的行情）。随后利好兑现，约有一周时间会"回踩"。这时，离它的"公告审议日"10 天左右，一般是难得的买入机会，介入后股价都会上涨 20%～30%。

- ◆ 第一次卖出时间：高送转的方案经审议确定通过后，第二天一定要卖掉。卖掉后，通常股价会有一周左右时间回落。

- ◆ 第二次买入时间：计算出除权前 10 天，可再次买入，大多又会有 20%～30% 的涨幅。

- ◆ 除权除息的前一天，一定要全部卖出，空仓。因为除完权之后，大多数个股都会有三个月到半年时间的震荡走势（见图 2-28）。

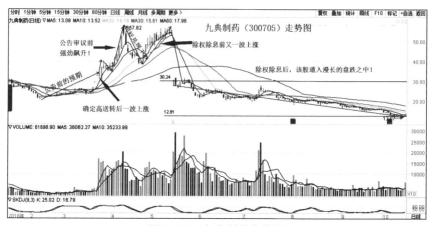

图 2-28　九典制药走势图

那么，如何预选高送转的潜力股呢？

首先，进行预判和初步筛选。水牛说，只要你能深入研究基本面，在"分红扩股"一项中找到"最新提示"一栏。其中，通过三个"是"和"否"的问答：是否有潜在送转股能力，是否有潜在派现能力，是否有潜在配股资格，可推测出大概率有高送转方案的上市公司。

其次，选择高送转潜力股的要点有以下几点：

◆ 公司的业绩一定要优秀，净资产值要高，公积金要高，每股收益高于 0.50 元以上，主营业务增长率达 50% 以上，盈利能力强，成长性好为首选。

◆ 在众多高送转股票中，尽量选择总市值不超过 50 亿元的、股价不低于 30 元、不高于 60 元以上的标的。因为低于 30 元的，盘子一般都较大，而 60 元以上的，除权后股价仍较高，下跌起来空间很大。

◆ 尽量选上市不要超过 3 年的次新股。

◆ 尽量选第一次高送转的个股，这种个股阶段性飙升的概率会很大。

秘籍四：总龙头战法

龙头股是股市的灵魂和核心，它常常能起到带领大盘"冲锋陷阵"的作用。特别是总龙头股往往是一直向上不回头，给市场以震撼。投资者只要跟定龙头，均可受益不菲而且风险较小。

水牛说："涨时重势，跌时重质。"在快速上涨行情中，龙头的基本面分析不再是最重要的，选股要重视三大效应：板块热点效应、主力资金效应和最新题材效应。

那么，如何选择与介入龙头股？

水牛的"龙头战法"要点是：

首板选法。"首板"是指在市场中第一个拉涨停的强势股，也是水牛龙头战法中的第一个重要标的物。他猎击"首板"的做法是：

- ◆ 在涨幅榜中选择换手率在 5% 以上、振幅超过 13% 的个股。
- ◆ 一二板最好内盘大于外盘 3 倍以上。
- ◆ 总市值首板最好在 50 亿元以内，盘子要轻，股性要活。
- ◆ 个股所在板块里面，最好有两到三个以上涨停板。
- ◆ 其周量有 ABH 巨大量能堆积放大。
- ◆ 在市场中，它是开盘第一时间冲击涨停板的，涨停封单资金力度最大，净资金流入在 2000 万元以上，DDE 指标要 20% 以上。

水牛特别指出的是，在市场最绝望的时候，第一个冲涨停板的，就是一个新周期的龙头，一个新的题材的出现，这个时候你要深入研究它的内因和热点资讯，以及题材的级别。

龙虎榜复盘法。收盘后，在龙虎榜中查看涨停个股资金流入状况。

凡净资金流入第一位大于第二、三、四的总和的买入资金，说明主力大资金介入，该标的后期成为板块龙头和市场总龙头的概率极大。

总龙头买卖法。龙头股的买入原则是：寻找市场最强风口和资金介入最深的板块。有所谓的"龙头""龙二"和"龙三"，我们的原则是只买入"龙头"，不买"龙二"或"龙三"！

具体交易中的操作及技巧如下：

第一，交易龙头股，首先要突破心理上的恐惧，敢于介入。要有一种气魄，一种舍我其谁的气场，在信念上压倒龙头股。唯有如此，才能驾驭股市里"最无法无天"的龙头股。一只龙头股从诞生到被确认，其股价一般均已上升30%以上。不要因为该股已有一定的升幅就不敢介入，只要被确认为龙头股，其价位一般至少会有70%以上的升幅；而且市场主力树立一个龙头股是相当不容易的，必然会竭力呵护，鼓动人气跟风。主力也会介入与龙头股相关的公司以便获得更大的收益。因此龙头股表面上看升幅已大，但其仍有较大的获利空间，一旦确认了龙头股，就应勇敢介入。连续涨停的龙头股，要耐心持股。

第二，盘中实施买入方法。这种方法可分为以下三种：

◆ 第一种买入法：在"指数板块"中，点击"现价"，打开"昨日涨停"和"昨日连板"的股票，从中选择板块里有两到三个涨停的，挑选盘口资金力度最大的，再打开个股分时走势图，找出市场最早封板的那只股票。确认龙头后可以排队买入。

◆ 第二种买入法：强势"一字板"涨停的龙头股，如果当天一字板打开，早上"破板"，反复洗盘，等下午"回封"再次冲击涨停板之际，挂涨停板价排队买入。

◆ 第三种买入法：也是"第三个涨停板买入法"。集合竞价时，它若跳空高开八九个点，市场确认龙头，就竞价挂涨停板买入。

第三，之后"第四板"大概率会"一字板"涨停。"五板"盘中走势会出现强烈震荡，至少有 15% 振幅以上的强换手板。"六板"多数低开然后秒冲涨停。"七板"常常会高位震荡涨停。"八板"多数会高开 5 个点回踩碰到上一日的收盘价，然后急速拉涨停。"九板"多数是高开冲板，又开板回落，甚至跌入"绿盘"六七个点，震荡到尾盘又急拉涨停。次日，即第十板，多数见顶，卖出！

水牛说，以上是龙头股一种大概率的走势和他多年的操盘经验分享。

下面，仅举大龙头股特力 A（000025）的走势为例（见图 2-29）。

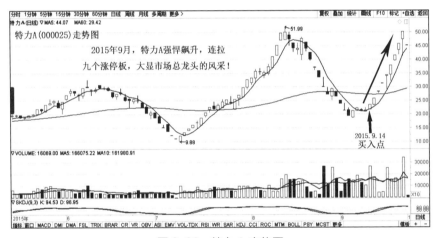

图 2-29 特力 A 走势图

秘籍五："千股挑一"选股战法

成功的交易离不开好的选股攻略。能够选出好的股票，买进后能飙涨，可以说这是在股市获益的第一要件。

采访中，我曾感兴趣地问水牛："这些年，你操作过不少牛股，我想知道，沪深两市目前有 3600 多只股票，你是如何寻找和发现那些大牛股的？选股的方法难吗？"

水牛回答说："的确，这几年，我抓的牛股和价值投资股真不少，主要是选股要有方法。"他说："掌握了选股的技巧，就非常容易。如果你不会选股，操作起来就很难。"

"能具体地把你的选股思路奉献给大家吗？"

"为了投资者少走弯路，我非常乐意。"水牛爽快地说。

面对几千只股票，他要筛掉以下几类个股：

◆ 有风险提示的个股。

◆ ST 个股和 ST 带花个股。

◆ 连续三年亏损的股票。

◆ 亏损和扣非（即去除政府政策补贴）还亏损的企业。

◆ 业绩突然扭亏的股票。

◆ 净资产为负数的个股。

◆ 净利润和业绩一般的高价股。

◆ 流通市值过大或过小的个股。

◆ 流通性太差的老股票。

◆ 长期不分红的上市公司。

◆ 资产负债率过高的股票。

◆ 市盈率过高的股票。

◆ 业绩收入同比下降的股票。

◆ 三年内没有派现的，总利润太少的。

◆ 一年内有两次以上停牌的个股。

◆ 近期在高位大股东解禁减持的个股。

◆ 未来 5 年行业没有大发展的上市公司股票。

◆ 财务造假的上市公司。

◆ 涉嫌违法操作的个股。

◆ 高位放巨量的股票。

◆ 高位重组复牌的股票。

◆ 从技术分析上，还要筛掉月线虚高，处在超高位的股票。

水牛说，经过这样筛选之后，留下可交易的个股大体有以下几种：

◆ 每年有派现分红的白马股。

◆ 未来三到五年行业发展比较稳定的个股。

◆ 上市三年以内价格低、净资产高、公积金高、热点行业、股
性比较活跃的次新股。

◆ 国家重点扶持的优质蓝筹股，特别是价值超跌的个股。

◆ 低价优质开始放大量的热点题材股。

◆ 买反季节（比如在夏季买煤炭股）的优质低价股。

◆ 长期看好的板块，如证券、医药、MSCI 成分标的股等。

◆ 技术分析上有几种形态的股票：底部多头排列、强势股回调第
二次站上 5 日均线、五线金叉、箱体突破的个股等。

他介绍道："在此基础上，经过层层筛选，去差留优，有条件的再对
看好的公司进行一些调研。几年来，我亲临上百家上市公司考察，深入了
解他们公司生产经营及财务状况。买入前，再长期跟踪有关公司的公告、
资讯及股票的走势，等达到理想的位置再进行低吸介入。"

采访中，水牛拿着他多年来一本本的选股日志，诚恳地说："剔除
20 多种有风险的股票，是我多年选股时坚持的一个重要标准。也希望
天下所有的朋友谨记，远离有问题的上市公司，以免选错股票，踏上'地
雷'。另外，我认为，操盘与选股的最高境界是做到心手合一，只看持
有的个股，不看账户的盈亏。因为在我的心中，选股的好坏，比盈亏更
重要！"

秘籍六：突破"缺口"战法

此战法也是水牛在实战中常用的一种盈利模式。

所谓"缺口"就是一种"跳空"行情。它是指某一交易（日、周或月）的股票成交的最低价，超过前一天（周或月）交易的最高价；或者是成交的最高价低于前一天交易的最低价，使日线图（周线图或月线图）的K线图上出现"跳空"的现象。

这种股价突破盘局区域的界线，向上或向下跳空突破所形成的缺口，大多发生在反转形态或整理形态完成的期间。如突破头肩形态的颈线、三角形态的水平线等。股价坚持的盘局持续的时间越长，在盘局中股价波动的幅度越窄，突破界线后的股价就越有活力，因而就越有可能形成突破缺口。

缺口战法要点：

◆ 不论是股价向上或向下突破，须有大成交量配合。并且，向上突破，其成交量必须持续扩大，但向下突破成交量是否继续扩大不是很重要。

◆ 所突破的缺口至少在三天以内不被封闭（所谓"封闭"就是指股价出现缺口时，经过数天或较长时间的变动，股价又反转到原来的缺口价位），后期冲新高便可买入。

◆ 缺口越大，力道越强。当天跳空缺口在上午10点半以前若不封涨停板，次日回落，第三天确定不回封缺口，果断买入，短期内会有20%～40%的涨幅。

◆ 作为投资者要特别注意：一旦出现向上突破缺口的行情时，应抓紧时机买进；出现向下突破缺口的行情时，应抓紧时机卖出。

实战案例：通光线缆（300265）。2018 年 12 月 25 日，该股低开向上震荡，午盘急速拉升涨停。26 日强势留下跳空缺口，一字板涨停。第三天又是跳空集合竞价涨停后回落，但三天内确认没有回封 26 日的向上跳空缺口，便可大胆买入，短期内有 30% 左右的涨幅（见图 2-30）。

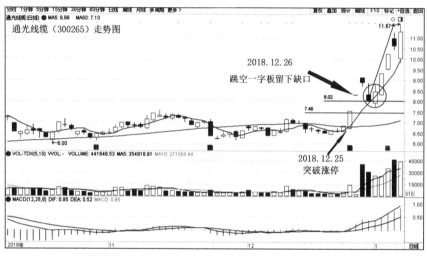

图 2-30　通光线缆走势图

秘籍七：移动止损战法

对于止损，投资者并不陌生，因为这是老生常谈的事情。尽管如此，但仍有许多投资者在操作股票时止损的意识不强，特别是股票在买入后下跌，不肯止损，常常抱着一种"它调整一下还会上来的"侥幸心理，甚至在连续的下跌击碎了他们的梦想后，他们还处于一种麻木状态，以至于亏损累累。这种买后下跌时止损的重要性是显而易见的。

还有一种情况是，股票在买入之后，价格连续创新高上涨，应该持有多长时间、何时减仓，又何时获利了结呢？一些人仍很纠结。过早空仓会放跑该赚的利润，出局太晚又没有抓住最大的利润空间，让过后的下跌吞没了早期的盈利。

而水牛的移动止损策略，正是帮你找到合理的卖出时机。在牛市，尤其可以帮你赚到主升、连板、妖股利润，及时保护你的盈利并不至于过早兑现利润，让盈利不断奔跑。

战法要点：

移动止损是向上设置止损的一种战法和策略。一旦股价按照预期方向上涨，已经朝上升的趋势移动了足够的距离以形成个新的基准点，止损价位就将上移。

例如：买入后股价上升，就将止损位移至建仓价，这是你的盈亏平衡点位置，即平衡点止损位。依此，操盘手可以有效地建立起一个"零风险"的系统，可以在任何时候套利全部盈利。平衡点止损系统建立好以后，下一个目的就是套利空仓。套利空仓具有很强的技术性，但是不管用什么空仓技术，随着股价上涨，必须相应地调整止损位置。如操盘手在 20 元买入，原始止损位设立在 18 元，买入后股价若单边下跌，可以在 18 元止损平仓；若买入之后股价连续创新高，可即时调整止损位。如股价上升至 22 元，可将止损位调整为 20 元，价格拉升至 26 元，止损位也升至 24 元。这样不仅锁定住了 20% 的利润，而且给了股票持仓继续盈利的机会。

移动止损战法的内容包括：

- ◆ 买入设定止损：买入股票后随着股价的向上不断拉升，立即调整初始止损价位，将其逐步抬高提升。
- ◆ 固定幅度止损：买入股票前，判断标的未来会有一定的上涨空间，待达到"目标位"，获得一定幅度的利润后，立马止"损"（盈）出局。
- ◆ 保本浮动止损：买入后股价迅速上升，然后回调，待股价回落到达或接近买入成本区时，先行保本出局，以防持续下跌的风险。

◆ 时间止损：高送转或具有一定题材的股票，密切关注其公告、信息及基本面和市场面的变化，设定好止损的"时间窗口"，如除权前夕或利好题材兑现前撤退。

◆ K 线形态止损：包括股价击破头肩顶、M 头、圆弧顶、形态颈线位等。

◆ 支撑位止损：股价跌破趋势线或击穿 30 日支撑线，应予止损。

综上所述，移动止损战法的具体实施方法主要分为固定幅度调整和技术型调整。固定幅度调整是指在获得一定幅度的盈利后将止损位提高，而技术调整则是指从均线、K 线、趋势、支撑位与阻力位等各种技术指标上对股价的运行轨迹进行分析，并设置相应的止损位。如在 5 日均线下穿 30 日、60 日均线形成死叉时，就需空仓止损。

需要注意的是，在止损操作中尽量保持客观性，在交易中主观的成分越少越好。

凡事预则立，不预则废。"截断亏损，让盈利最大化"是本战法的核心。事实上，止损不仅仅保护本金的安全，也决定了什么时候获利出局，使利润最大化，这与保护性止损的条件相同。

实战案例：盛运环保（300090）。2017 年 10 月 23 日，持仓盛运环保，到 2017 年 11 月 13 日，该股冲最高价 11.55 元，后期一直回落，在 11 月 23 日到达原始设置的高位移动止损位 10.40 元，一定要卖出。见图 2-31，若不设置移动止损，其后果不堪设想，后期股价暴跌到 2.08 元。

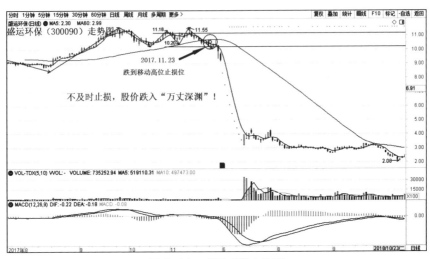

图 2-31　盛运环保走势图

秘籍八：大盘逃顶战法

　　在采访水牛的日子，我亲临他的操盘室，观察他的实战。发现他在做股票时，不论是做短线，还是做中长线的投资，都十分重视大盘，每天都始终把大盘的趋势放在首位。而之前在市场中，我也曾看到一些人每天做个股，很少去理会大盘。我问水牛，炒个股为何那么在意大盘？他有趣地回答道："股市如人生，大盘如父母，个股就像父母的儿女一般，没有父母，何来儿女？"

　　他说："股市是一个充满贪欲的地方，无论起初怎样理性，进入股市里的人都渴望着'取'，却常常忽略了'舍'，特别在股市行情看好的时候，大量的股民涌入股市，仿佛股票就是发家致富的摇钱树。岂不知，股市风云变幻莫测，得与失、穷与富近在咫尺，输了想赢，赢了想再赢，这就是 90% 的股民失利的主要原因之一。所以，炒股不能只低头做个股，要常看大盘的'脸色'，只要大盘不好，有见顶迹象，立马逃离，这是保住胜利成果的前提，也是走向成功，在股市能长期生存下去的重要条件。"

大盘见顶的三种类型如下：

短期顶部。这种顶部的形成并不意味着行情的终结，它仅仅是股票上冲过急时出现的暂时性调整。短期顶部通常没有杀伤力，稳健的投资者对此不必急忙退出；相反，如果对后市行情坚定看好，反而可以把握股价形成短期顶部的机会，积极地优化热点投资组合。

中期顶部。即通常所说的"阶段性顶部"。这种顶部的形成，宣告行情的发展将告一段落，此时中短线投资者和波段投资者都需要选择卖出。在具体操作上，应以逢高派发和止损离场为主，等待大盘明显消化调整压力、技术指标修复后再择机入场。

长期顶部。属于历史性的重要顶部位置，一旦形成后往往多年难以恢复过来。如2007年10月16日沪指见顶6124点，就是历史性的大顶。而对于个股来说，一旦形成历史性顶部后，有些个股甚至永远不能涨到原来的价位。因此，对于长期顶部的操作策略只有一种，即卖出。并且，在其股票持续下跌的过程中，不能随便抄底或抢反弹，更不能换股或补仓，以免越陷越深。

历经几轮牛熊的行情转折，水牛从自己的亲历中悟出判断大盘见顶的四个标准：

大盘顶部的判断标准之一：政策顶。他说，在中国股市，政策与大盘的走势有着极大的关联性。

2007年的5月，财政部提出提高股票交易印花税的政策，导致了"5·30"连续的暴跌事件的发生；2015年6月那一轮牛市"政策顶"的出现，同样明显。管理层多次出台去股市杠杆政策，对资金量能釜底抽薪，政策调控上涨节奏；当时，中央汇金高位减持银行股，是国家对股市"政策顶"的一个最明确信号。2018年初"中美贸易战"的摩擦，同样影响了大盘的一路下跌……

复盘中国股市每一轮股市顶部的出现，无不明显看到政策对股市的密切影响。

大盘顶部的判断标准之二：资金顶。资金是股市强大的"推动力"。资金量能的量价转换规律在2015年6月那一轮牛市进程中表现得再明显不过了。复盘这一轮牛市可以看到，量能从牛市底部2014年7月份不到5000亿元的周成交金额，攀升至牛市第一阶段（2014年8～10月）的5000亿～8000亿元的周成交金额，随后快速跃升至牛市第二阶段（2014年11月～2015年1月）的12000亿～21000亿元的周成交金额，随后疯狂攀升至2015年2～6月牛市顶部23000亿～55000亿元周成交金额。这一轮牛市顶部出现了两个资金顶的信号：一是天量之后见天价，天量成交金额已经把上证行情软件打到"爆表"，市场已经疯狂到恐怖的境地；二是"去股市杠杆"导致资金来源的不增反减，连环踩踏引发股指深度调整，资金量能已成强弩之末。没有更高的资金量能接盘来继续把天价天量筹码推向更高位，于是行情由盛转衰，最终发生股灾。

大盘顶部的判断标准三：技术顶。作为预判中期趋势的工具，MACD、KDJ等多种技术指标，在每次大盘见顶时，也都提供了重要的信号。如当年在2007年10月16日大盘创6124历史高点时，在大盘走势图上一峰比一峰高，在日线图、周线图上，MACD、KDJ等多种技术指标，却是一峰比一峰低，都出现了"顶背离"现象，明确显示大盘顶部的到来。

大盘顶部的判断标准四：市场顶。市场人士提醒，当证券营业大厅人山人海，人声鼎沸；当市场热到甚至大爷大妈和菜场卖菜的阿姨也都把手中的钱拿来买股票的时候；还有，当你家保姆也开始向你推荐股票的时候，市场就已在顶部或是顶部区域了。另外，当股市中出现大批的一元股和股价跌破净资产值时，当人们还在"谈股色变"时，市场的机会也正悄悄地走来。

如何逃顶? 水牛在他的大盘逃顶战法中，谈了以下几个要点：

◆ 大盘在高位，周K线放大量变绿柱，还每天创新高，一旦有一天出现 K 线连续 3 天不再创新高，就一定先减仓 30% 以上；连续 4 天不创新高，降仓 50% 以上；连续 5 天到 8 天不创新高，加 5 日线下穿 30 日、60 日线形成空头，坚决离场，空仓休息。

◆ 当大盘在高位放出异乎寻常的历史大量，即所谓"天量见天价"，是见顶的重要征兆。

◆ 盘面上指数连创新高，而 80% 股票已涨不动，MACD、KDJ 等技术指标出现背离，此时，警示顶部到来，请空仓出局。

◆ 密切关注证监会在高位发出的各种强烈监管调控股市的信号，如提高银行利率和银行储备准备金等信息，这些均是调控意图明显，要警惕大盘顶部的来临。

◆ 逃顶与止损，在于二十年如一日操盘经验的积累。股市如大海的波浪一样，有涨必有跌，有跌必有涨，更如远处的山脉，绵绵起伏。我们不必为跌而泣，也不必以涨而忘形，净化心灵，人股合一，让自己的股市人生更加精彩！

秘籍九：价值投资战法

水牛说，在股市中真正赚大钱的还是做价值投资，要选择发展前景好、成长性好的公司股票做价值投资。他一直跟踪十多年的股票有贵州茅台（600519）、中国平安（601318）、中国国旅（601888）、五粮液（000858）、片仔癀（600436）、长春高新（000661）等都涨了好几十倍。这些潜力大牛股都是跟人吃喝用行玩有密切关系的企业（见图 2–32 ～图 2–37）。

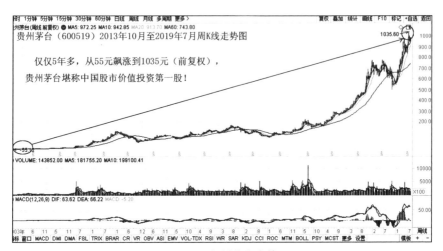

图 2-32　贵州茅台走势图

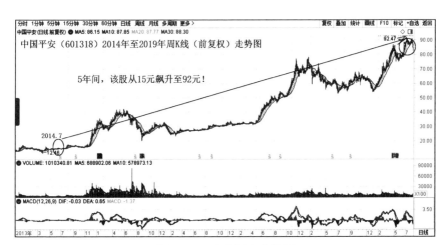

图 2-33　中国平安走势图

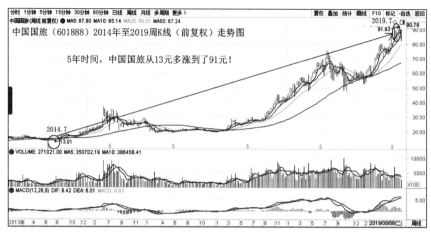

图 2-34　中国国旅走势图

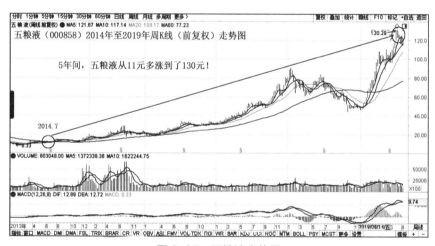

图 2-35　五粮液走势图

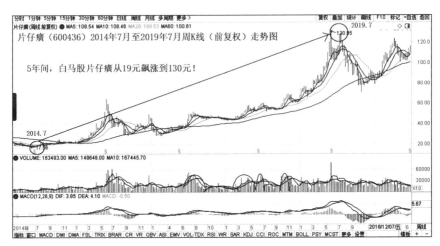

图 2-36　片仔癀走势图

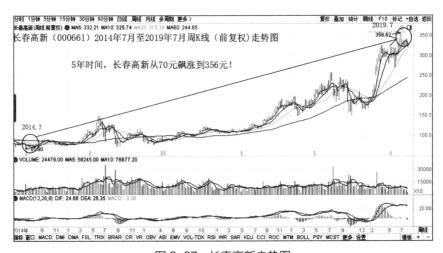

图 2-37　长春高新走势图

　　"有价值投资的大牛股，是股票市场中不老的神话，也是人们极为青睐的。但如何去挖掘和寻找未来能上涨 10 倍或数 10 倍以上的潜力牛股？你的选股思路和判断标准是什么呢？"采访中，我问水牛。

　　他认为这个问题很重要。这也是寻找 10 倍牛股的关键。根据 20 年来的实战经验，在如何对成长性好的公司股票做价值投资方面，他认为选股思路必须全部同时符合如下几个条件——

第一指标：PE（市盈率）。市盈率是股票的每股市价与每股盈利的比率，是判断股价水平是否合理的最基本也是最重要的指标之一。一般股票市盈率保持在 13～30 是正常水平，低于这个水平说明股价低、风险小；相反，高于这个水平说明股价高、风险大，选择购买的时候需谨慎。用市盈率除以利润增长率再乘以 100，PEG 小于 1，表明该股票的风险小，股价低。

第二指标：净资产。判断这只股票所属公司的前景好不好，一定要重视每股净资产这个指标。每股净资产是公司历年经营成果的累计体现，主要反映的是股东权益的含金量。一家上市公司无论上市有多久，只要净资产是不断增加的，尤其是每股净资产是不断提升的，就可以说明这家公司正在不断成长，是在走上坡路的。相反，如果公司每股净资产在持续下降，这家公司的发展前景就会令人担忧。也就是说，每股净资产数值越高、股票质量越好。一般而言，每股净资产高于 5 元，可视为中上水平。

第三指标：市净率。在股市行情并不乐观的时候，就要学会多看股票市净率了。市净率指的是每股股价与每股净资产的比率，也是股票投资分析中重要指标之一。对于投资者来说，想要选择风险系数较低的股票，市净率必须要看，因为这个指标越低的股票，其风险系数越低。尤其在股市行情低迷的情况下，市净率更是作为衡量股价安全边界的重要指标之一，不可忽视。

第四指标：毛利率。每股毛利率的变化是非常重要的指标。如果一家公司的产品价格经常变动，反映在毛利率上就是大幅波动，尽量不要选择。毛利率平稳上升的公司较安全。

第五指标：现金流。现金流指标是众多投资者在股票投资中参考较多的指标，主要分为自由现金流和经营现金流。自由现金流表示的是公司可以自由支配的现金；经营现金流则反映了主营业务的现金收支状况。比较健康的公司，现金流一定要充沛。经济不景气时，现金流充裕的公司进行并购扩张等能力较强，抗风险系数也较高，反之就说明抗风险系数较低。

第六指标：负债率。资产负债率 = 总负债 / 总资产。资产负债率又称"举债经营比率"，它是用以衡量企业利用债权人提供资金进行经营活动的能力，以及反映债权人发放贷款的安全程度的指标，通过将企业的负债总额与资产总额相比较得出。资产负债率反映的是，在总资产中有多大比例是通过借债来筹资的，也可以衡量企业在清算时保护债权人利益的程度。一般来说，资产负债率占40%～50%就比较合适。

第七指标：盈利水平。公司规模不同，盈利规模也各不同。中小板、创业板、主板的优质上市公司大部分利润都是上亿元净利润的正常水平。如果一家上市公司每年只赚个几百万元、几千万元的话，就不要考虑了。大资金价值投资主要看一年盈利上亿元以上公司。有的上市公司尽管盈利，但是如果不分红或者分红比例低的话，也不要考虑。比如，公司一年净利润1000万元，拿出100万元现金分配，持股10%的十大股东才得10万元，这样也太少，这样的公司就不考虑做长线投资。

第八指标：产品利润。行业产品独特，供不应求，永不过时，价格稳定性好，利润无限，每年派息分红比例高的公司，是做价值投资时重点考虑的对象。

做永远的股佛

> ➲ *20年来，他以一颗善良的心，关爱和帮助在"苦难"中博弈的投资朋友，向他们传递正确的投资理念与自己的操盘技艺，传递着他心中的大爱，许多人亲切地称他为"股佛"。*

水牛把大爱洒在酷爱的中国股市这块热土上……

20 年来，张水牛在中国股市取得一定成绩后，始终不忘还有许多股友仍困在股海中。他无私地伸出援手帮助他们，向他们传递正确的投资理念，传递他那独创的盈利模式。正如他常说的一句话："自己赚钱永远不算成功，只有大家一起分享、一起合作、一起赚钱才算真正的成功！"

哈尔滨有一个年轻的女子小肖，喜欢炒股，但一直苦于没有掌握赚钱的"门道"。一天，朋友向她推荐一位"高人"帮她"操刀"。在盲目崇拜下，她把结婚用来买房买车办婚礼的 500 万元，投入进去。

可是，没多久，那位"高人"不仅没有给她赚来钱，反倒亏了不少。半年不到，账户里的钱，已拦腰去了一半，亏得只剩下两百多万元了。她心急如焚，那位"高人"也向她坦白："行情不好，我已无能为力了。"

夜里小肖难过地看着损失惨重的账户，泪流满面。这些钱是男友家为儿子和她准备结婚用的。她是背着公婆一家拿来炒股，想在股市多赚点，让婚礼办得更风光点，可是现在竟输掉了一半的钱，这可咋向男友一家交代呀……

事情终没法瞒下去。她男友的父母知道了这件事，气愤地指责她是"败家女"，她和男友的这桩婚事亮起了"红灯"。

小肖难过极了。这时，一位好友介绍她认识了水牛。在微信中，当水牛得知她的情况后，让她先平复一下心情，并答应帮助她。此后，每天收盘后，小肖都与水牛联络。水牛也把多年的操盘心得与她分享，并亲自代她操作。经过一年的努力，水牛终于帮小肖回了本。她千恩万谢要感恩，都被水牛婉拒。她感激地逢人便说："要不是水牛的帮助，我的人生差一点毁在了这一次股市下跌上了。"

类似这样的事，又何止一件两件！

深圳有一个老板，原来是个生意人，可他看好了金融事业的未来，便转行成立了一个基金公司，发行了一个袖珍型 200 万元的私募产品。他只凭一腔热情带着团队的几个年轻人，就到股市里"拼杀"了起来。他不懂如何选股，听别人说哪只股票好，就买哪只，整天追涨杀跌，没想到，一年下来，账户上赔得只有 20 万元，损失了 90%！

他深深感到股市里的钱不是想象中那么好赚的。是继续投入挽回损失，还是退出这个行业？无奈和犹豫之中，他找到水牛向他请教。水牛听了他的炒股经历，为他分析失败亏损如此严重的原因：选股票不能听消息，要选有真正投资价值的股票，而且是低价股；然后长期持有，波段操作。他还在基本面分析和技术面分析上亲自指导他，使这位老板终于回到了正确的操作"轨道"上。几年过去了，这位老板的基金规模和产品都做得很优秀。

江西南昌有一位老总姓谢，在做"市值管理"中，听信别人的"承诺"，用几亿元的资金和 1∶5 的杠杆配资，以 9 元的价格买入了一只标的股，结果股价很快跌到了 7 元左右。他一直用放大的资金"硬扛"着手中的股票，但还是止不住跌势。目前，他每个月要还 100 多万元的配资利息，光还利息一年多就要上千万元。

面对如此的困境，谢总当时连死的心都有了。后经朋友引荐找到水牛，他一再肯请水牛："请您一定帮帮我。"

"这个不难，我告诉您一套模式，看能否帮您扛过去。"水牛说，"首先去掉杠杆，用 1∶5 的配资，是错误的。再就是你买了一只亏损股，市盈率达千倍，市值 100 多亿元，标的不对。投资大众的眼睛是雪亮的，谁会去买这样的股票？"然后，他给出了一个具体操作方案：

一是首先让市值管理的上市公司做出优秀的产品出来。

二是在此基础上，要做到每年分红，只有做到诚信，才能得到广大投资者信任。

三是立刻把 1∶5 的杠杆卸下，出掉配资部分，剩下的资金再在合规合法合情合理情况下，找一些大资金配合，再从低位慢慢补进已大幅超跌的股票。

谢总听了水牛的意见，很感激。在水牛的具体方案指导下，他们收购了一家军工企业，使公司的业绩逆势增长。同时，也实施了送股派现，最终，把原来亏损的钱又赚了回来。

还有一次，水牛和朋友在一家湘菜馆聚完餐下楼时，迎面碰到一个男子。擦肩而过时，那个男子突然冲着水牛说："是牛哥吧？听朋友说你做股票很牛！能给我传授几招吗？"这时，水牛也认出了眼前这位男子是他多年前认识的一个五金店的老板。短暂的交谈中，水牛得知这位老板也在炒股票，不太顺利。水牛就站在楼道上，为当年认识的这位老板讲了他常用的"笔记10%战法"，指点他如何用。后来，这名老板用水牛教的方法赚了钱，在电话里一再感谢当年的"牛哥"。

在帮助投资朋友时，水牛既传授理念方法，同时也无私地传授自己的操盘绝技。2018年，他应邀前往黄山市一家基金公司分享他多年来的股票投资经验。他毫不保留地一口气讲了几个小时，赢得掌声不断。第二天，他又给基金经理和团队操盘手们具体讲述自己的操盘招法，还现场拿基金公司账户实盘演示。他犀利的目光、快捷的判断和闪电般的操作技艺，使在场的所有人都赞不绝口道："原来，高手炒股是这个样子！"

水牛 19 句股市名言

水牛在多年的股票操作日志中，有许多心得体会。其中，有19句他自己总结的名言警句，在此献给广大投资朋友：

涨

突破

节节高

高抛低吸

趋势是赢家

不为小利烦恼

换手率不够不买

坚持止损保住利润

中国股市遍地是黄金

价值股要超跌看长短炒

操盘手远离急贪酒色赌懒

周 K 线的一个价托涨三个月

一元股的出现就是价值投资时

底部跳空向上走天打雷劈不放手

重复做成功的交易你一定会变富有

看不明白不买有风险不买不保险不买

渊深而鱼往之你心在哪里财富就在哪里

下苦功努力钻研让雄心与智慧在股市闪光

水牛有颗善良心诚信为本愿帮人助人求共赢

尾声：目标，藏在海浪的尽头……

转眼 20 天过去了。回忆近两年来与水牛的交往和这次深度采访，我无时不被他 20 年执著追求的精神所感动。尽管他取得了骄人战绩，但他仍然感到与自己的目标还差距甚远。

当我问起他今后的奋斗目标时，水牛说："时代在前进，金融事业发展很快。我要不断学习新的知识，不断向新的投资领域、新的征程迈进。我们目前的规模还要进一步扩大，要向更加正规化的目标努力前进。"

说到这，他望着我，深情地表达着藏在心头多年的愿望："早年入市时，我曾在菩萨面前发过誓：要让亲人、贵人、朋友和全天下的股友们都能投资顺利、得到幸福，分享中国经济高速发展给年轻的股票市场带来的机遇与挑战。我愿尽自己的绵薄之力，帮助那些仍处在股市低谷，需要鼓励支持的投资朋友们。"

"另外，在不久的将来，我还想在南海边建造一栋金融大厦。我将在这里和我的团队与广大投资者一起交流、一同操盘，免费为大家提供服务与帮助，和大家一起共赢。这算是我一生追求的一个宏伟目标吧！"

惜别，水牛再次约我到海边畅游。夕阳下，多情美丽的南海湾，一片金色。

我们一起跳入海水中，拥抱着滚滚扑来的浪涛。半个多小时后，我有点力竭。正游着，突然一个海浪打来，把我没在水中。待我抬头寻找水牛时，发现他早已游在几十米开外了。

我追赶过去。他笑着向我挥挥手。不一会儿，只见他又向着前方涌来的新的浪涛游去……

我知道，在他的前方，还有无数的"浪"。但，他会不懈地、永不停止地迎着一个浪又一个浪，一直向着浪的尽头，不畏艰难地去奋力搏击！

03

吴继国

———

"掌握了股市波动的核心规律，
赚钱便是定律！"

在 2015 年至 2019 年 4 年间"冰雪皑皑"的股票市场上，有多少人亏损累累？而他，却将 100 万元魔术般地变成了 3000 多万元，在残酷的行情中竟创造出了 30 倍收益的惊人奇迹！

在白雪飘飞的寒冷季节里，这一美丽的"神话"究竟是怎么发生的呢？本文所纪实的传奇故事以及他独创的"纳金波段交易系统"和十二大操盘绝技，将为你揭开其中的奥秘……

投资简历
RESUME

个人基本情况
Personal Information

吴继国，1970年10月12日生，大专文化，湖北荆门市沙洋县人，现居深圳和惠阳。

入市时间
Stock Market Entry Time

1995年底。

投资风格
Investment Style

技术为主，波段为王。以独创的"MK·纳金波段交易系统"精选出"破茧成蝶"强势个股，作为重点猎击目标，果敢出击，稳健持仓，达成目标，快速离场！

投资感悟
Investment Insights

何为股？股乃"月役"之合也。有道者"月役"能盈余之，少道者"月役"长损之，劳而无获也。

股道，乃学习、应用之能力也！

用心攻股道之术，数月役，术通之；用心悟股道之术，数月役，道通之！

术通之，道亦通之，则需心境之静；

心、道、术融合，则操盘胜境常伴之！

"纳金波段王子" 30 倍传奇

记中国股坛被尊誉为"纳金波段王子"的吴继国，在 4 年间利用其独创的"MK·纳金波段交易系统"，从残酷的股票市场中斩获 30 倍利润的传奇

近年，在深圳的股票"朋友圈"里，越来越多的人都在疯传着一个近乎"神话"又有一点"骇人"的"美丽传说"：有一个留有一脸漂亮大胡子、长相酷似萨达姆的吴继国老师，在"冰雪"般的股票市场，竟折腾出了一个"大动静"——

就是这位"美髯公"，从 2015 年 2 月始，竟用起始资金 100 万元，至 2019 年 4 月短短的 4 年零两个月时间，硬是把它像变魔术一样操作成了 3000 多万元。

整整翻了 30 倍!

你信吗?

反正，在中国证券市场一线采访了 20 年民间高手的我，听闻此事后，就直摇头：瞎编! 可能吗?

谁人都知，在经历了 2014 年 7 月至 2015 年上半年那波可谓"摧枯拉朽"的短暂"疯牛"行情后，中国股票市场便陷入了前所未有的"股灾"和持续的暴跌之中！

"风雪"中的大盘，一年复一年，一日复一日，一片绿色，极度冰冷。上证指数从 2015 年 6 月 12 日见到 5178 点高点后，6 月 15 日开跌，至 2019 年 1 月 4 日创下 2440.91 点的最低点，其间跌去了 2651.48 点，跌幅高达 51.32%！

真是惨不忍睹！

它，浸染着多少人的血泪和辛酸！市场里，伤痕累累，唉声一片！

倾巢之下，岂有完卵？

在这种残酷的大熊市里，能存活下来，真的实属不易。倘若能做到不亏损，或还能有所小赚，就可列为"高手"之列了。

而如今，竟有人能在这种残酷的市场里斩获 30 倍利润，那是啥概念？

当然是"骇人"了！简直可以说是"耸人听闻"！是"天方夜谭"式的"神话"！

不是吗？真不敢相信有这种事儿！

"吴老师"的崇拜者不少，据说，天南地北的，有数万吧。他们多次热心地发微信给我，向我举荐他们心中的"股市大咖"。

怀着一种好奇和肩负众人的期盼，我决意寻访这位在中国股坛创造出了 30 倍业绩的"奇葩"式的"股市怪杰"。

引子：波涛汹涌的股海中，流淌着一个美丽"惊人"的传说……

2019 年最为酷热的三伏天，我来到美丽的广东巽（xùn）寮湾海域度假区，终于与传说中的"美髯公"吴继国相识。

"白老师，您 20 年来在中国证券市场采访了无数的民间顶尖高手，对广大投资者帮助很大，能和您今日相见交流，真是难得的缘分啊！"一见面，他热情地握着我的手说。

尽管他"战功赫赫"，但态度却谦逊而真诚。他很关照我，见我年纪大，让我好好休息，不要太累，更不要熬夜。我们在高温天气里，面对风景如画的大海，采取了休闲式的"度假访谈"——白天，我们一起"泡海"，有时在高高的无边际的 UFO（飞碟）泳池中，一边畅游，一边望着周围高高耸立的棕榈树和几乎与 UFO 泳池连成一片的蔚蓝大海，无拘束地聊天聊地聊股票；有时，我们漫步海滩，交流心得。夜晚，我们听着窗外阵阵海涛声，品着茶，看着盘，常常忘了看"钟点"。"不好意思，白老师，不知不觉地，12 点多了，又让您熬夜了，真不好意思。我这人，喜欢跟人聊股票，聊着聊着就刹不住车。有时一兴奋，什么都忘了……"好几次，他说完此话后，我们都开心地笑了。

其实，我挺爱听他的"嗨聊"，爱听他讲 4 年间他操作的那些事儿。真是惊心动魄、激动人心呀！

一天天这样安逸开心地过着，肚子里装满了他的故事。包括小时候上学被老师罚站这样的囧事，还有许多留大胡子的趣事儿，他都全讲给我听。

我真的很庆幸这次的成功"卧底"。若不是和他一个多月同吃同住同操作，彻夜畅谈；若不是亲自察看他创造辉煌业绩的许多真实交易记录，我还真不相信曾经发生在他身上的事儿呢！

一段时间的采访，我了解了发生在被人们誉为"纳金波段王子"身上的一些传奇故事，我在微信朋友圈透露了些许信息以在读者中进行"预热"。没想到，信息刚发，瞬间，八方反响强烈。有的问，30倍确是真的呀？有的问，他做的是股票还是期货？我回答说"全部是股票"。那位朋友听了，直竖大拇指：这几年行情这么差，他竟做得如此好，白老师算遇到高人了！我们期待新书早早出版，让我们好好向他学习！还有个投资朋友问，他的操作系统是用哪里的软件？卖多少钱？我告诉她：他神奇的操作系统完全是他自己编程的，不卖钱，仅供自己和朋友操作用。那位朋友听了，发出了一片赞扬声！

…… ……

好了，此刻，我再也按捺不住内心的激动。我要把我一个多月来采访的所见所闻，毫无保留地奉献给亲爱的读者们，让我们跟着"美髯公"吴继国，一起走进他那梦幻般的传奇故事中吧……

"井喷黑马"，从渤海湾启航"腾飞"

➲ *一轮行情，一次机遇，一次"神操作"，赚取60%的利润，使中国股市的一匹"黑马"加足了油，铆足了劲，从渤海湾脱缰而出，启航奔腾……*

每一个成功者的起步和爆发都是令人难以忘怀的。"淘第一桶金"的那段难忘经历，往往会萦绕在一个人心底很久很久，甚至影响他的一生。

吴继国也不例外。

一次在广东惠州巽寮湾"泡海"中，当我从 30 倍传奇故事的原点——那 100 万元"启动资金"追问起时，他显得异常激动。望着无垠的大海，吴继国忆起 4 年来在波涛汹涌的股海中博弈的点滴，尤其是在扬帆启航的那一段经历，兴奋中掺杂着少许的无奈，让他永远无法忘怀。

从涨潮一直讲到退潮，他的思绪，把我一下带向了遥远的渤海之滨。那是他梦起的地方，也是这匹股市"井喷黑马"腾飞的原点！

壮志踌躇，"七年等一回"

那是 2013 年 10 月，吴继国受国内某投资机构的委任，离开深圳赴大连组建一个交易中心，并担任金融学院院长，兼任投资总监。

当时，市场低迷，熊气一片，直至 2014 年的上半年，都没有丝毫要"回心转意"的样子。

然而，经历过几轮牛熊洗礼，市场嗅觉力极强的吴继国，从当时凛冽的"寒夜"中，似乎感到了一股暖流在暗暗地涌动。大盘从 2007 年 10 月 16 日创下 6124 高点后，开始暴跌至 2014 年 6 月 20 日的 2010.53 的最低点，已回调了 80 个月，跌幅高达 65.97%，下跌了整整 7 年啊！

7 年来，吴继国和千万投资者一样，心中无时不在呼唤着春天的到来。他想，世事皆有律，牛熊会轮回。物极必反，暴风雨过后必见彩虹。目前虽然调整趋势依旧延续，但曙光与机会已与我们不远了！

那段日子，他每天都在极度关注着经过 7 年磨难的大盘的每一个细小的变化。渐渐地，他从盘面那些"先知先觉""蠢蠢欲动"的个股表现洞察到，一波大的上涨行情，此刻正在悄悄地酝酿着。

7 年等一回。当时，已入市 19 年积累了丰富经验、并成功创立了"MK·纳金波段交易系统"的吴继国，十分珍惜他预判的即将来临的大行情。但"满腹经纶"怀揣着一肚子操盘"绝技宝贝"的他，那会儿的资金规模还很小，他一边企盼着大行情的早日到来，一边在千方百计地寻找合法合规的大资金进行合作。

他先后与深圳、东莞多家投资机构进行过交流洽谈合作，但当时人们都还处于熊市的思维中，对吴继国所说牛市即将到来的行情预判，均持怀疑态度。

眼看着时间越来越紧迫，市场频频出现"异动"，个股逐渐活跃，坚信自己判断的吴继国真切地感悟到大行情即将爆发。

无奈的他，此刻，心急如焚！挫折，并没有让他退却，而是更加激励他去努力地在市场上寻找机会。

老天终于顾及执著追求和有准备的人。经朋友介绍，这时，大连一家公司邀请他洽谈投资操盘合作事宜。

2014 年的国庆节过后，吴继国事先精心准备好了操盘计划、投资方案、风险控制措施等一整套投资策略，经过充分的沟通，很快得到了合作方的审核和认同。此后两周，经过"试操作"的"考试"，他以优异的战绩，得到了这家公司投资部门和公司领导的一致赞许和认可。

迅即，1000 万元操盘资金准备就绪。一场战斗，就此拉开序幕！

精选标的，慧眼识宝

"当时，你接过了操盘重任，拿到了 1000 万元的操作资金，心里首先想的是什么？"采访中，我问吴继国。

"我首先想的是选什么样的股票，既能保证资金的安全，又能获取最大的利润。这毕竟是我首次操作的千万元的大资金，资金安全和合作信誉，比什么都重要。"他坦诚地回答道。

"那你首次进行大资金操作，当时选好了什么股票？"我问。

"兴业银行！"吴继国回答得果断且信心满满。

"哦哦，原来是银行股啊？那可是市场上众人都回避的'超级航母'蜗牛股呀！"听后，我不禁一愣。

其实，无论谁，都可能和我一样，有点疑惑与不解。毕竟，吴继国与众人的想法不太一样。

"那么，你的选股思路和标准是什么呢？"

"我有三条原则。"吴继国认真地回答说，"我当时的选股思路是：第一，选择能扭转大盘熊市、发动大牛市行情的超跌权重板块；第二，选择业绩优秀且全市场估值极低的金融板块；第三，选择金融板块中绩优、活跃、适合大资金操作的银行个股。"

"金融板块包括保险、证券和银行三大类，为什么你没有选择保险与证券板块个股，却对银行股情有独钟？"我问。

"因为我在选股时做了大量的'功课'，曾认真地比较了银行、保险和证券三大类金融个股。从中发现，保险类个股相对来说数量少，价格普遍偏高。在一波上涨行情中，保险板块的启动时间和涨幅，往往总是晚于和小于银行和证券板块。而证券板块个股，相较于银行和保险个股来说，上市以来遇到突发性或大幅波动性行情，个股跌停板的家数和次数都多于和大于银行及保险类个股。再查看银行板块，首先是整体业绩非常好，市场估值非常低，PE大都小于8，价值洼地非常明显。其次是从安全性角度考虑，银行个股上市以来的跌停板次数和跌幅，都明显少于和小于证券、保险及其他板块，安全性相对较高。即使遇到突发事件，进出及风险控制的及时性都要好于其他板块，为账户提供了极高的安全度，这便是我青睐它的重要原因。"

"原来如此！难怪在历来小盘股的操作已深入人心的市场上，你这么看好众人都回避的'超级航母'银行个股。"听到此，我不禁感到他选股的"精明"。

"那你为什么最终选择兴业银行作为你的操作目标股呢？"我追问道。

"因为查看整个银行板块个股，从净资产、每股收益、市盈率、市场活跃度比较，排名靠前列的银行股有招商银行、浦发银行、兴业银行、平安银行、北京银行、南京银行等。而比较下来，从历史表现看，兴业银行的现价大幅低于每股净资产，股性非常活跃，其流通市值适中，适合众多资金重仓参与。最重要的是，兴业银行在历史上出现跌停板的次数极少，安全性相对较高。所以，我最终把操作目标，锁定在了兴业银行这只个股上。"

选股是通向成功的第一要件！听了吴继国翔实讲述他的选股思路，我终于明白了，他能创造 30 倍传奇的辉煌，每一步都付出了艰辛的努力和巨大的劳动！

"质疑"中坚守，压力中前行

2014 年 10 月末，吴继国正式开始"征战沙场"。

他是个地地道道的"纯技术派"的操盘者。他对兴业银行为时 53 个交易日（77 个自然日）的"围猎"，从建仓到加减仓、持股以及最后斩获丰厚的利润实现"胜利大捷"，大多是用他独创的操盘"绝技"来完成的。

2014 年 10 月 27 日这天，兴业银行在盘中向下"砸"出了一个非常"奇特"的最低价：9.99 元。这个数字，不仅一下子吸引了吴继国，也让他在心里暗暗惊喜。吴继国看到这个绝佳的抄底信号，心想："该出手了！"

但，他还等待着那"临门一脚"的机会。

没想到，机会来得真快。仅隔了一个交易日，10 月 29 日，兴业银行就放量"一阳穿三线"，股价一举同时上穿 5 日、10 日和 20 日均线。吴继国以 10.27 元的价格买了 100 万元的股票，进行首战的"试仓"。

之后几日，他在主力不断的"震荡洗盘"中，高抛低吸，逐步加仓，直到 11 月 27 日，股价突破前期于 2014 年 8 月 1 日创下了 11.23 元的最高价，同时 MACD 中的 DEA 指标在 0.1 上与 DIF 金叉，行情起涨信号显现，他实施最后一次加仓。

至此，吴继国完成了 70% 建仓计划（持仓 68.1 万股，所用资金
720.51 万元，成本均价 10.58 元 / 股）。此时，账户资产在建仓中经高抛
低吸，变为 1058.40 万元。

其实，吴继国在对兴业银行建仓过程中，承受着巨大的压力。特别
是总资金的 70% 建仓计划完成时，当时股市行情还没有走出大牛迹象，
见到兴业银行走势依然不死不活、阴 K 线不断的样子，人们议论纷纷：

"买银行股这种老蜗牛？非亏得找不到北！"

"请来的这个大胡子吴，到底有没有料啊？别把公司的钱给打水漂了
呀！"

公司上下，不少人在质疑和热讽。

建仓完毕的当天下午，公司投资部门经理也找他谈话："吴老师，你
怎么这么快就建了 70% 的仓位，大盘现在还不太好，你不怕亏了？是不
是有风险啊？"

"不要紧，我设好了止损位。"吴继国说。

"你对行情和兴业这个票，这么有把握？万一看走眼了咋办？"

"凭十多年的操盘经验和我建立的操作模式，我有把握，也有信心。"

尽管吴继国如此回答，但面对众人的质疑、议论，自接受任务起，
他就没有睡过一个安稳觉。

他的压力如山！

希望在压力中爆发。2014 年 11 月 28 日，在吴继国猎击兴业银行这
场战役中，可谓是极为关键的一天，也是他最为铭刻于心的一天。

这天上午 9 点半，兴业银行以高出昨日 5 分钱的价格开盘，整个上午
股价一直在分时均线上下缠绕震荡。但，盘中偶尔显露的紫色大单，让
吴继国看到了"大潮"即将袭来的征兆。

他静静地盯着盘面，等待着。

果然，下午开盘后，一股"巨浪"终于掀起撼天大潮！沉默多日的兴

业银行终于爆发了!

密集紫色买入大单如潮水般涌来，一根蹿天的大阳，拔地而起! 股价强力上穿 450 日均线。这条线，是吴继国多年研究得出的一波大行情来临启动的标志性均线。这根大阳 K 线，也带来了 10 日与 20 日均线在 60 日均线上方的再次金叉，为主升波段的拉升行情，打下了坚实基础。

这天的大涨，股价创出 12.19 元的新高，收盘涨幅达 8.59%，远远脱离了吴继国建仓的成本区。当天账户已浮盈近 170 万元利润了。公司上上下下一片振奋! 冷讥热嘲，不再有声。

此时的吴继国，长长地舒了一口气!

妙用"绝技"，展现"神奇"

然而，有涨就有跌。特别是股票行情走势中的每一根阴 K 线，都揪着每个人的心、刺激着众人的大脑神经!

自 2014 年 11 月 28 日，兴业银行上穿 450 日这根重要大行情均线后，至 2015 年 1 月 6 日创出 17.49 元波段高点期间，股价在持续上涨过程中，先后有"7 组阴 K 线"收盘。

在历时股价宽幅震荡的 25 个交易日中，吴继国依靠他独创的"九阴真经波段战法"，稳健持仓，不为所动，且逢低加仓，高抛低吸。

但，每次收阴 K 线吴继国持仓不动时，他都会受到来自公司领导的"询问"。

2014 年 12 月 9 日，兴业银行以跌幅高达 8.05% 的阴 K 线收盘，一根大阴棒耸立盘中。顿时，领导揪起了心："你看，都出大阴线了，还不跑呀? 我们毕竟已赚了 31%，不少钱啦，先保住利润再说吧! "

12 月 12 日（周五）和 12 月 15 日（周一）兴业银行再现两根阴 K 线。有关"头头"看到吴继国继续持仓不动，有点坐不住了："吴老师，我们虽然赚了钱，可也要注意风险哟！不然，来回坐电梯，又把钱赔回去，就可惜了！"

12 月 23 日、24 日，兴业银行股价又连续两天下跌收阴，24 日收盘跌破 10 日均线。投资部门负责人与公司领导见吴继国在下跌中持股未动，没有操作，非常担心大盘与兴业银行的走势，焦急地询问他情况。

面对领导每一次不安和疑虑的询问，吴继国都非常自信、耐心地告诉他们：

"读懂股票上涨中的阴 K 线，十分重要。其实，上升途中出现阴 K 线并不可怕。它往往是主力洗盘的一种行为。根据我多年来运用'九阴真经波段战法'操盘的实战经验，'九阴真经'中的'9 组阴 K 线'不走完，未来就仍有上涨的利润空间。所以，我们现在持有的兴业银行，相对安全，风险可控。"吴继国接着说："不用担心账户安全，因为几次高抛低吸操作后，我们的每股平均持仓成本是 10.58 元，设好 12 元整数关口保底利润即可。股价只要不破 20 日均线，波段行情仍然可持续，请坚定我们的持股信心。"领导听后将信将疑，只是一再叮咛和提醒：保住利润，注意风险。

12 月 25 日，兴业银行以 14.01 元（1.67% 涨幅）略高开，稍作小幅回调便一路上冲，收盘 14.49 元，涨幅 5.51%，一根大阳再次上穿 10 日均线结束调整。至此，"九阴真经"中的"6 组阴"的形态走势确认，与预判走势完全一致。吴继国清楚地意识到，波段拉升即将展开！刚收盘，他接到公司老板打来的电话："晚上一起吃海鲜！"

晚餐交流中，领导说："以往我们看见阴线早就吓傻了、卖光了，哪会持股时间这么长！更不用说账户利润突破 40% 了。你还有这么好的心态，真行啊！"说到这，那位领导神秘地笑着问："吴老师，你这个'九阴真经'是个啥东西哟，神叨叨的这么牛！看你的操作，我们不得不佩服你的'独门绝技'和你对股市规律的精准把握啊！"

"呵呵，'九阴真经'是我在多年的实战和探索股市规律中，总结出来独创的一套战法及操盘策略，是专门针对大资金做波段操作的一种战法。我之所以能看清趋势、震荡中坚定持股，稳定盈利，控制风险，靠的都是它！这算不上神秘。"吴继国谦诚地回答道。

2014 年 12 月 26 日下午 1 点 7 分，兴业银行股价上涨突破 14.85 元，吴继国再次加仓买入 15 万股，之后该股呈单边加速上涨的走势。12 月 29 日，该股以涨幅高达 6.96% 的 16.10 元开盘，随后在 9 点 35 分冲击涨停板。投资部门经理紧张兴奋地问吴继国："吴老师，公司领导来电话询问，你看我们的账户利润已超 50% 了，要不要全卖了？"

吴继国回答说："从技术分析上看，兴业银行的 MACD 指标、10 日、20 日均线、均量线等指标，目前均呈现加速上涨态势，ROC 指标为 17.36，即将上穿 20 数值，也是非常强势的征兆。今日的阴线为'九阴真经'的第 7 组阴，综合盘面技术分析，兴业银行后市将出现加速上涨冲顶之势！因此可以考虑卖出已盈利的加仓部分，保持底仓不动，提升止盈价为 15 元，以扩大盈利战果。"

听了吴继国的分析，这位投资经理点点头，笑着说："吴老师真牛！可你的操作，也真让人感到悬乎哟！"

2015 年 1 月 13 日，兴业银行盘中震荡，收盘时形成小幅下跌的小阴线，吴继国敏锐地觉察到这是一根"高位变盘 K 线"！同时，"九阴真经模式"的九组阴线已全部出现。他预判：兴业银行自 2014 年 10 月 27 日 9.99 元最低价以来的波段上涨行情即将走完。

综合分析后，吴继国在尾盘集合竞价，果断地以 15.89 元全部清仓卖出兴业银行。当日，领导询问了卖出原因，吴继国告知：高位出现"变盘 K 线"发出卖出信号，加上"九阴真经"的"九组阴"已出完，波段上涨行情全部完成，是控制风险、该撤离战场的时候了。

收盘后，吴继国操作的账户总资产已达 1423.50 万元，总获利 42.35%。若按 70% 操作仓位计算，获利率已超 60%。

至此，他对兴业银行惊心动魄的波段操作，以大获全胜结束，完美收官。

庆贺"神操作"，开启新征程

吴继国清仓卖出兴业银行之后的 2015 年 1 月 14 日、15 日、16 日，该股再次上穿 10 日均线，又连续上涨 3 个交易日涨幅达 5.66%。

见状，公司领导问吴继国：咱们兴业银行 1 月 13 日是不是卖早了啊？

吴继国回答："按我的'九阴真经'操盘战法，我们持有的兴业银行股票，已卖在了波段顶部的高价圈了。我们不要过于计较它后面冲高的得失。保护利润，控制风险，保证资金安全更为重要。"

2015 年 1 月 19 日这天，兴业银行以跌幅高达 9.47%（15.20 元）开盘，中午收盘封在了罕见的跌停板上。直至下午 3 点收盘，封死的跌停板没有再打开！

见此，公司领导惊奇地给吴继国打来电话："哇！没想到，兴业银行今天跌停板啦！吴老师，还是你判断得对，真准啊！"

整个下午，公司领导和投资部都处于极度兴奋状态，都在讲述着吴继国胜利大捷的故事，庆贺他卖出及时，规避了跌停板风险。

兴业银行跌停这天，是吴继国实现胜利大捷的第 4 个交易日。收盘后，他接到了公司聚餐庆祝和投资分享的隆重邀请，其后结算了酬劳金。

兴业银行之后走势：2015 年 1 月 23 日，兴业银行的 10 日与 20 日均线正式死叉，宣告历时 63 个交易日（2014 年 10 月 27 日至 2015 年 1 月 23 日）的波段上涨行情全部结束（见图 3–1）。

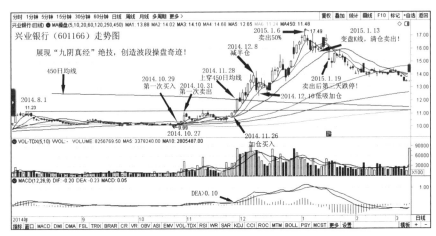

图 3-1　兴业银行走势图

其后，兴业银行股价持续下跌 26 个交易日，直至 2015 年 3 月 9 日股价以涨幅 8.72% 的大阳线再次上穿 10 日与 20 日均线，结束了下跌调整，展开新的一段上涨行情。

而也就在此时，吴继国以结算的酬劳金，正式展开了他的"百万元操盘计划"，迈向了股市新的征程！

4 年 30 倍辉煌历程实录

    4 年间，在熊途漫漫的股市沙场上，他凭借自己的聪明才智与独创的交易系统，神奇地把 100 万元变成 3000 万元。他是怎样延续着渤海湾的辉煌，谱写出"30 倍传奇"新篇的呢？4 年的实战纪实，袒露出一切……

2015 年 1 月 24 日。周六。大连周水子国际机场，寒风凛冽。但此刻即将飞赴深圳的吴继国，内心却激情澎湃。

头一日，他辞去了在大连的一切职务，决意赴深圳专职操盘，开启他的"百万元操盘计划"。

"百万元操盘计划"，缔造 30 倍传奇

下面，根据他的"操盘记事"，让我们通过"回放"那一个个充满智慧与绝技的精彩操盘实例，寻觅他账户资产暴涨、创造 30 倍传奇的轨迹。

2015 年 1 月 26 日至 5 月底：账户总资产突破 300 万元

2015 年上半年的股市行情，是众多投资者都不会忘记的。大盘延续着 2014 年年末的火红行情，上证指数从 2400 多点，一个劲地往上攀升，直到 2015 年 6 月 12 日创下 5178.19 高点，指数翻了一倍后暴跌。

在这波如火如荼的"疯牛"行情中，吴继国也趁着这波猛烈的"火势"，不失时机地对海信电器（600060）、市北高新（600604）、健康元（600380）和永新股份（002014）进行了重仓式的成功操作，获得了两倍的收益。

此外，自 2015 年 3 月至 5 月，大盘在"赶顶"期间，沪深两市成交额屡破万亿元，市场配资行情异军突起，火爆异常！人们情绪极度亢奋！吴继国看到风险在积聚中，这期间，他还轻仓做了哈高科（600095）、得润电子（002055）、上海电气（601727）等个股，均有收获。

截至 2015 年 5 月底，他的账户总资产突破了 300 万元。

实战案例： 首战"海信"，斩获 58.73% 利润。

对海信电器（600060）的操作，是吴继国"百万操盘"的首战，也

是他打的第一场漂亮的围猎战。

那是 2015 年 1 月 26 日，周一，他刚刚从大连回到深圳后的第一个交易日。

这天下午 2 点时，吴继国见海信电器（600060）在盘中出现密集的千手紫色大单拉升，股价上穿 10 日均线，有突破强势整理平台的意愿。于是，他果断地以 12.60 元全仓买进 93600 股，用资金 117.9 万元。

其实，吴继国对海信电器，在大连操盘时就已看好，十分关注它。

"为何这天要买入海信呢？"采访中，我问他。

"我当时买入它的理由有四点。"他说，"一是海信电器是只高成长的绩优概念股；二是它的 MACD 趋势指标中的 DEA 值 =0.16，在 2015 年 1 月 19 日至 26 日已经横盘了 6 个交易日，这符合我独创的'DEA 横盘 ≥ 3 天抓涨停板战法'。这一战法是专门用来捕捉连续涨停板的绝技之一；三是买入海信电器的 1 月 26 日这根阳 K 线，属于'九阴真经'中'第二组阴'后的阳 K 线，是波段起涨 K 线；四是其后的 1 月 30 日跳空涨停板，突破了 2014 年 9 月 16 日涨停板后第二天的 12.93 元最高价，形成了我的操作体系中'破茧成蝶涨停板'的突破形态，确立了拉升行情！"

"你是何时卖出的？此次操作收益如何？"

"我是在 2015 年 2 月 16 日，早盘集合竞价挂单 20 元，开盘后在 10 点 13 分时成交。这次操作前后持股 16 个交易日，其中有 4 个涨停板，获利 69.26 万元，收益率为 58.73%，账户总资产增长到 187.3 万元（见图 3–2）。"

图 3-2　海信电器走势图

实战案例：激战永新股份，捕获 7 个"冲顶"涨停板。

2015 年 5 月 4 日下午 2 点 25 分，吴继国在"5 分钟涨幅榜"上，突然发现永新股份（002014）有"异动"，这立刻引起了他的关注。

因为就在几天前的 4 月 29 日复盘时，他就看到这只股在这一天实施"一阳穿三线"，股价向上突破 5 日、10 日和 30 日均线。此时异动为哪般？他立马打开分时走势图查看，只见密集的千手紫色大单快速拉升，分时图一条近 90 度的直线飙升！

"此股要启动了！"吴继国敏锐地觉察到。

刚好就在这时，吴继国"操盘训练营"的李班长走进他的办公室。刚一坐下，他就对吴继国说："吴老师，我最近股票做得不太理想，有好的股票给我推荐一下，好吗？"

"就买这只吧，永新股份。它今天盘中有异动，而且股价向上突破了 4 月 3 日那根'控盘 K 线'13.12 元的最低价；4 月 29 日又一阳穿三线，当天 DEA 指标为 0.59（DEA>0.4），是波段拉升信号。"吴继国指着永新股份的分时走势图和 K 线走势图，给李班长详细分析道："还有，你再往前看，永新股份从 2014 年 12 月 22 日的最低价 8.25 元涨到现在，总共 88 个交易日，涨幅达 53.64%，可盘中没有出现一个涨停板。那么，我问你，它的涨停板去哪了呢？"

李班长听着吴继国的问话，疑惑地摇了摇头。

"根据我多年的看盘操盘经验，我总结出了一套在上涨波段中判断涨停板出现的位置口诀：'前无板，中无板，冲顶全是涨停板！'所以，我断定，后市永新股份以涨停板完成波段冲顶的概率极高。"吴继国信心满满地对李班长说。

李班长边看边听边点头。

就这样，这天，吴继国以 13.29 元的收盘价买了 8 万股永新股份，用资金 106 万元左右。李班长在吴老师的指导下，也买入了永新股份。

5 月 5 日，买入该股的第二天，收阴。盘中股价跌破 20 日均线，但收盘于 5 日均线之上，吴继国没动，李班长也没有动。

5 月 6 日，下午 1 点 10 分左右，该股急速拉升，最高涨幅达到 5.9% 后回落。大约在下午 1 点 30 分，李班长见盘中分时图高位出现下跌的"M 头"卖出信号，有点害怕，没对吴老师说，小赚，先溜了。当天该股收了一根留有长上影的阳 K 线。

令李班长没想到的是，他卖出永新股份后仅隔了一个交易日，5 月 8 日，该股拉出一根中阳线，涨幅达 7.16%。当日永新股份收盘于 13.92 元。

5 月 11 日，永新股份突破 4 月 3 日控盘 K 线最高价 14.19 元，MACD

终于出现红柱，确立了后市上涨行情。

5月19日，永新股份拉出第一个涨停板。吴继国在QQ上@李班长："永新涨停板了！"李班长回应了一个"笑脸"。

第二天（5月20日周三），永新股份以第二个涨停板收盘。当晚"股市沙龙"上，吴继国问李班长："永新股份两个涨停板，赚了不少了吧？"李班长苦笑着说："我早就跑了。"吴继国愣了一下问："啥时候卖的？"李班长有点后悔地说："5月15日那天阴线快收盘时，我怕要跌了，就全卖完了，算保住了本吧！"说完，他看着永新股份连续涨停板的K线走势，有点懊悔地苦笑了一下。

而吴继国则是坚定持股。直至5月27日，在永新股份拉出第七个涨停板27.49元开盘快速跌破27元时，以26.85元悉数卖出。这次操作，他赚取的利润高达108.45万元，收益率102%（见图3-3）。

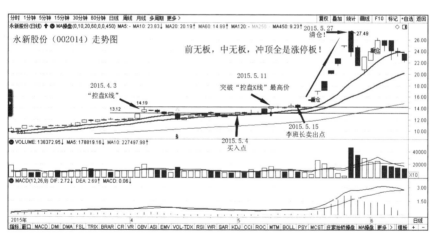

图3-3　永新股份走势图

2015年5月30日，账户转出资金150万元，账户资金余额约150万元

2015年5月30日，吴继国从账户中转出资金150万元。一是为控制风险；二是在湖北荆门老家买房。截至2015年6月9日，其股票账户显示资产总值 147.32 万元（见图 3-4）。

查询资产

人民币

资金余额	735943.16	可用资金		735943.16	资产总值		1473208.16	股票市值		737265.00	

序号	股票代码	股票名称	股票余额	可卖数量	成本价	最新价	持仓成本	参考盈亏	盈亏比例（%）	持仓市值	证券市场
1	002353	杰瑞股份	100	100	40.508	44.350	4,050.800	74,141.730	1,830.298	4,435.000	深A
5	600256	广汇能源	0	0	11.334	12.200	0.000	37,593.470	10.175	0.000	沪A
3	002177	御银股份	100	100	15.622	21.230	1,562.180	35,698.640	2,285.181	2,123.000	深A
2	600655	豫园商城	0	0	23.476	23.660	0.000	9,839.370	2.096	0.000	沪A
6	000425	徐工机械	32,500	32,500	16.949	17.840	550,839.560	6,463.610	1.173	579,800.000	深A
4	002245	澳洋顺昌	100	100	11.309	13.070	1,130.900	5,506.730	486.933	1,307.000	深A
7	000402	金融街	10,000	10,000	15.160	14.960	151,601.180	-2,001.180	-1.320	149,600.000	深A
合计			42,800	32,800				¥167,242.370		¥737,265.000	

图 3-4　吴继国账户资产总值 147.32 万元

2015 年 6 月至 12 月底，账户总资产达 543.7 万元

实战案例： 在暴跌中"捡皮夹子"，"报喜鸟"股灾中送"银子"。

2015 年 6 月 12 日，大盘在创出 5178.19 点高点后，于 6 月 15 日（周一）开启了残酷的"1.0"股灾，高位暴跌，狂泻不止！无情的"屠刀"下，多次千股跌停行情在 A 股市场演绎，导致有关部门更改股指期货交易规则。证金、中金、汇金、社保等机构"紧急救市"！

吴继国一直坚守着他的操盘铁律，在 2015 年 5 月 27 日卖出永新股份后，感觉市场太过疯狂了，好像 2007 年大牛"赶顶"的感觉，而且特别强烈。于是，他就停止了操作，一直空仓以待。但他时刻在等待和寻觅着暴跌中的机会。

2015 年 7 月 8 日上午收盘，绝大多数个股都趴在跌停板上纹丝不动。下午开盘后，吴继国在他的看盘预警系统中，突然报喜鸟（002154）出现 3214、2044 两笔千手买入紫色大单，并打开了跌停板。13 点 3 分该股在 4.99 元跌停板价位，再次出现 13.73 万手、4.03 万手、11.65 万手等密集紫色大单。股价异动快速拉升，率先出现在 5 分钟涨幅榜，主力扫货意图明显。此时，其他个股也纷纷打开跌停板展开反弹，上海凯宝更是上演了从跌停板到涨停板的"天地板"反转行情！但好景不长，许多个股 14 点 15 分又回到了跌停板上。报喜鸟在 14 点 22 分左右再次出现密集紫

色大单，股价打开 4.99 元跌停板，上涨到 5.15 元，之后又快速回落到跌停板 4.99 元。

"机会来了！"快临近收盘，吴继国果断以跌停板价 4.99 元下单买进 10 万股报喜鸟，成交。

经过 7 月 8 日当天宽幅震荡，以及晚间各大新闻报道，吴继国预感行情将要超跌反转。于是，他在 7 月 9 日早盘集合竞价 5.10 元报单加仓买入 5 万股报喜鸟，开盘全部以 5 元成交。至此持股 15 万股（75 万元，50% 仓位，持仓成本 5 元 / 股）。当日该股以涨停板 5.49 元收盘。

之后，报喜鸟不断"报喜"，连送"银子"，先后拉出四个涨停。

2015 年 7 月 15 日，报喜鸟开盘快速跌破昨日涨停板的收盘价，9 点 34 分在它快速反弹时，吴继国以 7.45 元全部卖出。此次操作仅 6 个交易日，他在暴跌中捡了一个大大的"皮夹子"，赚取利润 36.6 万元，获利 48.7%（见图 3–5）。

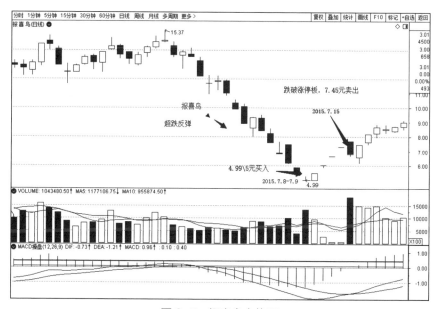

图 3–5 报喜鸟走势图

其时，他的账户资产总值增至 181.1 万元。

实战案例：洞察主力动向，决胜"梅雁吉祥"。

在跌宕起伏的股票市场上，只有时刻洞察主力动向，才能知己知彼，百战不殆。吴继国对梅雁吉祥（600868）的成功操作，正是源于他对主力有着极强的洞察力。

2015 年 8 月 7 日下午 1 点 59 分，梅雁吉祥"分时冲击波"突然快速拉升，出现在 5 分钟涨幅榜。股价从下跌 1.78%（4.96 元），5 分钟之内突然上涨 7.92%（5.45 元），万手密集紫色大单成交量蜂拥持续出现，主力扫货坚决！

下午 2 点过 3 分股价回落时，吴继国以 5.45 元买进 10 万股（1/3 仓位）。没曾想，该股其后成为证金持股概念的龙头股。

之后，他一直持股享受着梅雁吉祥火箭般的拉升。8 月 18 日，早盘梅雁吉祥以涨停板（10.84 元）开盘，10 点 35 分打开涨停板放量下跌，吴继国以 10.30 元迅速卖出（见图 3-6 ～ 图 3-8）。

图 3-6　梅雁吉祥走势图

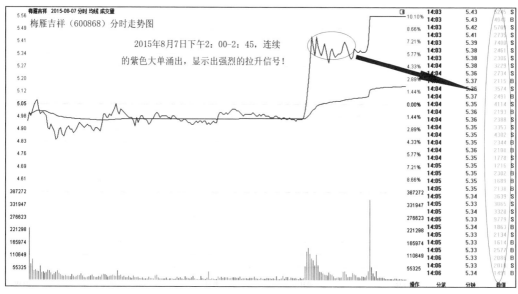

图 3-7 梅雁吉祥买入分时走势图

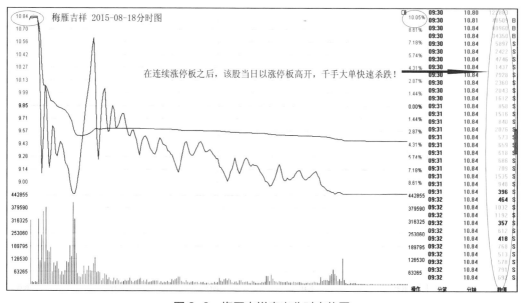

图 3-8 梅雁吉祥卖出分时走势图

此次决胜梅雁吉祥，让他赚取利润48.5万元，获利89%。

2015年6月至12月，吴继国还成功操作了金轮股份（002722）、实达集团（600734）、得利斯（002330）、大众交通（600611）、厦门信达（000701）和万安科技（002590）等个股。

至2015年年终，账户总资产543.7万元（2015年5月底转出150万元购房资金除外）。

2016年1～3月：账户总资产达721.25万元

2016年元旦期间，中国股市遭遇了"三大利空"的袭击：股票发行注册制授权决定通过，2016年3月起实施；2016年1月1日恢复主板IPO新股发行；指数熔断制度元旦起正式实施。

在多重利空政策密集公告和开始实施下，2016年元旦过后的第一个交易日1月4日开盘即大跌。特别是下午1点13分，上证指数触及跌幅7%的熔断"红线"，引发千股跌停潮，早早收盘，暴发了中国股市极为惨烈的"3.0"股灾！短短26个交易日，上证指数的跌幅竟达27.28%，许多个股都是连续多个交易日的"一字跌停板"，惨不忍睹！

吴继国因为坚持"大盘和个股跌破10日均线减仓、跌破20日均线清仓、10日与20日均线死叉区间不持股"的交易原则，在上证指数2015年12月31日第二次跌破20日均线时，及时空仓，从而躲过了这波"3.0股灾"。

直到1月27日，上证指数见到最低点2638.30后，见大盘趋于止跌即将展开反弹，吴继国开始寻觅机会，伺机操作。

在吴继国的"实战记录"中显示，2016年1～3月，他先后成功操作的目标个股有：洛阳玻璃（600876）获利30.04%、经纬纺机（000666）获利17.6%、航民股份（600987）获利33.27%、科大智能（300222）获利59.37%、合肥城建（002208）获利59.93%。

实战案例：抄底"洛阳玻璃"，擒拿"绝地反击龙头"。

这是吴继国在 2016 年 1 月 "3.0" 股灾中重点操作的第一只股票。

2016 年 1 月 18 日周一，A 股市场还在下跌中，而 "证金持股概念"
的洛阳玻璃（600876），却在盘中出现了 "异动"。

这天，洛阳玻璃以 20 元开盘，即成为当天的最低价，这也是从前期
的最高价 44.89 元下跌以来，创出的下跌波段最低价。历时 56 个交易日，
其股价下跌已腰斩一半还多。

"希望在绝望中诞生！" 上午 11 点 24 分，在两个半月惨烈下跌中 "蒙
尽苦难" 再也 "忍无可忍" 的洛阳玻璃，终于吹响了 "绝地反击" 的进军
号角，走势图中一根快速拉升的分时冲击波，瞬间将股价推升至 22.37
元，盘中涨幅高达 9.12%。当天，洛阳玻璃收盘 21.88 元，涨幅 6.73%。
在大盘尚处在严酷下跌行情中的这一飙升 "异动"，引起了吴继国的警觉
和关注。

1 月 19 日，上午 10 点 41 分，洛阳玻璃股价再次出现 "飙升异动"，
突破 23.92 元的 10 日均线阻力，快速拉升，10 点 54 分封住涨停板。高
度警觉的吴继国迅速以涨停板价 24.07 元挂单排队，11 点 06 分股价瞬间
打开涨停板，仅成交了 14 笔单，又迅速封死涨停板。吴继国幸运地全部
成交。他既兴奋又紧张，紧张是因为当时大盘还在下跌中，当天封跌停
板的个股非常之多。

次日，股价高开迅速拉升，9 点 51 分再次封死涨停板 26.18 元，至
全天收盘。其后的 1 月 22 日，洛阳玻璃再次以涨停板收盘。

1 月 25 日，该股以 31.50 元高开后，冲高回落跌破开盘价时，吴继
国以 31.30 元全部卖出。这次操作历时 5 个交易日，获利 30.04%（见
图 3-9）。

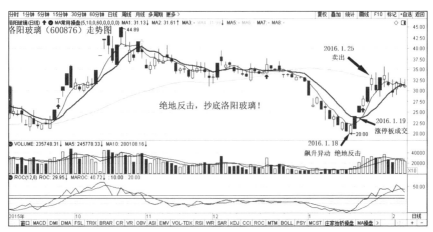

图 3-9　洛阳玻璃走势图

实战案例：追击超跌底部"一字板"，捕捉人工智能"龙头"。

在连续的下跌中，市场中许多优质的股票常常遭遇"错杀"。人工智能的龙头股科大智能（300222）便是如此。它的股价自 2015 年 6 月 18 日达62.20 元最高价，于 2016 年 3 月 8 日创出 14.50 元下跌波段最低价方止跌。

2016 年 3 月 10 日，科大智能一字涨停板开盘，毫无征兆。这个历时81 个交易日跌幅高达 72.14%、惨烈杀跌后的诡异一字涨停板，带动了当天人工智能板块的异动。吴继国高度重视，迅即将科大智能加入到"重点操盘股票池"，列入第二日集合竞价操作计划。

3 月 11 日，吴继国担心买不到科大智能这个强势题材股，早盘集合竞价时间开始前，就以涨停板价格埋单排队。结果，股价当天以头一日收盘价 17.67 元平开，顺利成交。全天小幅震荡，以 2.32% 涨幅的小阳 K线 18.08 元收盘。

其后，经过两天的横盘小幅震荡，行情终于在沉默的期盼中爆发。3 月 16 至 22 日，科大智能连续五个涨停板拉升，人工智能龙头股风范尽显。

2016 年 3 月 22 日，科大智能以 27.60 元（+6.5%）高开，9 点 34 分冲

击第五个涨停板 28.69 元，未能封住涨停板，随后快速回落。熊市中获利丰厚的吴继国，迅即以 28.16 元全部卖出科大智能（见图 3-10）。

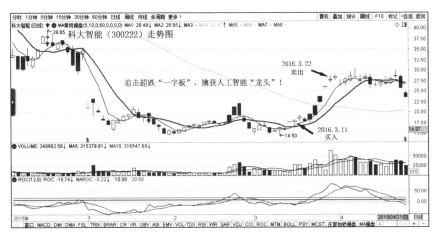

图 3-10   科大智能走势图

本次操作，历时短短 8 个交易日，盈利高达 59.37%，为吴继国账户资产增值不少。至 2016 年 3 月底，他的账户资产达 721.25 万元。

2016 年 12 月底：账户资产突破千万大关，增至 1311.44 万元

自 2016 年 4 月起，尽管行情不是很好，但吴继国凭借娴熟的技术，战果一步步扩大。他先后波段操作了河北宣工（000923）、银河磁体（300127）、英洛华（000795）、亿纬锂能（300014）、东软载波（300183）、嘉应制药（002198）、东旭光电（000413）、国投中鲁（600962）、华钰矿业（601020）、玉龙股份（601028）、金科股份（000656）和柘中股份（002346）等多只股票，除了 5 月 19 日买入的英洛华没达到预期目标第三天止损出局外，其余操作均获成功。尤其是重仓操作的东旭光电及柘中股份，都取得了骄人战绩。

实战案例：穿越神奇"疯牛线"，"九阴真经"骑大牛。

2016年6月27日，东旭光电（000413）股价"一阳穿三线"，一举突破5日、10日和20日三条均线，吴继国伺机进场介入。

7月6日，当东旭光电的股价上穿被吴继国视为神奇"疯牛线"的450日均线，并强力突破，该股于6月2日创出的8.89元高点时，他再次加重仓买入。同时，他还指导股友郝大哥一起买入。这天，也是10日均线与20日均线金叉出现第六组阴K线后的阳线。

7月11日，东旭光电盘中高开低走，与吴继国同时买进该股的郝大哥见到盘中的大阴棒，心里有点紧张，急忙下单获小利出局了结。而吴继国认为当天的阴线是上涨途中的第七组阴K线，在此之后还应有二组阴K线出现，完成"九阴真经"的波段行情。所以，股价仍有上涨空间。他继续坚守，没有动摇。

果然，第二天（7月12日），东旭光电强劲拉升，当天封于涨停。头天出局的郝大哥见此，一脸遗憾与无奈。之后，该股于7月13日出第八组阴，7月15日出第九组阴。在完成上涨途中九组阴线后，东旭光电似疯牛一般，势不可挡，7月18日、20日，又强势拉出两个涨停板"冲顶"！在7月22日这天下午1点30分后，该股冲击第四个涨停14.17元，反复"开板""封板"，吴继国便悉数抛出手中股票（见图3-11）。

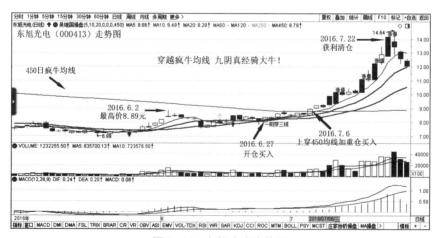

图3-11 东旭光电走势图

两次买进东旭光电，历时 20 个交易日。仅此一票，就让他获利高达 71%，赚得纯利润 180 万元。

实战案例：一波三折擒"柘中"，"破茧成蝶"捉妖股。

2016 年 11 月 10 日至 2017 年 1 月 11 日两个月期间，柘中股份（002346）走出了回肠荡气的"一波三折"（一涨二调三拉升）波段行情。

从 11 月 10 日至 11 月 23 日柘中股份创出波段性高点，在进行了 16 个交易日（22 个自然日）的下跌回调后，于 12 月 16 日再次上穿 10 日线。吴继国及时介入，骑上这匹股性活跃的"黑马"。果然，自买入第二天，柘中股份便奋蹄奔腾，连拉三个涨停。不过，该股在冲击第三个涨停时，不够坚决果断，吴继国估计会有调整，没有恋战，先行获利撤退。

不出所料，柘中股份其后连跌两天。但 12 月 26 日，挡不住的"雄风"再起，下午再封涨停。12 月 27 日，继续涨停。12 月 28 日，强势突破前期 11 月 23 日创下的 31.58 元的高点，"破茧成蝶"买入信号出现！吴继国抓住战机再次重仓买入。之后的 4 个交易日中，柘中股份以大阳线及 2 个涨停板快速拉升，股价于 2017 年 1 月 9 日突破 50 元大关，吴继国这天逢高卖出。其后此股展开长时间的下跌调整（见图 3-12）。

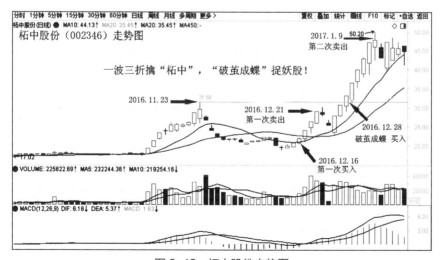

图 3-12　柘中股份走势图

柘中股份的两波操作，共获利 68.3%，助力吴继国账户突破千万元大关。截至 2016 年年底，其账户总资产达 1311.44 万元。

2017 年：账户总资产增至 2384.91 万元

2017 年上证指数以 3105.31 点开盘，以 3307.17 点收盘，全年涨幅 6.57%。

上证指数经历了 2017 年 4 月 17 日最高 3295.19 点到 5 月 11 日最低 3016.53 点，历时 23 个交易日、跌幅为 6.59% 的第一波下跌调整行情；然后上证指数又从 11 月 14 日最高 3450.49 点到 12 月 18 日最低 3254.18 点，历时 25 个交易日、跌幅为 5.22% 的第二波下跌调整行情。在这两段下跌调整行情中，吴继国以控制风险为主，操作策略多为空仓。

同时，上证指数也经历了 2017 年 1 月 16 日最低点 3044.29 点到 4 月 7 日最高点 3295.19 点，历时 53 个交易日、涨幅为 5.59% 的第一波上涨行情；从 5 月 24 日最低 3022.30 点到 11 月 13 日最高 3449.16 点，历时 117 个交易日、涨幅为 12.60% 的第二波上涨行情。在这两段上涨行情中，吴继国操盘策略为适时精选个股，紧抓热点，重仓出击。

这一年，他紧紧围绕贯穿 2017 年行情的十九大召开、"一带一路"、雄安新区、海南自贸、A 股"入摩"MSCI 指数、宝万股权之争、资产重组、科技智能等重大热点题材事件，精心展开操作。

其中，他重点操作的太阳电缆（002300）、北新路桥（002307）、西部建设（002302）、华新水泥（600801）、华资实业（600191）、江丰电子（300666）、华森制药（002907），均获得百万元以上丰厚收益。至此，他获得了 81.85% 的收益，账户总资产增至 2384.91 万元。

实战案例："疯牛"遇上"破茧成蝶"，太阳电缆舞翩跹。

2017 年 1 月 3 日，太阳电缆（002300）股价一举突破 450 日"疯牛"均线，在吴继国独创自编程的抓涨停板技术指标上，也同时出现首根紫色未来"连续涨停板信号"，于是，他果断以 10.38 元重仓买入。

第二天 1 月 4 日，该股以涨停板突破 2016 年 9 月 21 日创下的 10.30 元高点，呈"破茧成蝶"趋势。之后，作为超导概念龙头的太阳电缆高歌猛进，天天涨停。

2017 年 1 月 10 日，在冲击第五个涨停板 16.23 元出现反复开板、封板不稳定状况，因而，股价在跌破 16 元时，吴继国果断卖出手中的 20 万股。短短 6 个交易日，获利 54.14%，夺得 2017 年首战超百万元利润（见图 3-13）。

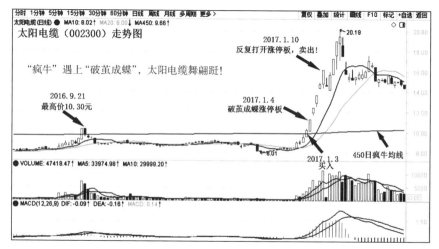

图 3-13 太阳电缆走势图

实战案例："一带一路"强国策，"疯牛线"上买"龙头"。

2017 年春，在国家重大强国政策的催生下，"一带一路"概念股走出一波飙涨行情。作为该板块龙头之一的西部建设（002302），曾于 2017 年 1 月份拉升第一波上涨行情，后经历一个多月的平台回调整理。

3 月 17 日，以"一阳穿三线"突破 20 日均线阻力，第二波上涨行情再次启动。

3 月 20 日周一开盘，西部建设展现龙头股风范，以涨停板拉开第二波强势上攻的序幕。

3月22日盘中大阳，在突破2月10日创出的13.28元前高点、一举上穿450日疯牛均线时，吴继国迅即以13.38元重仓买入。当天该股以涨停板13.57元收盘，"破茧成蝶"上攻形态形成。采访中，吴继国说："这是后市连续涨停板信号。"

此后，西部建设果如预期，强势飙升，连续4个涨停拉升，领涨"一带一路"概念板块，成为当时A股市场的耀眼明星股。

2017年3月29日上午，该股冲击第六个涨停板20.09元。但封板仅5分钟便打开涨停板，吴继国迅速挂单以20.03元全部卖出（见图3-14）。

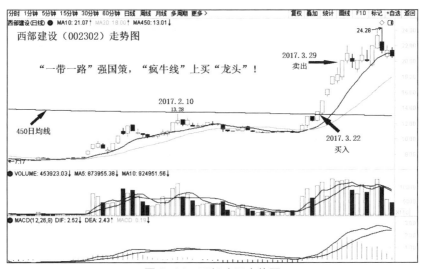

图3-14　西部建设走势图

"一带一路"龙头股西部建设之战，吴继国获取了49.7%收益佳绩，再次斩获超百万元丰厚利润，账户资产突破了1500万元。

实战案例： 仿制药里淘"金股"，资产突破2000万元。

2017年12月25日，华森制药（002907）以一阳穿三线涨停板收盘。这只以当时市场超低价4.53元发行上市后回调的股票，是吴继国股票池中重点关注的一个操作标的。

第二天（12月26日）集合竞价，他以涨停板价18.94元挂单，结果当天以 17.09 元开盘价成交。次日（27 日）跳空高开，冲高 20.80 元，快速回落时，吴继国以 20.30 元卖出，短线获利 13.12%。

2018 年 1 月 5 日，仿制药概念股集体出现异动。下午，华森制药股价突破上午 22.80 元高点快速拉升上涨，吴继国感觉该股会冲击涨停板，便以 22.98 元第二次重仓买入，随后华森制药封涨停板直至收盘。

随着仿制药概念的热炒，风险在逐步增加。2018 年 1 月 10 日上午，华森制药冲击第四个连续涨停板未果回落，吴继国为控制风险，以 31.30 元减仓卖出持有的 60% 股票。1 月 12 日开盘，该股以 37 元高开 4.85% 后，便急速下跌，吴继国以 35.80 元快速清仓，卖出剩余的 40% 股票（见图 3–15）。

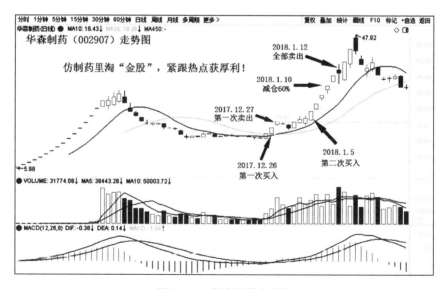

图 3-15　华森制药走势图

对华森制药的两次操作，吴继国获利 40.65%，赚取利润 132.1 万元。至此，其账户总资产达 2384.91 万元。

2018 年：账户总资产突破 2700 万元

2018 年全年为下跌行情，吴继国以控制风险为主，在 80% 的时间里为空仓。全年盈亏相抵，资产略增长 300 多万元，至年底账户资产突破 2700 万元。

2018 年 1 月 29 日，上证指数创出 3587.03 最高点，结束了 2016 年 1 月 27 日最低 2638.30 点以来的"大二浪"的反弹行情，展开了为期一年的"大三浪"下跌行情。上证指数的 20 日与 60 日均线，全年死叉下跌，无一次金叉！吴继国坚守"大均线死叉不操作"的风控原则和操作纪律，仅有的几次操作，也是盈亏相伴。80% 的时间里空仓以待，用来完善优化自己的交易系统，探索学习自动化交易编程。

这一年，他还抓住了下跌中的一些少数机会，操作了一些股票：建新股份、上海钢联、顺鑫农业、通产丽星（亏损）、强力新材、华锋股份、永和智控、广东骏亚、华自科技、玉龙股份、宝德股份、德新交运、新宁物流、恒立实业、仙琚药业、宜华健康、正元智慧、台海核电、亚振家居等。其中重点操作获取百万元利润以上的有建新股份、德新交运等。

实战案例："一阳穿三线"筑底毕，"桃园三结义"抓涨停。

建新股份（300107）自 2017 年 5 月 26 日从 9.92 元最高价下跌，跌到 12 月 5 日 4.51 元最低价，股价腰斩。在其后的 12 月 6 日至 12 月 29 日横盘一个月筑底期间，12 月 22 日、12 月 29 日两次"一阳穿三线"，出现下跌行情结束、上涨即将开始的信号。

2018 年 1 月 3 日，该股拉出第一个涨停板。之后连续攀升三日之后，出现三连阴洗盘的"桃园三结义"K 线形态。就在收出第三根阴线的第二天 1 月 12 日，股价强劲飙升冲击涨停板 6.67 元。吴继国迅速以涨停价挂单排队，盘中瞬间打开涨停板时成交。1 月 16 日股价上穿 450 日疯牛均线之后，展开连续拉升，一口气拉出三个涨停。1 月 25 日，冲击第六个涨停板尾盘打开时，吴继国以 11.03 元全部抛出离场，获利 65.37%（见图 3–16）。

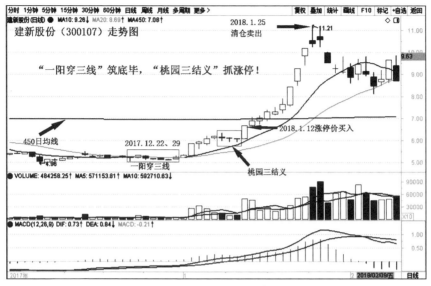

图 3-16　建新股份走势图

实战案例：操盘神器显神功，梅开二度炒"德新"。

2018 年 3 月 30 日，德新交运（603032）见到 55 元最高价后，一直下跌到 8 月 8 日见波段最低价 10.38 元，52 个交易日跌幅高达 80.46%。8 月 9 日该股止跌涨停，宣告下跌全面结束。

8 月 20 日，德新交运再拉涨停板，强力上穿 10 日均线，吴继国果断挂单涨停板价格排队，但未能成交。

"看了你敢于重仓挂单排队买入的涨停板，发现你都是选择上穿 10 日均线和 450 日均线的涨停板偏多，为什么？"我问。

吴继国说："上穿 10 日均线的涨停板，永远是最安全的涨停板；上穿 450 日均线的涨停板，最容易出疯牛连续涨停板！这也是我花了多年冤枉钱追涨停板挨套，被套明白了的经验教训和总结出来的赚钱绝技呀！"

8 月 22 日，德新交运再次涨停板！吴继国迅速挂 14.27 元涨停板价买入。8 月 27 日早盘破 17 元时以 16.85 元卖出，做了一个短线，获利 18.08%。

8月30日上午，德新交运再次涨停板，冲出吴继国自编程的操盘系统"纳金波段牛股线"，预示该股会连续拉涨停! 他便在该股突破操盘系统"纳金波段牛股线"涨停板之时，挂19.25元涨停板价格抢入。果然，德新交运"出轨"后强势上行，再拉5个涨停!

9月14日，德新交运开盘瞬间被打到跌停板! 吴继国在下午打开跌停时，挂单25元卖出，获利29.87%。

出人意料的是，卖出后德新交运股价从跌停拉到涨停板收盘，走了一个"天地板"。

德新交运的两次操作，共获利47.95%（见图3-17）。

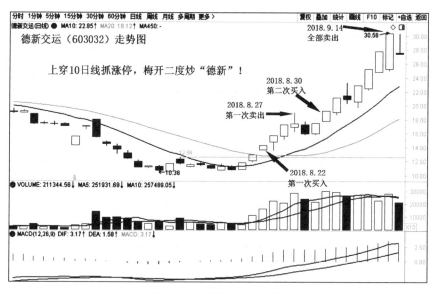

图 3-17　德新交运走势图

2019 年 1 至 4 月底：账户总资产达 3105.12 万元

2019年开盘的第一个交易日（1月4日），上证指数创出2440.91点最低点快速反弹，当日上穿10日均线，结束了自3587.03点（2018年1月29日最高点）大三浪下跌行情，展开了一轮2019年春季上涨行情。

在这波春季行情里，春潮涌动，5G、芯片、4K 超清视频、创投、工业大麻、氢能源、华为等概念异军突起，黑马奔腾。吴继国应用自己独创的交易系统紧抓热点，硕果累累。先后操作了台海核电、华映科技、北京君正、龙津药业、紫鑫药业、复旦复华、闽东电力、厦门港务、广电网络、春兴精工、凯龙股份、路畅科技等股票。

其中，重点操作的闽东电力、龙津药业、紫鑫药业、复旦复华、凯龙股份、春兴精工均取得了可喜战绩。

实战案例：激战龙津药业（002750），斩获工业大麻龙头股八涨停。

激战龙津药业，是吴继国在 2019 年春节后，利用其技术重点打的一场战役，也是赚钱最多最快的一次操作。事先，他并没有任何消息，也不知龙津药业有什么重大题材，直到出现连续涨停板拉升，才知晓原来它是工业大麻概念的龙头股之一。

"当时，为何买它呢？"采访中，我看着当时以 90 度角飙升的龙津药业问吴继国。

"我主要是从技术面上选它的。"吴继国指着当时的 K 线走势图回答说，"一是它筑底成功，在 60 日均线下，10 日与 20 日均线完成了两次金叉，这是大波段行情上涨的信号；二是在 2019 年 2 月 19 至 21 日连跌三天洗盘，形成'桃园三结义'波段启涨信号；三是我在 2 月 22 日收盘价 6.27 元买入这天，K 线形态为上穿 5 日均线的'光屁股阳线'（指开盘价即为最低价，没有下影线的阳 K 线），这种 K 线为独特的买入信号。"

"你买入后股价一字板强悍飙升，后来是哪天卖的？"

"我是 3 月 12 日这天，龙津药业 16 元开盘后急跌时，在 15.68 元全部卖出的。其实，昨日（3 月 11 日）第八个涨停板被打开，已提示了风险，今天再次高开幅度达 3.09%，获利已超 136%，为控制风险，果断卖出，落袋为安。"（见图 3-18）

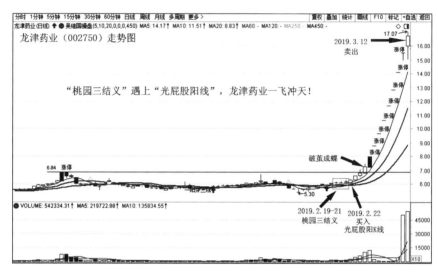

图 3-18　龙津药业走势图

实战案例：抄底低价医药股，"药娃娃"翻倍成"金娃娃"。

紫鑫药业（002118）是吴继国 2019 年一季度操作的另一只翻倍黑马医药股。2019 年 1 月 10 日、11 日，超跌低价医药股紫鑫药业连续拉出两个涨停板。1 月 14 日，在冲击第三个涨停板后开始回调，其后四天在 10 日均线之上收出"四连阴"K 线。

吴继国注意到了紫鑫药业的这一异动。该股四连阴 K 线后，1 月 21 日在上穿 5 日线时，他以 5.38 元买进，打算做一波春季中长线的波段行情。因而买进后三天内虽略有微利，也没有理会该股波动。没想到的是，接下来的 8 个交易日回调下跌，竟会被套其中，浮亏达 14%。

2019 年 2 月 1 日，紫鑫药业快收盘时，出现上穿 5 日均线的低位"变盘 K 线"买入信号。吴继国以收盘价 4.66 元加仓买入。其后，股价展开 10 连阳上涨，他持股未动。

2 月 22 日开盘后，紫鑫药业快速下跌，吴继国于 6.68 元卖出加仓的股票。其后股价略作横盘震荡 5 个交易日后，于 3 月 4 日上穿 450 日均线。

吴继国紧绷的心弦终于松了下来。根据多年应用 450 日均线了然于胸的操盘经验，他知道，紫鑫药业拉升的行情即将到来。

2019 年 3 月 7 日，涨停板收盘的紫鑫药业正式展开了主升浪拉升行情！让吴继国没想到的是，抱了整整两个月的"药娃娃"，竟成了领涨工业大麻概念的龙头股之一，也成了他账户资产快速增长的"金娃娃"。

4 月 9 日，紫鑫药业股价突破 15 元，完成波段操作收益已翻了两倍的吴继国，在 15.20 元获利了结。两次操作，共计盈利 221.15%（见图 3-19）。

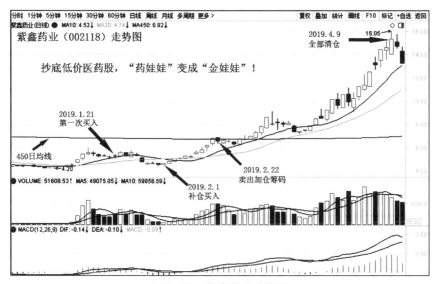

图 3-19　紫鑫药业走势图

实战案例：狙击 5G 龙头，博取"春兴"快钱。

2019 年 4 月，5G 概念股在市场中掀起一波浪潮。龙头之一的春兴精工（002547）表现极为抢眼。

4 月 9 日，春兴精工以一阳穿三线涨停板收盘。之后，4 月 11 日、12 日二连阴洗盘，早已窥视着春兴精工的吴继国伺机出手。

4 月 15 日周一开盘后，春兴精工很快再次涨停。吴继国挂 8.75 元涨停板价排队买入，上午临收盘前涨停板打开，成交 30 万股。

　　春兴精工买入后的第二天（4月16日），股价再次涨停板突破前期高点，"破茧成蝶"形成。至4月18日，连续三个交易日的涨停板，为吴继国账户迅速"增金"。

　　4月19日，春兴精工12.07元开盘，高开3.61%后，上冲12.50元快速回落时，吴继国果断以12.28元全部卖出。尽管，当天下午春兴精工再以封涨停收盘，但吴继国并无遗憾，他觉得5个交易日获得40.34%收益、105.9万元的利润，保住看得见的利润，足矣！（见图3-20）

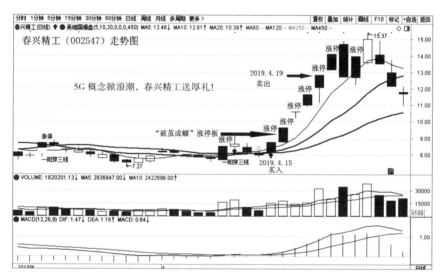

图 3-20　春兴精工走势图

　　2019年4月19日周五这天，吴继国清仓了账户所有股票，账户总资产3105.12万元。

　　卖股清仓原因有三：一是4月20日周六是谷雨，处于吴继国创立的变盘时间窗口，符合他"2019年春季行情将在4月中旬的二十四节气结束"的预测；二是这波春季行情上涨到目前最高点3288.45，积聚了大量获利盘；三是距离4月9日"变盘K线"高位横盘已经9个交易日，预计后市下跌调整的概率较大。

上证指数随后于 2019 年 4 月 22 日、25 日，相继跌破了 10 日均线、20 日均线，正式宣告了 2019 年春季行情的结束。吴继国也圆满结束了他春季行情"账户增值完成 3000 万元"的操盘计划。

实战操盘战绩掠影

吴继国近 4 年来创造出了 30 倍盈利的辉煌战绩，令人惊叹！我想和盘托出，但由于他操作极为频繁，无法一一展示在投资者面前。

这里，仅选取了他极少部分的交易单，作为"大海"里的几朵浪花和掠影，供读者学习和"观赏"（见图 3-21～图 3-23）：

资金 100 万元，现总资产 2800469.35 元，总盈亏 1800469.35 元　盈利：+180.04%

证券代码	证券名称	持仓数量	可用数量	摊薄成本价	浮动盈亏	浮动盈亏比	市价	市值
002118	紫鑫药业	186800	186800	5.37	1795994.11	179.19%	14.98	2798264.06
002587	奥拓电子	100	100	287.61	-28056.04	-5268.34%	7.05	705.00
000711	京蓝科技	10	10	-12671.38	126785.78	187816.34%	7.20	72.00

买入时间

成交日期	证券代码	证券名称	操作	成交均价	成交数量	成交金额	佣金	印花税	过户费
2019-01-21	002118	紫鑫药业	买入	5.36	186800	1001248.00	1001.25	0.00	20.02
2018-12-07	002587	奥拓电子	卖出	5.19	193500	1004265.00	1004.27	1004.27	20.09
2018-12-04	002587	奥拓电子	买入	5.30	400	2120.00	5.00	0.00	0.04

图 3-21　紫鑫药业交易单

起始资金 100 万元，现总市值 1991322.65 元，总盈亏 991322.85 元　盈利：+99.85%

证券代码	证券名称	持仓数量	可用数量	摊薄成本价	浮动盈亏	浮动盈亏比	市价	市值
002783	凯龙股份	150000	150000	7.11	924388.54	86.71%	13.27	1990500.10
002672	东江环保	10	10	-6677.49	66909.66	59361.86%	13.47	134.70

买入时间

成交日期	证券代码	证券名称	操作	成交均价	成交数量	成交金额	佣金	印花税	过户
2018-11-20	002783	凯龙股份	买入	7.21	200	1442.00	5.00	0.00	0
2018-11-14	002783	凯龙股份	买入	7.10	149800	1063580.00	1063.58	0.00	21
2018-11-14	002672	东江环保	卖出	12.05	88690	1068714.50	1068.71	1068.71	21

图 3-22　凯龙股份交易单

起始资金 100 万元，现市值 1642746.37 元，总盈亏 642746.37 元　盈利：+64.37%

证券代码	证券名称	持仓数量	可用数量	摊薄成本价	浮动盈亏	浮动盈亏比	市价	市值
002366	台海核电	114600	114600	8.51	658790.46	56.06%	14.26	1634195.97

历史成交明细

成交日期	证券代码	证券名称	操作	成交均价	成交数量	成交金额	佣金	印花税	过户费	台
2018-11-27	002366	台海核电	买入	10.57	94500	998865.00	998.87	0.00	19.98	50
2018-11-23	002366	台海核电	买入	9.92	20000	198400.00	198.40	0.00	3.97	50
2018-11-23	002366	台海核电	卖出	10.23	117400	1201002.00	1201.00	1201.00	24.02	50

图 3-23　台海核电交易单

执着的探索之路

➲ *和女朋友谈了 8 年没钱结婚。第一次模拟炒股赚了 11 块钱，让他与股票结缘。在连续发现账户里"钱没了"的恐惧中，他终于开启了苦苦寻觅股市规律和寻找股海制胜绝技的执着探索之路……*

股海追梦，全为改变贫穷的命运……

朋友，看了上面吴继国驰骋股市沙场取得的一桩桩骄人战绩，你一定认为他是一个聪明绝顶的人。

但是，我要告诉你的是，你错了。

原来，我也这么想。不聪明，不智慧，何来 30 倍传奇？！

谁知，在与吴继国一个多月的相处中，听了他一个个的故事，我终于被他曾经的苦难和他颇为残酷的"磨砺"经历，深深地折服和感动了……

吴继国出生在湖北荆门一个贫穷的农村家庭。弟兄四个，他排老三。父亲当兵在外，后来转业在荆门一家兵工厂工作，离家很远，吴继国从记事起就很少见到父亲，他是跟着爷爷长大的。家里穷，孩子多，妈妈顾不过来，他基本上是"野长"的孩子。

他调皮捣蛋，学习不上心。光上小学就留过三次级。一次，他写作文时，把"参"字下边的三撇写成了四撇，被小学语文老师张老师揪着耳朵猛揍了一顿，打那以后，再不敢写错别字了，直到现在。

还有一次初中上历史课，他不听老师讲课，在下边做小动作，被老师揪出来罚站。

历史老师问他："你为什么调皮，不好好学习？"他顶嘴："我就调皮怎么啦？反正，农村的孩子读再多书，有什么用？还不是回去种地？"

老师又开导他："你知不知道，你爸妈给你起名吴继国这个名字是什么意思？"吴继国不屑一顾地回答说："不知道。怎么啦？"

老师说："那我告诉你，你爸妈给你起这个名字，是希望你作为吴家的孩子，要继承国家的优良传统呀。你说你这么调皮，长大后怎样继承国家的传统，成为有用之人？"

老师们的批评与谆谆教诲，撞击着吴继国幼小的心灵，直到现在他讲起往事，还心存感激。后来他懂事了，好学上进，作文再没写错别字，还在镇里和乡里比赛中经常拿奖。

受爱好音乐的叔叔感染，他自小喜欢文艺，会多样乐器，歌唱得很好。16 岁初中毕业那年，他考取了南京艺术学校。但当他拿着录取通知书跑到县城给爸爸看时，爸爸对他说："孩子，一年要 3600 元学费，咱家没钱供你上啊！"吴继国知道父亲重病在身，一个月才 100 多元钱，还要养活全家。懂事的他，把美好的理想埋在心底，改报了每月还有十几块钱补贴的技工学校。

穷人的孩子早当家。1990 年吴继国技校毕业刚参加工作那年的 12 月，父亲因病去世了。为了帮母亲撑起这个家，还父亲生病欠下的债，他努力工作，生活节俭。

但一切的努力，始终都摆脱不了贫穷对他人生的折磨。26 岁了，他看到自己的伙伴和同事一个个结婚成家，而他与女朋友相恋 8 年，却因为没有钱，一直没能结婚，心如刀割。那时，他发誓：这辈子一定要多赚钱，改变自己的贫穷命运！

机会终于来临。1994 年，吴继国所在的原属地方国资委管辖的国营军工厂搞股份制改革。吴继国作为车间的先进工作者和优秀班长代表，参加了由武汉大学经济系老师在工厂举办的股份制改制培训班学习。

这使他第一次知道什么叫股票。学习班临结束时，搞了一个活动。每人出十块钱，凑在一起搞了一场"股票交易模拟大赛"。吴继国表现优秀，在本次大赛中不仅保本，还赚了 11 块钱。他觉得"炒股这玩意，真好玩，还能赚钱"！没想到，平生的这第一次"炒股"，便让他对股票产生了浓厚的兴趣。

1995 年底，当他听说荆门当地可以开户时，便急忙赶去。谁知，他被告知开户要银行存折里有 3 万元钱验资。可当年别说 3 万元，他连 3000 元钱都拿不出来。后来，他与同去的几位好友合伙拼凑"轮转"着给每一个账户"注资"，终于完成开户。

1996 年正赶上一波大牛市，买什么都涨。这一年年底，以 2000 元起家的吴继国竟炒到了"万元户"，赚到平生第一个万元。到了 1997 年，他更是顺风顺水，炒了家乡上市的湖北兴化、湖北中天等多只大牛股，赚到了 3.5 万元，终于和相恋多年的女朋友喜结连理。

当他步入幸福婚姻殿堂的那一刻，想到股市盈利给自己带来的幸福，吴继国决意，此生在股海一直要追梦下去……

冲动的惩罚：洒在交易大厅的泪水

追梦的人，是甜蜜的、幸福的，但也常常是苦涩的。

一天深夜，吴继国和我在"泡海"时，聊起他在股市 24 年来一路走来的艰辛，讲起当年曾多次为自己的冲动受到的惩罚，听来让人不胜感慨。

那是他股市人生中永远不能忘怀、不堪回首的一幕又一幕——

"刚入市那些年，天天光想着赚钱，压根就没想过赔钱和面临的风险。直到有一天发现账户里的钱没了，我才惊醒。"伴着脚下泛起的浪花，吴继国沉痛地向我讲述着：

刚炒股时，钱不多。1996年大牛市挣了快1万块钱时，他高兴得膨胀了。一天，听说权证价格又便宜能挣大钱，有时一天能赚翻几倍的钱，他就挑了一只价格只有二毛钱一份（相当一股）的柳工A权证，满仓买了一万份。他心里想，现在行情不赖，要是一份涨一元钱，一万份就是一万块呀，真不敢想，要发财啦……他夜里连做梦都在揣摩着这美事儿。

不久后的一天，吴继国出差到湖北十堰，临走让弟弟盯着柳工A权证。他在外地天天打电话问，开始几天听说涨了，甭提有多兴奋！可后来，渐渐，弟弟那没了消息，他打电话一问，弟弟说他买的柳工A权证交易大屏上看不到了。他说，怎么可能呢？你好好找找。一连几天，弟弟都回答说还是找不到。他急了，请假赶回来，家都没回，直奔证券营业部，一问，工作人员告知他，柳工A权证退市了。他听了，一下懵了：这怎么可能，怎么一下子就没了呢？不行，他们得赔他钱，那可是他辛苦挣来的呀，不能说没就没了！他吃不下饭，睡不着觉，天天去找营业部"论理"，闹着让他们赔钱。他难过啊！直到现在，他当年买权证的单子还留着。那时，他没有风险意识，有多幼稚哟……

还有，华神集团（000790，现名：泰合健康）在1998年上市时，股价一下子冲到61元吸引了吴继国，这么值钱的公司，多好哇！他在股价回调到38.34元的价位买了它，想抱着这个"金娃娃"大赚一把。果然，买了后，它就涨到了40元，他不卖；涨到了42.89元，他还不卖！心想，才赚这点，干吗急着卖啊？它前面不都涨到61元吗？后来跌了，他更不卖，想着它很快会涨回去的。没想到，它一直跌，有一次反弹到35元离他买的价只差 3 元多了，他还是舍不得割掉它。结果，后来它从 35 元跌到 28 元，又从 28 元跌到 18 元，他心死了。反正死猪不怕开水烫，他就一直捂着。就这样，一年又一年拿着它，整整 8 年啊，直拿到 2006 年的五一节，他心彻底凉了。过了节，他在 5 月 8 日到营业部把折磨他 8 年的华神集团给割了。唉，等了它 8 年，再没回头，股价从 38 元跌到 5.53 元，让他损失了 71.3%，把他的元气算是伤透了。到现在，他和朋友聊起华神集团，都叫它"伤神集团"……

那些年，为了扳回炒股的损失，他撞得头破血流，甚至到了铤而走险的地步。

吴继国清楚地记得，2003 年 12 月 11 日那天，作为营销人员的他在福建泉州开发市场，为公司收货款。那天，他路过泉州丰泽街兴业证券部营业部查看行情时，只见一群人围着大厅里的一台电脑在吼："快看，秦川发展上穿 60 日线，要飞起来了！"那时，他也看了几本炒股的书，一知半解的，听说上穿 60 日均线叫"出水芙蓉"，会大涨！他的心动了。当时账户里亏得没有钱了，可他也不想放过这个机会，就壮着胆子，把他刚收的 20 多万元货款动用了。他心想，等两天赚些钱，再把款打回公司。哪曾想，他买后，秦川发展就钝刀子割肉，股价一天天地阴跌。开始几分几分跌，他忍着；后来几毛几毛地跌，一周下来，他亏了快一万块了，这时他慌了，但还是挺着。到了 12 月 19 日，一根跌幅达 7% 的大阴棒把他打倒了，账户割肉亏损已达 3.36 万元。顿时，他全身冒冷汗，蹲坐在地上。许多人见了奇怪地说，这都冬天了，怎么这小伙子出这么多汗呀！其实，那时，他恐惧的是：挪用公司货款超过 3 万元，会坐牢！

为了尽快填上"窟窿"，他慌不择路，开始"奋力一搏"。2004 年元旦刚过，他又收到了一笔 13 万元的货款，就想再干一把，捞回损失。于是在 1 月 5 日，他买入了当时极为看好的中科合臣（600490，现名：鹏欣资源）这只股，想在它身上扳回本。可让他万万没想到的是，他头天买进，第二天它就来了一个跌停板。他一下傻眼了。看着电脑，他全身瘫软，止不住的眼泪一下子涌了出来，长长的胡须上挂满了泪珠……

他的梦想碎了，心凉了，买的两只股票让他赔了个"底朝天"！

后来，他把承包销售多年挣的钱，全填进去补齐了货款。从这以后很长一段时间，他再没踏进令他伤心的证券营业部一步！

…… ……

浪涛阵阵袭来。听着他辛酸的故事，望着他湿润的双眼，我似乎感到脚下的那片海里，渗有他伤感的泪水……

探索股市规律，建立稳健获利操盘体系

在股市中屡屡受挫的吴继国，面对迷茫的股海，曾想过放弃。他离开股市，去学过烹饪，学开大货车。但多年来热爱股市的那份初心，却一直无法改变，令他无法释怀。

2005 年 6 月 14 日，他做出了人生最重要的抉择：辞职下"股海"，专职做一名坚强的"金融战士"，去攻克面临的一切堡垒。

在离开家乡相继在武汉、深圳、大连奋斗的十多年间，他一直在总结和反思自己昔日在股市失利的教训，孜孜不倦地探索股市规律，努力找寻制胜的法宝和建立一套适合自己的交易模式。

"在你这么多年的股海拼搏和探索中，你首选的突破方向是什么？"采访中，我问。

"K 线和均线。"吴继国回答说，"我之所以把 K 线和均线作为我研究的首选，是因为它们一个代表价格，一个代表趋势，相生相伴。它们的重要性，不言而喻。我们只有读懂每一根 K 线和每一条均线，找到它们所蕴藏的机会和风险，才能在实战中立于不败之地。"

无数个昼夜的奋战、研究，吴继国对大量的裸 K、均线与各种技术指标进行演练、模拟和优化。对 K 线、均线、各种技术指标传递的信号

进行规律性的总结，在迷悟与顿悟交错中，一点一滴的技术攻关与突破，为他建立波段稳定盈利的模式和强大的交易系统，奠定了扎实的基础。

他付出了太多的艰辛。为把自己总结的交易方法变为精确操作提示信号，展现在软件盘面上，需要大量繁杂的编程工作。可他不懂英文，也缺乏编程中所需的数学函数等相关知识。但困难并没有阻挡住他。在没有任何人指导的情况下，他把多种股票软件的每一个指标的公式打开，翻阅大量资料，设法弄懂每一个单词、函数的读法和用法。有时在编程中，一个标点用不好，都会导致前功尽弃。孤身漂泊的那些年，他不知熬了多少个通宵，攻克了多少个难关。

如今，对编写各种技术指标和条件选股公式，以及看盘操盘器，吴继国都会像揉面团变戏法一样，随时可以熟练编写程序。采访中，他经常亲手指导我学习编写各种指标公式，讲解使用方法。对他爱学习、肯钻研、在股海以苦为乐的拼搏精神，我佩服至极。在我 20 年来的对股市高手采访中，遇到的既懂股票实战又懂股票软件编程的，真是为数不多。

我深深感到，吴继国在股市中取得的每一个成功，都是他付出巨大努力和代价的结果。

采访中我得知这样一件事：他在对 MACD 这个操作指标研究时，刚开始始终不得要领。2013 年在大连工作之余去海钓时，他发现海里的鱼都会分层次游动，生存在大海的不同层次空间里。那时他就想，既然海里的鱼虾都能分层，股票市场可不可以也分层呢？用什么方法将股票分层筛选，捕捉强势个股呢？

突然，他想到了 MACD 中的那根黄色指标线 DEA，兴奋的他立马回去打开电脑，对历史上每一波段行情中的强势个股与弱势个股 DEA 的数值作规律对比，进行归纳总结，从而形成了他独创的股市分层捕捉强势股的"股市 GPS 定位系统"。

实战中，他应用 DEA 的数值变化规律，编写程序公式，对行情分层、股票分类、热门股跟踪、买卖的最佳时点、捕捉连续涨停板行情定位，形成了一套明晰的"DEA 分层战法"。

再比如，过去他不会逃顶，常被套。在对逃顶 K 线研究过程中，他发现总结出了"变盘 K 线"。这一发现和总结，帮助他每次都能卖在波段的顶部，成功逃离大顶，再没被深套过。

就这样，经过整整 10 年的努力和执著的探索，吴继国终于在 2017 年完成了自己编写的多指标看盘软件和稳定盈利的交易系统。他将其命名为"MK·纳金波段交易系统"。

一个多月的采访中，看了他应用自己编写的独特软件实盘操作过程，才知道，他多年来能在险恶的股市中避险取胜，原来是因为有一个神奇的操盘宝典在助力！

"MK· 纳金波段交易系统" 五大绝技

> ➲ 打仗要有好武器，炒股要有好工具，赚钱更要有独门绝技。他奉献披露出的五大绝技，十二大操盘秘籍，正是他 4 年创造出 30 倍传奇的制胜秘诀！

绝技一：连续涨停板操盘绝技

秘籍一："DEA 横盘" 连板战法

这是吴继国在实战中常用来捕捉潜在连续涨停板飙涨股票的一种战法。

趋势性指标 MACD 中有两个技术指标：一个是白色线 DIF，另一个是黄色线 DEA。吴继国抓连续涨停板用得最多的就是这个 DEA 指标。

战法要点：

基本形态：当 DEA 为某一数值，保持 3 天或 3 天以上不变，形成横盘状态，称之为"DEA 横盘"。

买点：当 DEA 同一数值连续横盘 3 天及 3 天以上，DEA 数值向上变大时，即为买点。若 DEA 横盘天数 5 ~ 7 天不变，则后市出现超强连续涨停板的概率会大大增加。

DEA 横盘分类：一种是在 MACD 的零轴之上横盘，另一种则是在 MACD 的零轴之下横盘。DEA 在零轴之上横盘，后市出现连续涨停板的持续性，要好于 DEA 在零轴之下横盘。

主力行为分析：A 股市场出现 DEA 横盘的个股极为稀少。DEA 横盘期间是主力吸筹、洗盘、蓄势行为。一旦 DEA 横盘结束，数值向上变大，往往会爆发连续涨停的拉升行情。

"DEA 横盘"这一战法，是唯一凭借技术方法，在不知道任何消息和热点题材的情况下，能让你买在连续涨停板拉升行情爆发前的一种操盘绝技。

实战案例：九鼎新材（002201）。

DEA 横盘选股：2019 年 7 月 10 日至 16 日，九鼎新材的 DEA=-0.02，持续横盘 5 日保持不变。

DEA 横盘结束买入：2019 年 7 月 17 日为 DEA 横盘结束日，数值上涨变大，是最佳买入点。

连续涨停板拉升：2019 年 7 月 18 日至 8 月 26 日的 28 个交易日，该股出现两波壮观的连续涨停板拉升行情。

辉煌战绩：28 个交易日股价翻倍，涨幅高达 317.22%！（见图 3-24）

实战案例：银宝山新（002786）。

DEA 横盘选股：2019 年 9 月 5 日至 11 日，银宝山新的 DEA=0.12，横盘 5 个交易日。

DEA 横盘结束买入：2019 年 9 月 12 日，DEA=0.13 数值呈上涨趋势，出现最佳买入信号。

连续涨停板拉升：9 月 18 日至 26 日，连续 6 个涨停板震撼拉升！

辉煌战绩：7 个交易日区间涨幅高达 76.38%（见图 3-25）。

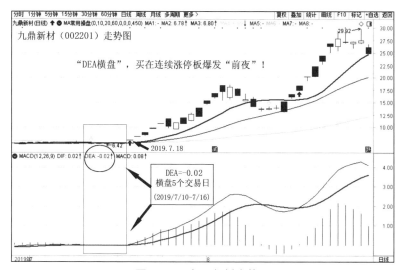

图 3-24　九鼎新材走势图

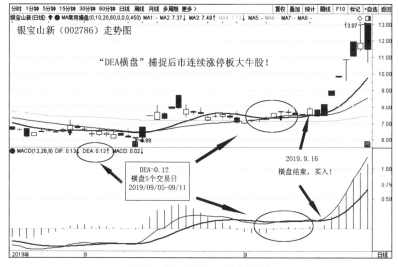

图 3-25　银宝山新走势图

秘籍二："杏梅涨停板"连板战法

这是吴继国在实战中，常用来捕捉潜在连续涨停板飙涨股票的另一种战法。

战法要点：

技术特征：股价经过一段时间回调，其后MACD绿柱持续缩短的末端（MACD为负值区间），出现涨停板。第二天，MACD变为正值收出第一根红柱当天，再次以涨停板收盘。

前一个涨停板处于MACD的绿柱区，后一个涨停板处在红柱区。因绿柱区代表"白区"，与杏花色同；红柱区代表"红区"，与梅花色同，吴继国便把这前后的两个涨停板，形象地比喻为"杏梅涨停板"。

主力行为分析：MACD绿柱期间的涨停板是主力洗盘行为调整结束信号；MACD第一根红柱涨停板是确立主力洗盘结束，发动攻击拉升行情的信号。

买入时机：MACD绿柱区的第一个涨停板是安全重仓买入时机。其后的MACD第一根红柱涨停板，也是安全加仓买入时机。

后市走势特征：买入后，股价多在5至13个交易日内，以连续涨停板快速拉升，走出一波耀眼的短线飙升行情。

实战案例：永和智控（002795）。

2018年4月27日，该股在MACD最后一根绿柱收了第一个涨停板。五一节过后的5月2日，MACD收出第一根红柱，当日收出第二个涨停板，形成标准的"杏梅涨停板"形态。

永和智控从4月27日至5月15日一路涨停，9个交易日连续8个涨停板拉升股价，涨幅高达102.37%，成为当时市场上最火爆的一匹黑马，足显"杏梅涨停板"的强大威力（见图3-26）。

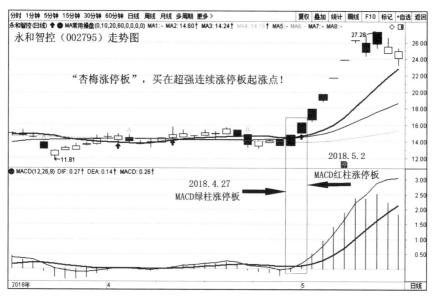

图 3-26　永和智控走势图

实战案例： 莱茵生物（002166）。

这是一只"杏梅涨停板"模式、梅开二度两波连续涨停板拉升的超级龙头股。

第一波"杏梅涨停板"：2009 年 4 月 27 日，莱茵生物在 MACD 最后一根绿柱收了第一个涨停板。4 月 28 日，MACD 收出第一根红柱，当日收出第二个涨停板，形成标准的第一波"杏梅涨停板"形态。从 2009 年 4 月 27 日至 5 月 15 日 10 个交易日，共计 9 个涨停板，涨幅达 112.26%。

第二波"杏梅涨停板"：2009 年 6 月 12 日、15 日收出 MACD 两个绿柱涨停板。6 月 16 日收出 MACD 第一个红柱涨停板。至此，形成第二波"杏梅涨停板"。6 月 12 日至 18 日，拉出第二波 5 个连续涨停板，涨幅 61.10%。

前后两波"杏梅涨停板"，共计涨幅 173.36%，这使莱茵生物成为 2009 年度最著名的明星股（见图 3-27）。

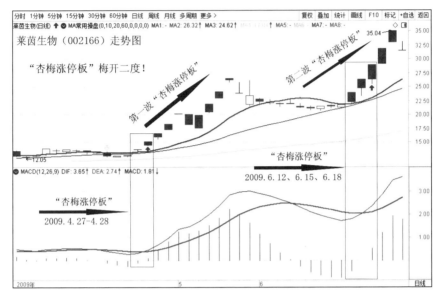

图 3-27　莱茵生物走势图

绝技二：波段操盘绝技

秘籍三："九阴真经"波段操盘战法

这是一个能让你骑上黑马，吃完整段利润，最赚钱的波段操盘绝技。

这些年，我接触过的许多投资者都说：因为没有好的方法，好不容易逮住一匹黑马，上涨途中一遇到阴线就非常恐惧卖掉了，结果后面好大一段利润都没吃到，常感到遗憾与无奈。

而吴继国研究出来的"九阴真经战法"，正是解决大家遇到的"波段持股"这个难题，真正让你读懂上涨中的阴线，克服阴线恐惧症，是波段持股、量化操盘的一个绝佳好战法。

技术形态：

在60日（周）均线之上，从10日（周）均线上穿20日（周）均线形成金叉开始，到波段最高价之间，吴继国将依次出现的"九组阴K线"，形象地称之为"九阴真经"。

阴 K 线分组：单根阴 K 线是"一组阴"，连续两根或两根以上不间隔的多连阴 K 线，也是"一组阴"。例如三连阴、四连阴等，都算是一组阴 K 线。

操盘要点：

10 日（周）与 20 日（周）均线金叉之后的第一组阴到第四组阴是波段建仓蓄势期间；第五组阴到第七组阴，是起涨推升股价阶段，也是最容易出现涨停板的阶段；第八组阴到第九组阴是形成波段最高价的顶部阶段，宜伺机逢高卖出股票。

出现波段最高价之后到 10 日与 20 日死叉区间，所出现的阴线组，不再算作"九阴真经"中的"阴线组"。

"九阴真经"只适用于 10 日与 20 日（周）均线在 60 日（周）之上，主升波段的金叉区间。

"九阴真经"主升波段的拉升模式与风控方式：

重要口诀：单阴为主，双阴为辅，很少出现三连阴；高位三连阴，波段就到顶，跌破 10 均线，赶快把仓清！

持股要点：

在上涨波段中，只要不跌破 10 日（周）均线，就要坚定波段持股信念。不要恐惧阴线。

实战案例：上证指数 2015 年牛市行情周 K 线。

2014 年 7 月 5 日，上证指数在 60 周均线之上，10 周均线上穿 20 周均线，形成周线金叉，拉开了 2014 ～ 2015 年的牛市行情序幕。之后在金叉波段上涨区间，精准地以九组阴线的"九阴真经"模式拉升，创出波段最高点 5178.19 点，之后 10 周均线与 20 周均线死叉，宣告周线波段行情及一轮牛市行情结束（见图 3-28）。

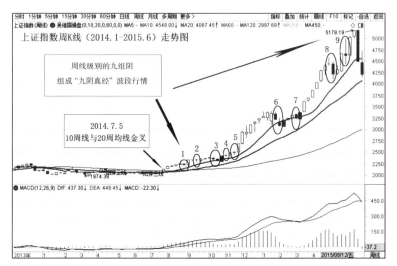

图 3-28　上证指数周 K 线走势图（2014 ～ 2015 年）

实战案例：贵州茅台（600519）。

2017 年 9 月 22 日，贵州茅台的 10 日均线上穿 20 日均线，启动了 469.98 元上涨到高价 719.96 元波段上涨行情。

从均线金叉到波段最高价上涨区间，先后出现洗盘的九组阴 K 线，完美演绎了"九阴真经"波段上涨行情（见图 3-29）。

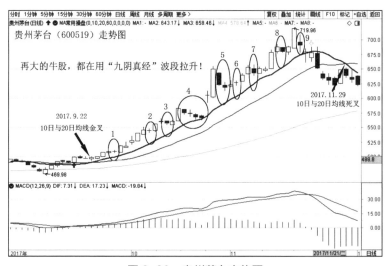

图 3-29　贵州茅台走势图

吴继国说：要是不懂得"九阴真经"九组阴背后的原理和规律，及实战应用方法，就很难克服阴线恐惧症，一般也难做到坚定持股、吃完整段波段利润。

重要提示：九阴真经只适用于 10 日与 20 日（周）均线金叉主升波段区间，不适用于震荡行情中。

绝技三：短线盈利操盘绝技

秘籍四："桃园三结义"波段起涨战法

这是吴继国狙击飙涨强势股，短线快速获利绝技之一，也是买在连续涨停板拉升前的短线操盘经典战法。

技术形态：

在 10 日均线与 20 日均线刚形成波段金叉区间，股价收出连续的三根阴 K 线即"三连阴"展开洗盘。

这种三连阴，就好比三国时期刘备、关羽、张飞三兄弟桃园结义要"干大事"一样，吴继国形象地称它们为"桃园三结义" K 线形态。这往往是展开波段上涨行情的一个重要信号，也是不可错失的最佳买入点。

买入方法：

分为三种：一是三连阴之后，阳 K 线收盘价突破第三根阴 K 线的最高价，为第一买点；二是三连阴之后，阳 K 线的收盘价突破三连阴 K 线区间的最高价，为第二买点；三是三连阴洗盘若跌破了 5 日或 10 日均线的，再次上穿 5 日或 10 日均线，也是最佳安全买入点。

注意事项：

10 日与 20 日均线刚金叉时附近出现的桃园三结义（三连阴），是最安全的波段起涨买入点。

禁止在 10 日与 20 日均线金叉区间的第五组阴线之后以及股价高位

顶背离时出现的"三连阴"买入，以防高位被套。

实战案例： 国科微（300672）。

2019 年 8 月 27 日、28 日、29 日，国科微在 10 日与 20 日金叉后，缩量连跌三天，形成三连阴洗盘的"桃园三结义"技术形态。

8 月 30 日股价上穿 10 日均线，并以涨停板收盘突破三连阴区间的最高价，形成绝佳买点。随后，连续涨停板拉升股价，短线暴涨！

在 9 个交易日内，国科微短线涨幅高达 57.54%！均线金叉后的"桃园三结义"，书写出短线牛股暴涨传奇（见图 3-30）！

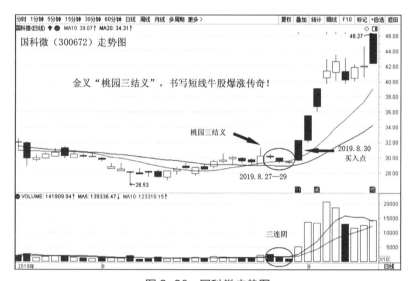

图 3-30 国科微走势图

实战案例： 东方中科（002819）。

2019 年 8 月 28 日、29 日、30 日，东方中科在 10 日与 20 日均线刚金叉后洗盘调整，收出三连阴，形成"桃园三结义"技术形态。

9 月 2 日收盘上穿 20 日均线，形成波段安全买点。

9 月 3 日收盘上穿 10 日均线，并突破三连阴的第三根阴线最高价，形成第一买点。

9月9日收盘阳线，突破三连阴区间最高价，形成第二买点。

9月12～20日，连续6个涨停板强悍拉升，短线涨幅77.13%（见图3-31）。

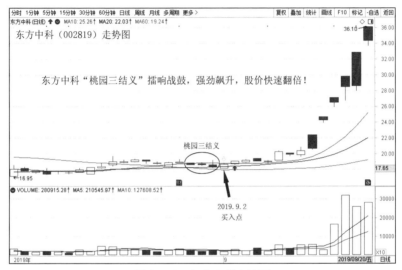

图 3-31　东方中科走势图

秘籍五:"变脸K线"操盘战法

技术形态:

上涨趋势中，在10日与20日均线金叉区间，上一日阴线收盘跌破10日均线，当日立即以阳线收盘上穿10日均线，形成阴、阳反转K线组合的"变脸K线"技术形态。其后，股价展开快速上涨的波段行情。

主力行为分析:

主力利用广大投资者对阴线恐惧的心理，在拉升前极短的时间内跌破10日均线，引发跟风、获利的止损盘，达到以最低成本最短时间快速洗盘目的。这种"变脸"K线，往往是广大投资者最容易忽略的短线最佳买入信号。

买入点：

股价上穿10日均线为重要安全买点。股价突破"变脸K线"中阴K线的最高价，为最佳买点。

"变脸K线"条件选股公式：

MA(CLOSE,10)>MA(CLOSE,20) && REF(CROSS(MA(CLOSE,10),C) && C<O,1) && CROSS(C,MA(CLOSE,10)) && C>0。

实战案例：天津普林（002134）。

2019年8月30日（周五），天津普林的10日均线与20日均线金叉5个交易日，阴线收盘跌破10日均线。

9月2日（周一）为第二个交易日，该股以阳线收盘上穿10日均线，与前一个交易日形成"阴阳翻转"K线组合的"变脸K线"技术形态。

2019年9月4日至10日，股价以5个连续涨停板强势拉升，短线涨幅高达61.05%！（见图3-32）

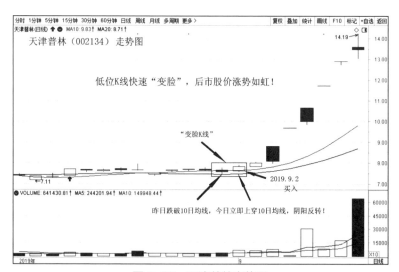

图3-32　天津普林走势图

实战案例：科陆电子（002121）。

2019年3月1日科陆电子阴线收盘跌破10日均线，看似股价要大跌在即，但3月4日股价却逆转收阳上穿10日均线，形成"阴阳反转"的"变脸K线"技术形态。

2019年3月5日至14日，6个交易日内股价以5个涨停板连续拉升，短线涨幅高达54.28%，波段翻倍涨幅110.70%。（见图3-33）

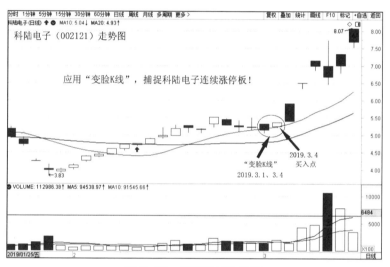

图 3-33   科陆电子走势图

绝技四：抄底逃顶操盘绝技

秘籍六："绝底反击"波段抄底战法

技术形态：

股价经过一个波段的长时间下跌，出现波段最低价止跌反弹，第二日股价立即上穿10日均线，形成"绝底反击"技术形态，确认下跌波段的结束，后市展开波段上涨行情。

反常规细节：正常情况下，出现波段最低价之后，展开反弹行情之前，通常至少需要三到五个交易日才能上穿 10 日均线。而"绝底反击"技术形态则是出现波段最低价的第二天，甚至当天就上穿 10 日均线，形成波段绝对的底部。这是主力急不可待拉升的一个信号。

买入点：

出现波段最低价当天或者第二天上穿 10 日均线，就是最佳买点。

实战案例： 招商银行（600036）。

招商银行经历了长达一年下跌之后，2019 年 1 月 3 日，下跌到波段最低价 24.38 元方止跌反弹；第二日（1 月 4 日），股价反常规地上穿 10 日均线，形成"绝底反击"技术形态。其后股价展开波段上涨行情。（见图 3-34）

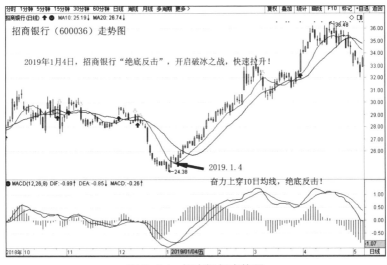

图 3-34　招商银行走势图

实战案例： 上证指数 2019 年春季行情。

上证指数从 2018 年 1 月 29 日创下 3587.03 点高点之后，一直下跌，到 2019 年 1 月 4 日创下 2440.91 点低点，当日绝底反击，强力上穿 10 日

均线，开启春季上涨行情。（见图 3-35）

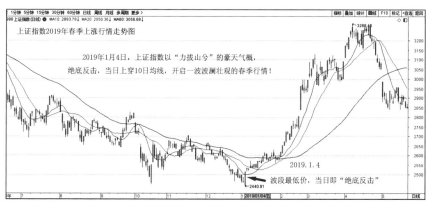

图 3-35　上证指数 2019 春季上涨行情走势图

秘籍七："小鸟躲雨"波段逃顶战法

技术特征：

股价波段上涨行情结束，高位下跌，10 日均线与 20 日均线死叉。在刚死叉时，出现两根上涨的反弹双阳也称"逃命双阳"的 K 线组合，形成"小鸟躲雨"技术形态。其后股价展开长时间的波段下跌行情。

暴风雨来临前逃顶卖出："小鸟躲雨"技术形态形成时，该反弹双阳 K 线，是确认 10 日均线与 20 日均线死叉有效性的标志，是最后的波段逃顶信号，收盘前一定要清仓卖出，切莫犹豫幻想。

注意事项：

10 日均线与 20 日均线死叉前的"反弹双阳"，不算"小鸟躲雨"；只有刚死叉之后的"反弹双阳"，才算"小鸟躲雨"。

实战案例：上证指数。

2015 年 6 月 12 日，上证指数到 5178 点波段最高点后，展开高位大幅杀跌行情。6 月 24 日 10 日均线下跌死叉 20 日均线，此时，在均线死叉的下方，出现反弹双阳的两只"小鸟躲雨"的技术形态，此为波段逃顶

的最后一次机会。后市股市即一落千丈！（见图 3-36）

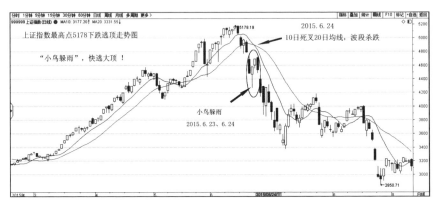

图 3-36　上证指数最高点 5178 下跌逃顶走势图

实战案例： 五粮液（000858）。

2018 年 1 月 15 日，五粮液涨到波段最高价 93.18 元后见顶下跌。1 月 30 日，10 日均线与 20 日均线死叉，宣告波段下跌行情来临。

1 月 30 日、31 日在均线死叉下方，出现反弹"逃命双阳"的"小鸟躲雨"技术形态，即可确认均线死叉的有效性，其后股价开始波段下跌（见图 3-37）。

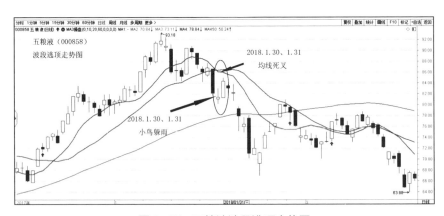

图 3-37　五粮液波段逃顶走势图

秘籍八："AB.CC""AB.98"逃顶（抄底）战法

技术形态：

在波段顶（底）部最高或最低价格的小数点后两位，数字重复相同的，称之为".CC"；小数点后两位是 98 的，称之为".98"；而小数点前面不管多少位数，都统称为"AB"；将小数点前与小数点后的数字组合起来，就形成了"AB.CC""AB.98"波段顶（底）部数字价格形态。

大量的实战案例统计表明，"AB.CC""AB.98"这两种数字价格形态，在高位出现，形成波段顶部最高价，是强烈逃顶卖出信号；若在波段低位出现，形成底部最低价，是强烈的抄底买入信号。

实战案例： 五粮液（000858）（"AB.CC"逃顶）。

2018 年 3 月 29 日，五粮液经过波段下跌后，底部出现 63.88 元"AB.CC"的技术形态抄底买入信号。其后股价止跌，展开历时 31 个交易日的波段上涨。

5 月 16 日，五粮液波段顶部最高价到 80.11 元，出现"AB.CC"技术形态的逃顶卖出信号；之后，若能应用"AB.CC"快速逃顶卖出，则便能及时躲过股价再次下跌的亏损（见图 3-38）。

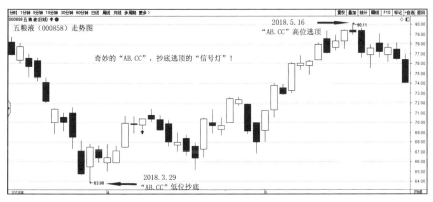

图 3-38　五粮液走势图

实战案例： A 股指数（"AB.CC" 春季行情逃大顶）。

2019 年的春季行情中，4 月 8 日 A 股指数见到反弹最高点 3444.44
点的 "AB.CC" 技术形态逃顶信号。这是行情结束及时撤离的最佳逃顶
时机，其后展开下跌（见图 3-39）。

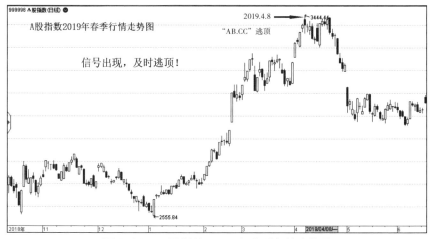

图 3-39　A 股指数 2019 年春季行情走势图

实战案例： 方正证券（601901）（"AB.98" 逃顶）。

2015 年 4 月 9 日，方正证券波段顶部出现最高价 16.98 元的 "AB.98"
技术形态的逃顶信号。其后股价惨烈下跌，跌幅高达 64.78%（见图 3-40）。

图 3-40　方正证券 "AB.98" 逃顶走势图

实战案例： 复星医药（600196）（"AB.98" 抄底）。

2019 年 6 月 5 日，复星医药下跌波段底部，出现最低价 21.98 元的 "AB.98" 技术形态的止跌抄底信号。其后股价展开反弹上涨行情（见图 3-41）。

图 3-41　复星医药走势图

总结："AB.CC""AB.98"顶底部数字价格形态，是准确性和安全性较高的抄底买入和逃顶卖出信号。

秘籍九：分时逃顶操盘战法

冲击波"M"头分时逃顶

技术形态：

股价运行在 10 日均线上方，经过一段时间上涨，在某个交易日，正常交易节奏被打乱，分时图盘中突然出现密集大单快速拉升股价，极短时间（15 分钟）内涨幅大于 4% 以上，形成非常陡峭的"冲击波"分时价格走势，随后股价高位形成"M"头震荡后，跌破"M"头中间低点颈线位，快速下跌。这会引发后市连续多日下跌甚至波段长时间下跌。

卖出时机：跌破分时"M"头中间低点颈线位，及时卖出。

实战案例：通宇通讯（002792）。

2019 年 4 月 22 日，通宇通讯盘中快速拉升股价，在高位震荡形成冲击波分时"M"头，然后下跌，以长上影线阴线收盘。股价后市快速杀跌（见图 3-42）。

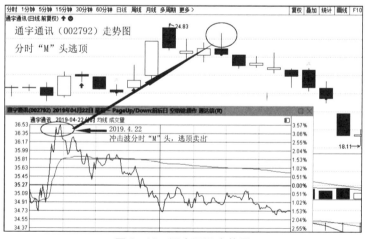

图 3-42　通宇通讯走势图

对这种 15 分钟内快速拉升所形成的分时冲击波 "M" 头逃顶信号，一定要高度重视警惕！

"断魂草" 分时图波段逃顶

技术形态：

股价经过波段上涨后，在高位多日收上影 K 线，震荡滞涨。某个交易日，分时盘中正常一波上涨后，股价突然闪崩，直线跳水跌破分时均价线，下跌到某个价位止跌。

然后，分时价格线呈水平线横盘 3 ~ 8 分钟不变。分时线水平横盘期间及前后，常伴随密集巨量大单，股价却纹丝不动。

分时价格线水平横盘 3 ~ 8 分钟之后，股价打破水平横盘格局反弹，呈现多次垂直、类似弹簧般的自如涨跌。从分时图看上去，就像人喝了 "断魂草" 中毒休克时的心电图，因此取名 "断魂草" 分时图，这是波段逃顶重要信号（见图 3-43）。

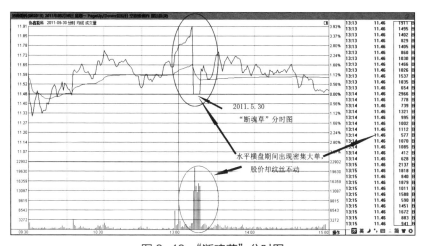

图 3-43 "断魂草" 分时图

实战案例：协鑫能科（002015）。

2015 年 5 月 30 日，协鑫能科盘中走出闪崩跳水、垂直下跌的 "断魂草"分时图技术形态。约半小时后，股价回到常态走势，当天还略涨收盘，迷惑了投资者。

第二天，股价跌停板收盘，其后短期内快速杀跌（见图 3-44）。

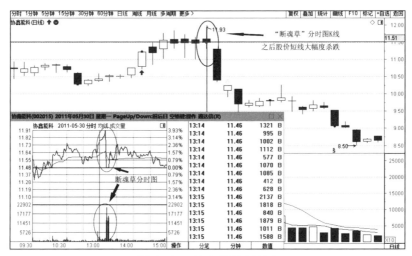

图 3-44　协鑫能科走势图

卖出时机：

"断魂草"分时图，不是经常出现，却是股价即将大幅度快速杀跌最强烈的信号。只可惜，很多投资者朋友都没有认清它狰狞的面目，偶尔遇见时，还在笑谈其走势。却不知，这是逃命卖出的最佳也是最后的机会！

绝技五：交易心法和风险控制绝技

秘籍十：交易原则

抬头看大势，低头做强势，风控要及时！

秘籍十一：操盘纪律

永远不和 10 日均线下的股票 "谈恋爱" ！

打死都不买远离 10 日均线超过 7 天以上的股票。

永远不要在大盘 10 日均线与 20 日均线死叉区间做股票。

秘籍十二：选股禁忌

决不选创 "天价" 后的股票介入。

万物生长靠太阳，太阳照不到的 K 线不要买；只买阳光普照区间的 K 线。

尾声：交易者的中国梦

结束一个半月朝夕相处的采访，我就要离开美丽的巽寮湾了。

我和吴继国起得很早。我们站在 19 层楼的高处，凭窗望向无垠的大海。这时，只见旭日下，海面霞光万丈，被金秋阳光染红的金色波浪滚滚而来……

一个多月，伴着涛声，日夜听着他的坎坷股市人生经历和他创出 30 倍战绩的传奇故事，我深受震动。

"成功锁在保险箱，如何找到正确的密码？" 采访中，他数次讲起的一句话，此刻，犹在耳畔。

24 年来，他一直在寻找，经过艰辛不懈的努力，他终于找到了，成功了。这些年，他这个 "纳金波段王子"，还把自己成功的理念与方法，传递给了北京、上海、广州、深圳、杭州、武汉、荆门、大连、珠海、佛山、东莞、长沙、株洲等地的投资朋友。

"继国，你已经取得了很骄人的战绩，今后有什么打算？"惜别前，我问他。

他望着大海，发着感慨："万事万物，正如眼前潮涨潮落一样，都是此消彼长。股海一路走来，有苦，也有甜。这些年，我虽然取得了一定成绩，但和股林里更多的高手相比，还相差很远。我的资金规模还不大，要继续做大做强。作为一个金融战士，我一直有一个梦想。"

"什么梦想？"

吴继国顿了一下，说道："我是穷孩子出身，我不能忘本。股海里有许多许多和我当年一样的投资朋友在迷茫中，我想多帮帮他们，把自己多年在实战中探索出来的交易经验和方法，与大家分享，让他们少走弯路，做些有福报的善事。

"以后，有条件的话，我还想携手有梦想的金融志士，办一所金融职能技术学校，让更多人受益。为培养金融人才、股票操盘手、交易大师，为中国的金融强国梦，贡献自己的一点力量！"

说得多好啊！他要向着新的目标启航了。

我从内心祝愿他，今后能不断创出佳绩，向着一个交易者的中国梦，不懈地永远前行……

04

杨帆

———

"永远铭记巴菲特搭档查理·芒格的名言：以合理的价格买入并持有伟大的公司远好过以超低价格买入的平庸企业，只有这样才能享受长期的复合回报！"

他，一个痴迷"巴菲特之道"的优秀金融学子，从18岁到26岁，从13万元起家，到创造出6000多万元的财富，再到数亿元规模基金的"掌门人"，他用所学的金融专业知识和无悔的青春年华，在校园里、在中国股坛上奏响了一曲令人惊叹的价值投资"青春之歌"……

投资简历
RESUME

个人基本情况
Personal Information

杨帆，30 岁，湖南衡阳人，2015 年毕业于上海财经大学，金融硕士。

入市时间
Stock Market Entry Time

2008 年 10 月 27 日。

投资风格
Investment Style

崇尚并追寻巴菲特投资之道，以价值投资选股为基础，结合市场和公司的估值高低，进行投资。

投资感悟
Investment Insights

根据估值高低进行买卖决策，是逆向投资。属于价值投资的一部分，但不是全部。

价值投资最重要且最难的是：估算公司未来的价值，尤其是成长以后的价值。

价值投资最需要努力搞清楚的地方，是估算和研究公司未来 5 ~ 10 年的价值是否会比现在价格高很多。

迷上巴菲特的"校园股神"

记在大学生涯里炒股就炒成"千万富翁"的金融学子杨帆制胜股海的故事

他 18 岁上大一时开始炒股。

本科毕业成为百万富翁。

硕士研究生还没毕业，他就凭所学金融专业知识和长期的投资实践，炒股竟炒成了"千万富翁"，闻名校园。

2015 年毕业第一年，他就拥有 6000 万元身价，成为巴菲特价值投资之道的青年实践者。

2018 年末，当我第一次见到并采访这位专业科班出身、年仅 29 岁的优秀金融才俊时，他已是发行数亿元规模基金的"掌门人"。

他的名字叫杨帆。

他的股市人生精彩而不凡!

引子：那一天，他再也"忍无可忍"……

傍晚。雨下得很大。校园的操场上静寂一片。

此刻，只有 18 岁的大一学生杨帆孤身一人沿着操场上的跑道，一圈又一圈地走着。

他没有打伞，也没有躲雨，浑身上下早就被雨水打湿，似乎有意让深秋的冷雨，把自己淋个透。

这天，是 2008 年 10 月 26 日，周日。是杨帆一辈子都不会忘记的日子。因为"雨中行"的这个傍晚，正是他踏入中国股市作出重要决策的时刻。

2008 年在美国金融风暴的席卷下，中国股市经历了一轮极为惨烈的暴跌。上证指数从 2007 年 10 月 16 日的 6124.04 点的高点一直暴跌到 2008 年 10 月 28 日 1664.93 点低点，最大跌幅高达 72.8%，中国和全世界的投资者损失惨重，可谓前所未有！

自从上大学开始，杨帆就立志将来要在中国的资本市场上做出一番事业，实现自己的投资梦想。

他酷爱自己的偶像、世界投资大师巴菲特。从入学开始，他就大量阅读关于巴菲特的书籍，巴菲特的价值投资理念一直深深扎根在他的心中，巴菲特的一言一行都影响着他。

2008 年 9 月 20 日，当上证指数从 6124 点跌到 2000 点时，杨帆看着满目疮痍的中国股市，市场上百分之八九十股票的股价都跌得面目全非。他想到巴菲特"要买便宜的"教诲，意识到此刻的许多股票价格便宜极了。

"当时，浦发银行和兴业银行的市盈率才 4 倍，三一重工、中联重科也才 8 倍市盈率，眼前真是'遍地黄金'呀！"采访中，他用当时学得的专业知识如此分析说，"2008 年 9 月份，我选出了一些自认为极具价值投资的股票：浦发银行、兴业银行、中国平安、中信证券、贵州茅台、五粮液、中联重科、三一重工、江西铜业、张裕 A 等，准备伺机买进。"

"这些都是基于价值投资的理念选的吗？"

"是的。那时的我，对价值投资的理念还理解得不够全面，还只是机械式的价值投资，只想买便宜的，比如看最简单的净利润、PE、PB，还不太懂它的成长性。"因为刚读完大一，对财务报表分析没有太系统的学习，但是基本的毛利率、净利率、ROE、营业收入、净利润增长率、各项周转等重要财务指标有粗浅的涉猎。"

"选好股票以后，就买进了吗？"

"没有。我一直忍着，等待介入的最好时机。"

"后来是什么时候开始买的？"

"2008 年 10 月 27 日。这一天，我永远都忘不了。10 月 26 日那天，在雨中，我一边走，一边思考，决断，从八九月份以来，我天天盯着绵绵下跌的盘面，当时实在有点忍无可忍了，经过三思，最后决定：周一一定要买股票！

"记得当时的心情是既兴奋，又有点怕。兴奋的是终于有机会可以入市了，感觉第一次买卖股票无比神圣。我为此摩拳擦掌准备很长一段时间，现在终于可以上战场了。害怕是因为第一次真枪实弹买卖股票，心里没有底，再加上当时雷曼兄弟、贝尔斯登（华尔街第五大投资银行）破产，花旗、AIG（美国国际集团，世界最大的保险公司）也面临倒闭的风险，全球风声鹤唳、草木皆兵，处于一片悲观之际，在学校计算机机房查看财经信息，只有少数资本家在呼吁大家投资，比如巴菲特、李嘉诚。李嘉诚不仅呼吁买股票，还号召大家买房子，此情此景历历在目。但是，人们对未来仍然是充满担忧的，全球处于风雨飘摇的状态。每天都是铺天盖地的悲观报道，这时的投资，无疑是一种'搏命'的危险事儿！

"我那时在上学，手里没有多少资金。上大学前存了一些钱，从小就喜欢存钱，不像一些小孩把钱用来买玩具和零食，大约高中的时候存了3万块，上大学不买电脑，不去外面吃喝玩乐，每天就是看书学习，除了吃饭、电话费，每个月的生活费可以存下1000来块，加上家里支持投资股票的钱，到2008年10月，我银行账户大概有13万元。"

"当时第一次入市买股票，有没有设定过盈利目标呢？"

"有。"杨帆说，"当时，我想3年能赚一倍就行了，心里揣摩着每年有25%的回报就已经谢天谢地了。"

"周一买股票了吗？"

"买了。那天，我向老师撒了个谎，说是发高烧，便没有去上课，借室友的电脑，躲在没有人的教室里，插着学校的网络接口，从上午开盘，一直买到下午收盘。

"记得当天（2008年10月27日）大盘跌了6.32%，我心里还是有点怕的，一点一点地在买，买了一整天。"

"当时都买了什么股票？"

"一共买了三只股票：兴业银行、浦发银行、中国平安。其实我蛮想买招商银行的，但是招商银行的估值一直比兴业银行、浦发银行贵，并且业绩增速也没有它们好。另外，我也想过买三一重工和中联重科，但是因为它们的估值（市盈率）有8倍，觉得比银行股贵，就没买。后来面对世界金融风暴，中国政府在2008年11月推出'4万亿元投资计划'，三一重工业绩爆发式增长，股价涨了十几倍，还是有点惋惜的。那会儿，我没有考虑未来的成长性，就是机械地看静态估值。

"那天买到下午3点，整个人都有点懵了。一是长时间不停地在买股票，10月底天气比较冷，一个人坐在教室里寒风吹来冷飕飕的，再加上钱用完了，心里好像没有了寄托，不知道会亏多少钱。一个人一直在教室坐到6点钟，心里想着市场这么差，也许要亏15%，也许亏5%，也许亏25%，万一亏30%就太倒霉了，想一想亏25%应该是可以接受的。"

"回过头来看，你是在最低点入市买股票的。不用说，一定赚得不少吧？"

"也不能说最低点，是最低点的前一天。10 月 28 日，上证指数最低跌至 1664.93。那天中国平安股价跌到 19.90 元，我好想多买些中国平安，可是资金太少了。我就给我妈妈打电话，让她再投 20 万元或者 30 万元钱给我，只买中国平安，被她拒绝了。她说现在市场太恐怖，等跌到 1400、1300 点再给你钱买吧！"

残酷的市场重创着万千投资者的心！

然而，就在中国股市最悲惨的"极点"，在漫漫"黑夜"的尽头，在暴风雪来势最猛烈的时刻，18 岁的杨帆却果敢地抄了历史大底！

巴菲特的投资理念，给予了睿智果敢的杨帆以丰厚的回报！在 2008 年千万人"都亏死了"的时候，他却在半个月不到的时间里，收获了 25% 的收益！

这是一个金融才子入市后的第一桶金，也是他走向成功迈出的坚实的第一步！

这里，让我们穿越牛熊，将"时光倒流"，看看这位痴迷巴菲特投资理念的杨帆，在迈出股市人生第一步后，在校园内外发生的那一串串精彩纷呈的故事吧……

在价值洼地里淘金

⮕ *投资股票就像玩寻找宝藏的游戏，必须要乐此不疲、不断地寻找。他在 20 岁的青春年华，每天都泡在上市公司的"宝藏图"中，用所学专业知识，去深度挖掘出一只又一只价值洼地里的优质股。*

低估值! 还是买低估值!

平生第一次买股票，就抄了历史大底，杨帆显得异常兴奋。但他头脑十分清醒：他之所以成功，完全是遵循了巴菲特"以低于其内在价值的价格买进股票"的投资原则。

这一成功的印记，一直伴随着他。在价值洼地里淘金，买估值最便宜的，是他多年来股票投资坚持的唯一要诀。

2008年股市大跌时，他买的银行股市盈率才4倍，真是太便宜了（见图4-1、图4-2）!

当时，他本不想过早地卖出，但是随着后来要面临期末考试，加上已获得丰厚利润，他还是于2008年11月中下旬将手头的股票全部卖出了。

2009年年初，大盘开始反弹，他继续坚持在低市盈率的股票里淘金，寻找低估值标的。最后，他选来选去，还是觉得金融类股票便宜，尽管银行股票绝底反弹已涨了一个来月了，比卖出价格略微高了一些，但估值仍还只有5倍左右。于是，他再次把自己青睐的兴业银行、浦发银行和中国平安重新买了回来。另外，他还在市场关注度高的有色金属板块中，选了一只市盈率较低的江西铜业（600362）。这些股票都是他在大盘从1800点涨到2000点过程中逐步买进的。当时，他的仓位有四成，并没有立刻满仓，因为指数比1664要高一些，担心市场随时有回调的风险，市场上也有很多的噪音：指数可能还要再创新低或者二次探底。因此，他还是比较谨慎。

"当时云南铜业涨得更好，为何不选云铜而选江铜呢?"

"云南铜业的PE是负的，我总感觉心里没底；而江西铜业，市盈率是正的，比较放心，完全没有考虑云铜和江铜未来业绩弹性的问题。对于PE是负数的企业，我现在都非常小心。"

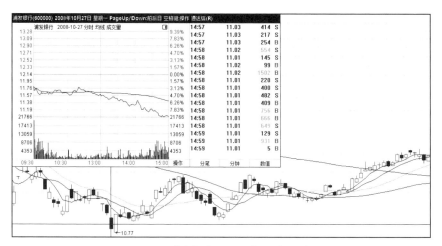

图 4-1　浦发银行 2008 年见底分时图

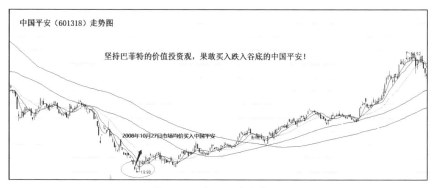

图 4-2　中国平安走势图

大盘涨到 2400 点后开始向下调整，杨帆在下跌中继续加仓，除了继续持有兴业银行、浦发银行、中国平安和江西铜业外，他又补买了两只证券股：中信证券和东北证券。

当上证指数从 2400 点调到 2100 点时，杨帆已满仓。他记得很清楚，2009 年 3 月 4 日，下午 1 点多，他刚买完股票，大盘就大涨，当天拉出了一根涨幅 6% 的大阳线。浦发银行和兴业银行双双涨停！

那段时间，他正在上大二，在杨帆记忆中，那是一段最美好的时光。

在股票上涨的时候，他每天都有几千元的盈利，让他很开心。他应用所学的金融专业知识，每天乐此不疲地泡在上市公司的"宝藏图"中"寻宝""鉴宝"，炒股成了兼顾的一件"轻松而有趣的事儿"。而股票盈利又反过来激励他更加努力学习金融、股票知识以及投资的理论和方法。

他买的都是低估值的股票，成本比较低，没什么压力。买入股票后，杨帆就按巴菲特的价值投资法则，长期持有。只要上涨的趋势线不破，他就一直拿着不动。慢慢，浮盈越来越多。每天上课走在路上，他甚至都兴奋得"手舞足蹈"，觉得股票只要买得便宜，赚钱不是太难的事儿。渐渐地，他成了同学中的炒股"小老师"，大家都戏称他是"小巴菲特"。忆起当年，同学们都还依稀记得那会儿让杨帆推荐股票时，经常听他在教室和寝室里，大声反复地喊："买平安! 买平安! "

纠结中抉择，沉到"煤海"掘"黑金"

大盘一直在反弹。杨帆持有的银行股和中国平安，很快获得了 3 倍的收益。2009 年 7 月 29 日这天，一向走得十分坚挺的中国平安，盘中突破大幅下跌，最低跌 8 个百分点，收盘 59.13 元，跌幅 5.33%。

当天虽然杨帆没有卖出，但他内心已开始有"疙瘩"了。他曾亲眼看见 2008 年股市的暴跌，对 7 月 29 日的下跌，有极强的警觉性。

那时，他虽然感到市场整体估值不是特别高，比 2007 年还是低不少，但是从 1664 低点反弹已 9 个月了，股票的涨幅已很大，尤其是深圳指数估值偏高。纠结了几天，他做出抉择：把获利已 3 倍的股票全部清仓。此后，在连续三天的反弹中，他于 7 月 31 日卖光了持有的全部股票。那正是 2009 年 8 月 4 日，3478 阶段性顶部高点到来的前夕。

一轮下跌后，杨帆仍继续在寻觅低价的"猎物"。他分析，在那一轮上涨中，涨幅最大的当属有色金属板块。有的小金属涨了 10 多倍，回报率非常惊人，但估值却非常离谱。此时，杨帆不敢介入市盈率非常高的有色金属，他选择买估值相对比较适中的煤炭股。在煤炭股中，他又挑选了市盈率最低的两只股票买进。一只是阳泉煤业（600348，原名：国阳新能），买入成本为 13.50 元；另一只是潞安环能（601699），买入价12.50 元。买进后，两只煤炭股反弹力度大，比银行股表现更优异，大约到 12 月 2 日，上证综指已涨到 3300 点，接近 3478 高点，杨帆持有的阳泉煤业和潞安环能的涨幅都超过 30%，他选择了获利了结。

2010 年伊始，市场继续不断走低。杨帆把猎击的目光再次聚焦于估值低的煤炭股阳泉煤业。当时，其静态市盈率才 10 倍左右，他毫不犹豫地买入。之后，大盘不断下跌，他就不断加仓。到了 7 月，大盘跌到了2350 点，他再次加满仓买入估值低的阳泉煤业。

他的选择是睿智的。阳泉煤业给予了他丰厚的回报。在 10 送 15 高送转题材的催生下，阳泉煤业几乎每天涨停。大约涨了一倍，杨帆就想卖了，但内心又很纠结。到底要不要卖？那时他想到巴菲特说的要长期持有，他告诫自己一定要学习和坚持巴菲特的思想，短期内卖掉不是学习巴菲特，便继续持有。但当股价涨到 3 倍的时候，他觉得这个长期持有是不是可以先出来观察一下，另一方面短期股价确实涨得太多，心里舍不得这个钱后面亏回去，因此在犹豫中慢慢地卖掉了。

独到的选股眼光和持股的决心，让杨帆在 "煤海" 里不停 "挖掘"，收获了重重的一桶 "黑金"！（见图 4-3）

图 4-3　阳泉煤业走势图

在"蜗牛"股上，攫取翻倍利润

　　2013 年是创业板的大年，股价从 1 月份马不停蹄涨到 12 月份。当时的传媒股和手游股风光无限，经常出现涨停，气势如虹。

　　看到创业板火红的行情，杨帆虽然心热，却非常冷静。他没有盲目地去追那些高高在上的"明星股"，而是潜心去寻找被人们"遗忘"的低估值股票。

　　他泡在学校的图书馆翻阅各种资料和信息，竭力在创业板中寻找估值便宜的、没有大幅上涨的个股。他把创业板的上市公司一个一个地翻看，但在创业板如潮涨势中，要找股价涨幅不大、估值还不贵的公司是不容易的。

　　杨帆不停地努力寻找着。终于，2013 年 4 月上旬，有一只 1～4 月涨幅不大的公司天喻信息（300205）映入他的眼帘。他立刻对这个估值并不贵的公司产生了浓厚的兴趣。

他首先分析该公司的主营产品。天喻信息是做 IC 卡的，杨帆恍然大悟：难怪它的股价涨不起来，比指数还差，因为它的主营产品目前没有增量市场。查看最近两年的公司财务报表，业绩增长也不快。因为投资者看不到它未来的业务增长，前景也不明朗，所以估值就给得比较低。这家公司的 PE 才 30 多倍，股价似"蜗牛"一般趴在那，很少有人问津。当时创业板的估值已经接近 50 倍，不少公司的估值已经超过 70 倍，手游股基本上都是 100 倍以上。杨帆想放弃对这家公司的继续研究，但又有点不舍得，毕竟创业板找到估值才 30 多倍的股票不容易。

他又继续往下研究。当从相关新闻中看到国家正在大力推行银行的 IC 磁卡，这个业务和天喻信息的主营业务非常吻合。杨帆立刻跑到学校附近的几个银行网点询问，是不是以后的银行卡都要换成 IC 磁卡。当他得到肯定的答复后，杨帆还特意把自己的银行卡换成了新卡，体验新银行卡的功能。此时，他也预感到天喻信息的业务将要出现大爆发，因为如果在全国各地推广的话，天喻信息作为 IC 磁卡的龙头企业，肯定会受益。而此前市场给予天喻信息的低估值，是因为大家没有看到它的增量业务要立刻爆发。

深入研究之后，杨帆想都没多想，就在 2013 年 4 月上旬立刻"潜入"天喻信息这只"蜗牛股"，买入价格 14.50 元左右。他暗想，一定要坚持到公司的主营业务爆发。

天喻信息公司主营业务爆发的速度比杨帆预料的更快。4 月 22 日公司的一季度业绩公布以后，股价就开始大涨，营业收入和净利润大幅提升。等公司半年报出来以后，令市场大吃一惊：营业收入增长 90%，净利润增长 631%，扣非后净利润增长更是高达 58925%。在高增长的财报刺激下，股价不断地创出新高，最终于 2013 年 11 月 29 日达到 42.13 元，股价翻了近 4 倍。杨帆在 10 月 22 日以 38 元卖出。在潜心调研、猎击低估值天喻信息的这场战斗中，他获得了 162% 的收益（见图 4-4）。

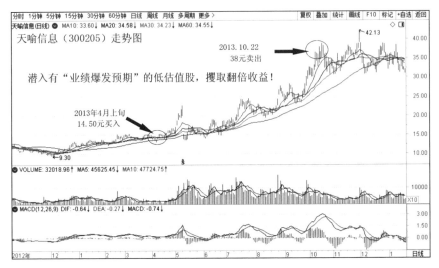

图 4-4　天喻信息走势图

追逐"成长"

> ⮕ *从涉足爱尔眼科，到酒鬼酒的成功投资，使他在价值投资的思路上发生了重大的转变，从机械的价值投资转到成长性价值投资。熊市中的连续大捷，让20岁的他，首次跨进了百万富翁的行列。*

走进"爱尔眼科"

杨帆读大学的前三年，一直把投资低估值股票作为自己的首选。

然而，真正改变他思维、让他开始赚大钱，后来成为百万富翁、千万富翁直到拥有亿万财富的，则是在读了许多书之后。

他从大一开始就如饥似渴地研读经济管理类的书籍，金融类、货币政策类、企业管理类、会计类、经济类等，还包括世界著名投资大师的传记、商业人物传记等。整整三年，除了上课，几乎所有时间他都泡在学校的图书馆，下完晚自习在宿舍也看书。宿舍灯熄了，他就借着卫生间的灯光看，周六周日什么都不做，也不出去玩，就是从早到晚看两整天的书。他把全部精力都投入了学习和投资上。

知识改变命运！思路改变一切！

随着知识的丰富和眼界的放宽，杨帆的投资之路发生了很大变化。他逐渐摆脱了单纯"以估值论英雄"的机械性的价值投资观，转向了成长性价值投资的新天地。

这一质的飞跃，要从他对爱尔眼科的深入调研和投资，以及爱尔眼科对他的触动与启迪说起。

那还是 2010 年初的事儿。那会儿，杨帆空仓，想在大批的次新股中寻找一些好公司准备投资。一天，他跟一个私募的投资总监朋友聊天，向他请教哪只次新股比较好。那位投资总监向他推荐了爱尔眼科（300015），并且希望杨帆研究一下，可以锻炼自己的能力，写一篇研究报告。

杨帆非常认真地对待这件事。除了读书和准备期末考试，就一心一意看爱尔眼科的相关资料。恰好爱尔眼科又是湖南长沙刚上市的一个企业，借寒假还可以去调研一下。

他先做了大概一周的书面材料研究，详细地看了爱尔眼科的招股说明书、公司的网站等公开资料以及有关它的研究报告。之后，杨帆写了约 40 页的研究报告，用几种估值方法计算出爱尔眼科的内在价值大约比现价高一倍。

"你对爱尔眼科研究得仔细，那时就能看出它是个能业绩翻倍的优秀公司。"

"实际上从现在的角度来看，爱尔眼科是创业板大牛股；涨了二十几倍。它是一家真正具有高成长性的好公司。尽管当时我做了些研究，还是肤浅的。"采访中，杨帆回顾说，"当时，我第一次独立完成研究报告，感到很自豪和骄傲，兴奋地拿给那位投资总监朋友看。他在肯定的同时，指出我没有把公司的核心壁垒完全找出来。"

"后来，又进一步做了研究吗？"

"对爱尔眼科核心壁垒的真正了解，是我利用寒假深入爱尔眼科调研完成的。我走访了不少的医师、护士，还有许多年轻的患者，了解到爱尔眼科独特的治疗近视眼的飞秒手术情况和患者的反馈意见。它不仅在长沙同类眼科中独占鳌头，而且在全国通过跑马圈地而落地生根，收购和建立了不少新的医院。另外，公司还建立专门的眼科学校，为眼科医院输出护士和医务人才，以确保后续人才队伍的建设。这一切，都让爱尔眼科独领风骚，前景无限。随着国家对一个城市只发放 2 ～ 3 家眼科医院运营牌照的限制，爱尔眼科的'护城河'和壁垒更加突出。当时我看到陈邦董事长在网上有个演讲，他说：我们这个公司市值肯定不止现在的 50 亿元，将来一定会给投资者带来丰厚的回报。爱尔眼科是少数实现这一诺言的上市公司。"

"你是何时买入的？"

"我是 2010 年 1 月下旬在写研究报告时买的，成本 50 元左右，买后它最低跌到 40 元，短期有 20% 的浮亏。2010 年 6 月上旬卖出，大约 90 元左右，盈利 80%（见图 4-5）。"

"在 2010 年的熊市中，你能找到这样一家好公司，并获得这样丰硕的收益成果，是相当不错的。"

"爱尔眼科给予我的不仅是财富，更多的是转变了我的价值投资理念。这次投资，使我从原来的机械性价值投资，初步转到了成长性价值投资。当时我买爱尔眼科的时候，它的估值大约是 39 倍，估值已不算很低。我估算它的市值以后会到 100 亿元。没想到它成长的威力是那么大，现在已有 1000 亿元市值了，是只典型的成长股。在投资过程中，我深深感触到：投资低估值股票，是价值投资的一部分，而不是全部；而追逐成长价值，则是一个价值投资者毕生都需要努力和追求的！"

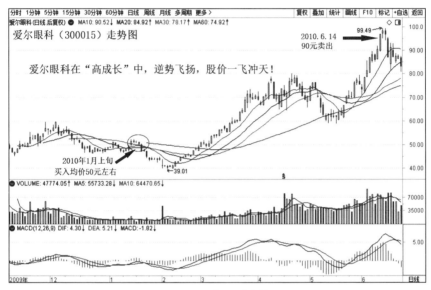

图4-5 爱尔眼科走势图

欧债危机中，他陶醉在"酒鬼酒"中……

如果说，投资爱尔眼科是杨帆初涉成长股取得的一个成功的尝试，那么，2011年他对酒鬼酒的主动出击和成功操作，则是他从机械性价值投资到成长性价值投资的彻底转型。

故事发生在2011年欧债危机，股市一片惨淡之时……

"2011年的股票相当难做，你却成功操作了酒鬼酒，获得了3倍收益。说说你和酒鬼酒的故事吧。"采访中，我对杨帆说。

"那是8年前的事儿了。"杨帆回忆起对酒鬼酒投资的一幕，场景清晰得如在眼前——

2011 年，欧洲爆发了严重的欧债危机。欧洲五国尤其是希腊、西班牙的情况很糟糕。面对欧债风云突起，杨帆内心很担忧。因为他知道，如果要继续投资股票的话，很可能会亏很多钱，尤其是和宏观经济密切相关的行业和公司。

那么，此时买些什么股票，可以应对和避免欧债危机的影响呢？他过去喜欢买银行股，并且估值也挺便宜，但是那个时候感觉有点不太合适，因为银行股跟宏观经济相关性比较高，如果欧债危机引发金融海啸，必然会亏损。他又在准备升学，平时没有更多时间去看股票。他就在想，能买什么股票和国际没关系呢？想来想去，他觉得白酒比较平稳，而且和宏观经济没那么大的关联。

但是，像古井贡酒、山西汾酒、贵州茅台、五粮液这些白酒类股票，都涨了很多。杨帆想找一个没有涨的。后来仔细一查找，还真有一个叫做酒鬼酒（000799）的涨幅较小，还是湖南湘西的一家上市公司。他高兴地去酒鬼酒的网站上看，了解到湖南省的省委书记去考察时，公司的领导就说要争取三年翻一倍业绩。杨帆一看到这个三年翻一倍，很感兴趣。他想三年翻一倍，不就每年有 30% 的回报吗？眼下刚好遇到欧债危机股市有很多不确定性，不如就买白酒试一下。

"但是，决定买酒鬼酒时，我又觉得这跟我过去的投资方式是不符合的。"杨帆当时心里很忐忑。

"为什么说买酒鬼酒和你过去的投资方式不符合呢？"

"因为当时酒鬼酒的估值有 40 ～ 50 倍，PE 太高了，很难说它有价值。当时要不要买入这么高估值的公司我很纠结，因为它基本上违反了巴菲特买低估值公司的理念，可此时我又忆起了对爱尔眼科的投资，转念一想：如果它三年翻一倍了，盈利增长一倍，折算下来的市盈率可能才 20 多倍。如果公司成长性比较好，则不需要三年，甚至两年就增长一倍，市盈率会更低。杨帆当时想，能不能做一个成长性的投资呢？"

"你什么时候开始买入的？成本是多少？"

"我是在 2011 年 6 月末买的。成本是 18.36 元，我记得非常清楚。买完之后就涨了，好像涨到 20 多块钱，然后股价就开始不断震荡。那个时候欧债危机越来越严重，它又跌回到 18 元了，但是看了一下其他类型的公司，我心里还是比较放心的，因为其他股票跌得一塌糊涂。我那个时候在准备升学，也没有时间看股票，只是每天中午会看几分钟，后来干脆闭上眼睛，懒得管了。"

"买之后，就一直拿着酒鬼酒？ 2011 年和 2012 年市场环境很差啊！"

"是的。行情差，酒鬼酒也波动很大。从我 2011 年 6 月买入到 12 月初股价涨到了 29 元。后来到月底又跌回到 20 元左右。但我一直持股没动。

"2012 年的大盘走势并未好转，到 9 月底，上证指数甚至跌破了 2000 点大关，市场悲哀情绪严重。但酒鬼酒却逆势走强，股价从年初的 20 元，一路涨到 2012 年 10 月 19 日创出最高价 61.45 元，翻了三倍，成为 A 股市场最为耀眼的一匹大黑马！

"原因在于，它公布的四季度的业绩非常好，单季度增长好像有 500%，那个时候我就非常从容了，因为巨大的增长可以让原本比较高的估值变成低估值的公司，手中持有低估值的公司，当然心里是比较踏实的。"

"你从买入到卖出，持有了一年时间，信心从何而来？"

"主要是它的业绩增长呀，这是我持股信心的主要来源。我记得 2011 年第四季度，它的业绩好像是 500% 的增长；2012 年的一季度净利润有 700% 的增长。酒鬼酒业绩比较好，所以它的业绩预告和公告都发得很早。这么好的业绩我基本上都不用想着卖出股票，心里很踏实，因为高速增长的利润，让它的估值变得很便宜。我记得 2012 年一季度的预告让公司的估值一下子从 40 多倍直接变成 10 来倍。所以高速增长的业绩很重要，可以让估值降下来。我投资思路有较大的转变，改变了机械式的价值投资，因为估值偏高可以通过成长来消化。它一直涨，我就一直拿着。"

"当时酒鬼酒在市场中好火呀，你是什么时候卖的？卖出的理由是什么？"

"的确。那时的酒鬼酒就像费翔的歌唱的那样，它是'冬天里的一把火'，燃亮了众人的心。市场上几乎所有的股评和研究报告都在热推酒鬼酒，最高有估到 90 ～ 100 元的。2012 年上半年酒鬼酒是最牛的股票。记得那时候在地铁上天天都听到有不少人讨论酒鬼酒，说买了就会赚钱，我就感觉酒鬼酒的市场热度太高了，在地铁上都有人讨论。众人贪婪的时候就要谨慎，人声鼎沸的时候，往往需要警觉。

"另外，酒鬼酒的业绩好像增长越来越慢，从增长 500%、700%，慢慢地增长降低到百分之几十，具体多少不记得了，当时已经打算卖了。虽然增速也很高，我感觉还是边际上在放缓，心里就有点害怕了。我是在2012 年 7 月初以 58 元卖出的，持有它整整一年，赚了有 3 倍的收益（见图 4-6）。

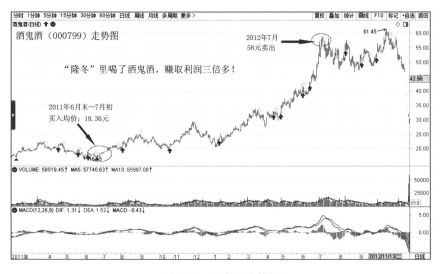

图 4-6　酒鬼酒走势图

"当时卖出的理由主要有三个：第一个是短期涨幅比较大；第二个是估值高了，大概有 50 倍了；第三个是酒鬼酒的市场热度太高了，各种研报天天都在推荐酒鬼酒，人人都在谈论酒鬼酒。人多的地方不要去啊，这个朴实的道理我还是知道的。另外从它身上赚了3倍的利润，让我的资金账户突破了100万元。我觉得这个回报率够高了，很满意，至少欧债危机躲过去了；更高兴的是，我要上研究生继续深造了。"

"通过酒鬼酒的操作案例，你对成长股的投资有哪些感悟？"

"通过酒鬼酒这个股票，我的投资思路有一定变化，认识到原来静态估值比较贵的公司也可以大涨，也不一定有很大的风险。PE三四十倍或者50倍，如果没有业绩的增长，一般来说是没有太大价值的，或者说股价高于内在价值。但是如果股票未来的成长性比较好，通过高速增长，它未来的PE就是低的嘛。过去买银行股就是因为它静态的PE是低的，包括煤炭股都是静态PE不高。通过酒鬼酒，我发现可以买静态估值相对高一些的股票，但是通过成长，折算回来未来的PE比较低的公司，股票回报率往往更好。不过，成长股投资难就难在未来的成长如何确定，这需要做很多研究工作，同时回报率也和运气有关系，谁又能完完全全知道未来怎么样呢？"

"你卖出酒鬼酒后，它的股价在10月19日创出61.45元高点，之后大幅下跌，是什么原因？你对此有何看法？"

"下跌的主要原因可能是来自市场的一些质疑，认为它的业绩有虚假成分。从报表上看业绩增长挺好，因为酒鬼酒把货物铺到渠道上，就完成了出厂的会计结算，业绩很亮丽。但是酒是被渠道囤积起来，还没有形成最终的消费者的终端销售，而真正的销售应该是被消费者买走，要么收藏，要么喝掉了。

"再一个原因就是酒鬼酒当时深陷'塑化剂'风波，不仅仅导致股价大幅下跌，其实影响更大的是酒鬼酒的销售。

"正因如此，我认为对酒鬼酒的投资，只能算是投资成长股的一次逻辑推演，从机械的价值投资，只买静态估值低的公司，转变成买未来估值低的公司。买时静态估值可能还比较高，但是通过快速的成长消化估值。但酒鬼酒本身却不是成长股比较好的案例，因为公司本身的瑕疵太多，后面因为市场上各种质疑导致股价大幅下滑。它对我此后投资成长股也是一个警示，让我更加谨慎，更加理性，更下功夫挖掘其价值。"

拥抱大蓝筹，无意间成了"千万富翁"大学生

> ⊃ *曙光来临前，一个"神圣磅礴的扩大会"在校园宿舍召开。10 多颗跳动的心，流淌出的激情在悄悄涌动……暴风雪中，他以极大的热忱拥抱大蓝筹，无意间竟成了"千万富翁"大学生。*

坚定拥抱大蓝筹

在创业板走出一波辉煌之后，大盘自 2013 年 12 月开始了新一轮的暴跌。2014 年 1 月，2000 点失守，市场对于蓝筹股再度陷入极度悲哀的气氛之中。

在漫漫"寒夜"里，杨帆在洞察市场的机会。他发现，2013 年创业板持续上涨后，估值普遍偏高，反而是中国的蓝筹股比如白酒中的贵州茅台、五粮液，保险板块的中国平安，药业中的大白马恒瑞医药，还有家电中的格力电器，都在持续地下跌，估值比 2005 年还要低。那时，人们称大蓝筹股为"烂臭股"。当时工商银行日成交额才 5000 万元，比一只 100 亿元的小市值股票成交额还低，令人感到十分诧异。市场完全不待见这些蓝筹股。

　　根据巴菲特"别人恐慌我贪婪"的投资原则，杨帆以逆向操作的策略，坚持在无人问津的股票中淘金。那个时候，贵州茅台只10倍PE，五粮液和中国平安都才6倍PE，恒瑞药业28倍PE，格力电器7倍PE。无论用什么估值方法，其股价都是大幅被低估。

　　一天，杨帆和券商研究员朋友在上海人民广场吃羊肉。杨帆说格力电器的PE才7倍真是很便宜，当时市值才700亿元吧。他说要是真的有很多钱就买格力电器。那个朋友说，你讲的这些我都认同，但去给基金公司推股票人家就一句话，逻辑估值都认同，但是你告诉我它涨得起来吗？聊天的气氛从尴尬到无可奈何，杨帆和朋友沉默了十几秒都会意地大笑起来……

　　杨帆坚持执行巴菲特投资理念，不管市场多么惨淡，多么不待见蓝筹股，他仍然我行我素。2014年1月份，他开始买入五粮液、中国平安和恒瑞药业。虽然那时股价还在继续下跌，但他仍然认为它们存在较大的价值投资机会。

　　2014年6月，杨帆开通了融资融券账户。当时，他已经在基金公司实习。不管是公募还是私募，对于未来，都是非常悲观的。但杨帆是比较乐观的。一方面，整个证券市场尤其是蓝筹股估值历史最低；另一方面，股市有一句名言：行情就是在绝望中诞生的。那时他想，如果有牛市到来，是否全部买证券股会更加受益呢？因为当时证券股的估值PB（市净率）是历史最低的。从2010年开始下跌，到2014年6月几乎没有怎么涨过。因此，他很快就决定把手中持有的五粮液和中国平安、恒瑞药业全部卖掉，然后满融满仓换成了证券股。

　　当时，他买进了山西证券（002500）、方正证券（601901）和海通证券（600837），市值共计有400多万元。

　　买进后，他并不知晓满融满仓的"平仓"风险，同学之间只要是开了两融账户的，全部清一色的满融满仓。谁也不认为自己的股票账户会有被强平的风险。有一段时间，同学之间还在比较杠杆率，哪家券商更高。

大家不会控制自己的杠杆率，这便为 2015 年的股灾埋下了很大的隐患。

之后的牛市来得这么快，这么猛烈，是杨帆和同学们都始料未及的。国家降息后，杨帆在宿舍里组织十几个男同学召开了大家戏称的"神圣磅礴的扩大会议"，气氛热烈，激情洋溢。杨帆发表了非正式演讲，认为等待已久的牛市即将到来，并明确号召大家可以选择证券股作为主攻目标。有的同学选了招商证券，有的同学选择了海通证券，还有的同学选了和杨帆一样的山西证券和方正证券。曙光来临之时的这个夜晚，杨帆和十多个与会同学为企盼牛市的到来，心潮汹涌，彻夜无眠……

24 岁，他无意间成了"千万富翁"大学生

杨帆的分析和判断十分准确。很快，中国股市开启牛市之路，而"冲锋陷阵"的正是证券股。

早已进入"出发阵地"满融满仓证券股票的杨帆和同学们，看到手中的股票几乎每天都在涨停，情绪十分高昂。因为对于年轻的学子来说，这是人生碰到的第一个牛市。杨帆也很兴奋，因为钱在每天每天地增加（见图 4-7、图 4-8）。

但是，过了半个月之后，市场越来越狂热，没有开户的同学经不住诱惑入市。有户头的同学都在凑钱开两融账户。而此时的杨帆却陷入了沉思。市场再这么疯狂下去，一方面，证券股的估值就会从极低值变成有泡沫；另一方面，现在所有的同学、实习公司的领导包括校医，每个人都在赚钱，而且都在炫耀。从 A 股的历史上看，在一波行情中，大部分人是不可能赚钱的，证券股也是一样的规律。杨帆在想，在狂热之中，一定要比其他的同学提前出局，保住胜利果实。

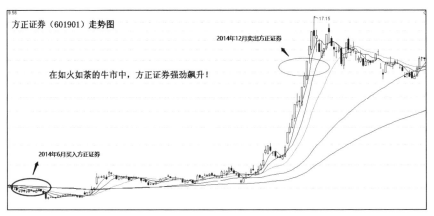

图 4-7　方正证券走势图

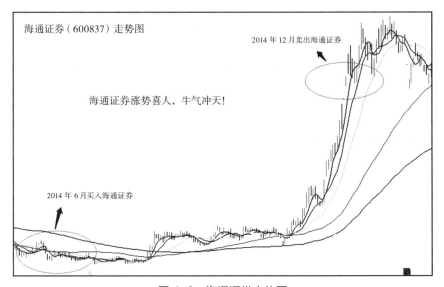

图 4-8　海通证券走势图

　　证券股还在进一步拉升。这时，中信证券的市值慢慢接近于全球第一大投资银行高盛，但是利润却相差极远。杨帆清醒地判断，此时证券股的泡沫已经形成。在 2014 年 11 月底至 12 月 4 日，杨帆果断分批卖出了手中的证券股。加上融资的贡献，获利四倍，不知不觉，年仅 24 岁的他竟在校园里成了一个"千万富翁"大学生。

杨帆卖出证券股之后，证券股并没有见顶，而是继续在向上攀升。他每天都很煎熬，曾多次想继续追进去，因为利润太诱人了，而且周边的同学都还在赚钱，享受泡沫带来的财富增长。但他想到来之不易的财富，又不忍看到财富轻易地亏回去。他觉得 1000 万元，对于一个尚未毕业的大学生来说，已经很多了。因此，他有意地回避与同学们讨论证券股。同时，他开始悄悄地寻找新的投资标的，开启下一步征程。

感恩 2015，逃离疯狂、崩溃的"泡沫"

> ⏁ *从 1000 万元到 6000 万元！他感恩 2015！在疯狂、惊恐和崩溃的"泡沫"形成时，他选择了理智逃离。不仅保住了牛市的胜利成果，而且之后还成功地抄了市场暴跌的大底，使自己的资金翻了 6 倍！*

分享牛市胜果，资金狂翻 6 倍

"疯牛"式的上涨！群体性的癫狂和杠杆驱动下的极度性贪婪！

"1.0""2.0"股灾的凶残暴跌，留下无情血泪悲哀！

2015！2015！

这是中国千千万万投资者心中，永远抹不掉的一个悲壮凄惨的数字符号！

这一年，A 股市场上，有多少资金人间蒸发？！有多少基金、机构被"泯灭"？！又有多少财富得而复失葬归"大海"？！

而年轻的杨帆，却要感恩 2015！

因为，在这一年，他理性而成功地逃离了那惊恐的"泡沫"！

这一年，他不仅保住了牛市的胜利成果，而且还成功地抄了市场暴跌后的大底，使自己的资金翻了 6 倍！

从 1000 万元到 3000 万元，再翻倍到 6000 万元！

刚刚硕士毕业、年仅 26 岁的杨帆，在这一年竟积累了 6000 多万元的个人财富！

2015，对杨帆来说，是幸运的符号！是快乐的象征！但他却说，除了幸运和快乐，还多少包含着些许的苦涩。

"谈谈 2015 年在你身上发生的故事吧！"采访中，看着电脑上跌宕起伏的 K 线走势图，我向满脸还带着稚气的杨帆，探求他在 2015 年的历险经过。

其实，2014 年末和 2015 年刚开头的时候，杨帆并不太顺。

2014 年 12 月初，他把所持有的获利丰厚的证券股卖掉之后，在寻觅下一步投资目标。当时，他发现创业板许多股票跌幅已很深，有的跌幅竟达百分之三四十之多。

"这是一个多好的投资机会啊！"巴菲特"买便宜的"教诲，再次在他耳畔响起。恰好在这时，他看了一份部门领导发布的关于新能源汽车产业链投资机会的重要研究报告，对整个新能源汽车产业链进行了完整的阐述，并点明新能源汽车产业链的投资机会。于是，他决定投资未来有成长性的新能源汽车板块。

那是 2014 年 12 月 25 日。盘中，他发现新能源股新宙邦（300037）已连续两天跌停，股价已从 44.20 元的高点跌到了 33 元，于是他买进了。哪曾想，他接了天上掉下的一把"刀子"，该股股价连续下跌，到 2015 年 1 月 5 日，新宙邦最低跌到了 26.81 元，一下子亏了近 20%，真是"出师不利"！

后来，他接到部门领导要他研究"东软集团"这家上市公司的任务。

在认真研究考察中，他发现这家移动健康管理公司的业务布局有许多亮点，且获得了知名股权机构的投资。该公司的影像医学在国内处于领先的地位，信息化业务也颇有竞争力，相对于其他计算机股票的涨幅不大，把公司的业务分拆出来的市值要比现有的市值大一倍，估值也较低，股价存在一定程度的低估。于是，他便果断买进了这家上市公司的股票。与此同时，他在研究美国医疗信息化公司发展时，了解到在快速成长中股价往往有很大提升，便买进同一类型的万达信息（300168）以及对标乐视网国内做超级电视、股价还没怎么涨只有十几倍估值的海信电器（600060，现名：海信视像）。

"这些股票后来都赚钱了吧？"

"是的。但那时，市场赚钱最多的应该是互联网金融板块。像安硕信息、东方财富、同花顺、金证股份、银之杰等，它们的股价好多都翻了几十倍、上百倍。有些股我过去也买过，但无法计算未来的盈利，我就卖了，但是它就一直涨，涨到令人瞠目结舌；有的股价从几块钱涨到两三百元，太疯狂了。由于我一直是遵循巴菲特的买低估值的投资原则，不认同这种疯狂，错过了'互联网金融大时代'。我持有的股票跑不赢别人买的互联网金融股，内心也很苦恼。在微信群交流起来，我才发现自己与别的投资者的差距，人家高杠杆买互联网金融的股票盈利幅度比我大多了。

"那时，许多人都赚取了不少的财富。记得那个春节，微信群红包源源不断地发出来，除夕那个晚上我抢了1.5万元的红包，这还算少的。2015年牛市，有些女孩几乎每天领到500～1000元的红包，有的群通宵发红包，因为都赚到钱了嘛！这种景象，都能说明那个时候大家的盈利情况非常好，钱就像水一样不断地流出来。

"大盘在不断地涨，市场的估值水平越来越高。作为一个价值投资者，我内心很彷徨和不安。虽然钱在不断增加，市场也没有什么调整，市场的估值越来越高，创业板的估值5月份突破120倍，中小板的估值也超过 80 倍，但作为金融专业的毕业生，我深深明白这样的高估值是无法维持的，存在巨大的泡沫，巴菲特也说过极度的泡沫应该远离。无名的恐惧促使我在 2015 年 5 月 19 日，把手中持有的股票全卖了，换回到了浦发银行、兴业银行、工商银行、宁波银行这些银行股上。"

"为什么呢？"

"主要有四点：一是 A 股市场的中小创估值非常高了，动辄上 100 倍、200 倍估值。在 A 股的历史上，宽基指数从来还没有出现过 100 倍的指数，这完全违背了巴菲特买便宜股票的投资原则。它让我再次想起刚上大一时，2007 年的上证指数估值最高到过 70 多倍，上证指数从 6124 点跌到 2008 年 1664 点那惨烈的暴跌情景。二是从我个人资金来说，已从 200 来万元增长到 2000 多万元了，我很小心对待自己赚来的财富。三是我感到 2015 年'泡沫'，堪比 2000 年美国纳斯达克的泡沫。那时，纳斯达克指数从高点到低点，跌了近 80%，大量公司破产退市。我虽然不知中小创的顶部在哪里，但肯定是避免不了最终的暴跌。四是当时银行股的估值还是便宜的，有比较安全的投资边际。从交易的角度来看，这些公司的流动性是足够的，如果发生不可控的事件和下跌，至少亏一部分，而大部分资金可以跑出来，可保住牛市的果实！"

"后来情况怎么样呢？"

"大盘仍在向上涨。可是到 5 月 28 日这天，突然暴跌 6 个百分点，高位放天量收一根大阴线！次日继续跌，早盘就跌了 4 个点。那时我内心感到了一阵恐惧，有点守不住了，有想清仓的感觉。我心想，如果继续下跌，我准备就空仓了。但好在当天又拉了上去，收了一根有长下影的十字星线。我没有卖，但当时心里做好了计划：如果股市继续创新高，假若再出现高位大阴线，就毫不犹豫清掉全部股票！"

高度警觉，逃离疯狂泡沫！

"股市的涨势仍在延续着。6 月，汇金已开始减持股票。我敏感地意识到，顶部可能越来越接近了。因为国家只有在判断股票泡沫比较大，喊话警告无效的情况下才会明牌卖银行股。但上证指数仍然继续上涨。2015 年 6 月 5 日，创业板指数突破 4000 点后，连续大跌两天，跌幅近 7 个百分点。个人的账户资金在突破 3000 万元之后，也一天天地慢慢'缩水'，我就想保存胜利的果实，但还没卖。

"真正下决心清股票是在 2015 年 6 月 15 日早晨。9 点半开盘后，创业板股票开始大跌，而上证指数并未大跌。我和三个同学商议了一下，我们虽然未持有中小创的股票，但是中小创如果持续下跌，很可能会把银行股带下来。所以，在 9 点 35 分，我们决定全部清仓！在 9 点 50 分左右，卖光了股票！"（见图 4-9）

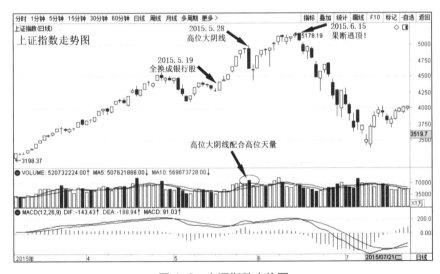

图 4-9　上证指数走势图

"你和你的同学是在 2015 年 6 月 15 日 '股灾 1.0' 开始的那天实现胜利大逃亡的，是幸运的，也是幸福的啊！"

"是啊。当我把全部股票清光时，那一刻，你不知道有多爽。尤其是天天看着大盘在暴跌，真庆幸清仓卖出股票的决策有多 '英明'：狂欢要结束了！泡沫终要破灭了！

"但是，之后，我犯了一个连自己都无法饶恕的错误。那是 2015 年 6 月 26 日下午 1 点，手舞足蹈的我见创业板指数已跌停，浦发银行、工商银行均大跌，宁波银行和兴业银行盘中触及跌停，心想，连跌了 10 天了，该有反弹了吧？就盲目大胆地满融满仓把浦发银行、兴业银行、工商银行和宁波银行，买了回来，想抢一波超跌的反弹。结果，当天就有少许的浮亏。

"当晚，我辗转反侧，反思自责：这么多资金来之不易，这样匆忙地杀进，是否盲目？这是对还是错？我是为了投资还是投机呢？我告诫自己，这个时候一定要理性，决不能情绪化。当天有上千只股票大单封死跌停，我满融满仓抄底失败了。作为一个专业的金融人士来说，当金融资产无法交易失去变现的流动性时，那就意味着金融资产价格要大幅折价，将引发大规模流动性危机，意味着市场将会连续大跌！

"我的心很不安。我预感到，一场大的股灾已经来了！6 月 27 日，国家队宣布救市！降准降息。我当时打算 6 月 29 日（周一）不论减亏或亏损扩大，都将一刀把持仓的股票剁掉！

"结果周一要赴浙江台州出差，我订了最早的飞机票，开市前一定要落地。在飞机上表面与同事谈笑风生，其实内心极度地不安。

"我当天在企业调研，那会儿真是人在曹营心在汉，心神不定。中午吃饭时，我看账户微微翻红，可下午又立刻浮亏，我一直盯着盘面看，当我看到工商银行等股票从 '低谷' 中开始 '往上爬'，我便以迅雷不及掩耳之势，全部清仓。综合起来，还有一丝丝的盈利，小赚了有 2 万块钱吧。但这蝇头小利可是我犯了错误，在刀尖上 '滚' 出来的呀！

"我当时总结了三点：一是感谢命运的施恩，给了自己死里逃生的机会，原谅了我犯的这个错误！二是这个抄底行为，是错误的，是投机的行为。三是给了自己一个限制：未来市场下跌想要去抄底，最多 30% 仓位，而且要分三到五次买入，不能一次性买入 30%。如果这个 30% 一旦亏损，决不能启用融资和用另外 70% 的资金去救这 30% 的资金，以防止先头部队失败，把整个部队拖垮全赔进去！"

"此后，一直执行自己制定的章法？"

"是的。在下跌中，我是极严格谨慎地遵守自己的操作纪律。在 2015 年 8 月 18 日 "2.0 股灾" 发生前的一段时间，我就是用小仓、短促出击成功抄了不少小反弹，赚了 30%。

"但真正抄大的反弹是在 2015 年 8 月 26 日至 11 月 11 日，那可以称得上是一场'大捷'！是这 11 年来最大的一次胜利。"

果断决策，成功抄底大捷

"谈一下 2015 年 '2.0 股灾' 后的那场 '大捷'，你是怎样捕捉到这样的机会，又是怎么决断的呢？"

"好。那是 2015 年 8 月，股市一直在下跌，到 8 月 24 日，上证指数已从 5178 点跌到了 3200 点，创业板指数从 4000 点跌到了 2100 多点。我与同学商议，想大干一把！他们都同意我的想法。

"8 月 25 日，上证跌幅 7.63%！8 月 26 日，我看到上证指数最低跌到了 2850 低点，很想抄底，便顿了一顿，我打开了 150 个微信 '研究群' 齐齐地翻看了一遍，发现没有一个喊抄底，感到这有点不同寻常。往日股市下跌后，都有人喊抄底，这时，我反而感到这是个大底！

"看完微信群大概停了有 9 分钟，上证指数已从 2850 点拉升到了 2875 点，我立马果敢地买了 10% 的计算机和生物医药股。当天收完盘，我比较冷静地思考了这次抄底的策略：首先，市场指数下跌这么多，投资者损失惨重，我要不要去抄这个底？其次，如果我抄这个底，是满仓加一部分杠杆，还是半仓抄底？我愿不愿为这次抄底付出代价？最后，这次抄底是不是要分几步进行？而且一定要留一部分钱等到市场企稳上涨后才买入，不能一次性就买完了。我想，这次抄底风险一定很大，因为没有人知道哪里是底。但又一想，它既是风险，也是机会，而且可能是一次比较好的机会。既然这样，自己一定要抄这个底，而且启用一些融资。但要吸取以往教训，不能让融资把自己拖死。所以，融资不用满，上限为50%。同时，买入要分五到十次买，每天的买入量要有控制。

"8月27日，大盘开始上涨，我买了30%仓位。8月31日下跌，又把20%仓位股票卖了出去。9月1日、9月2日，加到50%，9月8日，继续加仓到80%仓位。9月11日减去20%仓位，9月14日大跌，又加到80%仓位，剩余的20%没有买。9月15日至21日，我启用融资买入了50%的融资，一直到9月28日中午，才把最后的20%本金买进去。"

"当时，你都买入了什么股票？"

"主要是计算机和医药板块的股票。我记得有：银之杰、启明星辰、易尚展示、卫士通、易华录、石基信息、久其软件、美亚柏科、浩云科技、汉得信息、益佰制药、恒生电子、安科生物、丽珠集团、高伟达、华宇软件、飞天诚信、太极股份、东方国信、创业软件等，共有44只票吧！"

"这次抄底一定很成功吧？什么时候卖出的？盈利状况如何？"

"加上杠杆盈利比例超过120%。我在2015年11月2日把融资的钱全部偿还完，留下的是100%的本金。本金是11月11日全部清掉的。卖出的原因主要是考虑：一是盈利幅度足够大了，计算机股票普遍涨了一到二倍以上，像易尚展示涨了6倍；二是整个创业板估值从145倍的高位跌到70～80倍，现在又返回到了109倍的高位了。当时，就在大家认为牛市还要延续的时候，我认为市场的估值很高，因此选择了空仓（见图4-10）。

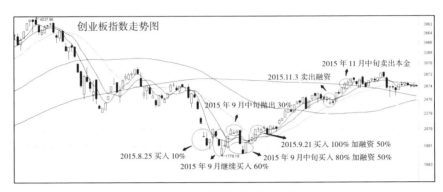

图 4-10　创业板指数走势图

　　"离场后，我保住了牛市的胜利果实。毫不夸张地说，这一逃离泡沫的决断，让我连半毛钱的损失都没有。出局后，我在深圳市中心区买了两套房，充分享受股市盈利带来的快乐。

　　"事实上，高位若不及时离场，后果不堪设想。仅以创业板指为例，它从 2015 年 6 月 5 日的 4037.96 点，跌到 2018 年 10 月 19 日的 1184.91 点，跌幅高达 70.6％！"

周期股投资"择时点"秘诀

　　➲　*为何买"低市盈率"被套，而他一反常态买"高市盈率"却获两倍收益？*
　　　他成功投资方大炭素的全程，泄露了其中的秘密……

　　A 股市场上的方大炭素（600516），在熊气漫漫的 2017 年可谓牛气冲天，风光无限。其股价从 8 元多一口气涨到了 39 元多，短短 4 个月时间翻了近 5 倍。当时,它实实在在地赚足了市场的眼球。人们一天天看着它飙涨,当股价涨到二三十元高位时,不少投资者实在挡不住它的诱惑,看到它上涨势头猛,市盈率也不高,忍不住冲了进去,都想搭乘熊市中的这辆 "快车" 风光一把,赚点快钱,但结果却是 "败走麦城",折翼而归。

为何低市盈率买入,反而被套其中亏钱呢? 长期以来一直令我不得其解。直到 2019 年采访杨帆,得知他也曾投资方大炭素,且获取了双倍收益。在详细探寻他的操作全过程后,我终于明白了其中的原因,也找到了投资周期股 "择时点" 的秘诀。

从遗弃的 "乞儿" 中捡得 "金元宝"

"杨帆,你是何时发掘出并买入方大炭素这只牛股的呢? "

"方大炭素其实不是我发掘的,只是当时从微信朋友圈上捕捉到的一条信息中得知的。

"那是 2017 年 3 月 31 日,我在翻看朋友圈时,看到某证券研究所钢铁行业首席分析师写的一条信息。他在谈及股价没上涨而其产品价格大涨的公司时,讲到了方大炭素。我立刻与他微信联系,问他方大炭素生产的石墨电极产品,价格上涨有无持续性? 他的回答是肯定的。于是,我在这一天马上买进了 200 万元的方大炭素股票,买入价格是 8.85 元。我当时内心初步追求的买入规模是 800 万~ 1000 万元。"

"得到这一信息后,你对方大炭素还做了什么研究? "

"没有几天,到了清明节,我利用假期进行了几天的研究与思考,查看了方大炭素的主要产品石墨电极价格的历史走势和有关的所有新闻报道。

"我调取了 9 年来石墨电极价格走势资料。从 2008 年开始,它的价格除 2009 年有个反弹外,多年来一直在巨幅下降,直到 2017 年 2 月止跌企稳。根据研究所提供的资料看，当时全国石墨电极的厂商经营情况非常惨淡。2017 年 3 月，石墨电极价格才从底部反弹了 20% 左右。

"石墨电极价格开始往上拐，正是介入的最佳择时点。我初步判断：这只股票存在底部反转的机会。基于此，清明节过后的 4 月 5 日，我又加买了 200 万元的方大炭素。"

"你买入时，方大炭素当时的估值怎么样？"

"估值比较高。因为它的产品价格和盈利状况一直在持续下滑。但我认为，对一个周期股而言，它的股价与静态估值，没有太大关系。投资周期股有句名言叫做：低 PE 卖出，高 PE 时买入。2016 年方大炭素的净利润仅 6700 万元，市值为 140 亿元左右，PE 是比较高的。这点并不十分重要，重要的是它的产品价格开始步入上升通道。我要找出支撑价格上涨背后的供给、需求因素，这是一个重要的节点。

"紧接着，2017 年 4 月 10 日，我参加了石墨电极的一个专家论证会。参加会议的有行业协会会长和石墨电极行业的一个分析师。我在会上关心地问：石墨电极价格能否持续大涨？专家回答说：价格上涨能延续，但涨幅不太清楚，目前价格上涨幅度并不是很大，才 20% ~ 30%。我又问：这个行业的供给缺口会维持多久？（当时是供小于求）专家答：因石墨电极价格持续下跌，国内外厂商的盈利情况很差，国外大的厂家已持续减产好几年了。国内虽没明显减产，但开工率比较低。

"我当时想：如果供给缺口比较大的话，至少半年内，供给还是会小于需求的。由于石墨电极下游主要是炼钢所需，而因房地产的新开工量在不断增加，对钢材有较大的需求。分析了这种供求关系后，我又加仓了 100 万元资金。至此，已买入 500 万元的股票。"

"此后，就一直持有？"

"为了加大投资规模，我想进一步对方大炭素做深入地调研。恰巧这时，研究所组织到方大炭素所在的兰州调研，我也一起去了。没想到，到了实地一看，破旧的厂房，简陋的办公楼，一派萧条的景象；在与公司的领导和员工交谈中，发现他们对公司发展前景缺乏信心，都不愿增持自己公司的股票，就好似一个遗弃的'乞儿'一般。当时虽然石墨电极价格上涨了，但 4 月份企业的盈利增加得并不是特别明显，企业对未来预期也不是很乐观。

"这次调研，可以说，没有产生多少正面积极的影响，反而让我有一种失落感。这使我对于企业未来的盈利判断，偏于保守，不敢太乐观。我给它全年的盈利预期，也就是 10 亿～ 20 亿元吧。当时它的市值是 140 亿元，全年若是 20 亿元净利润，算下来，方大炭素的 PE 只有 7 倍，还是比较低的。因此，我调研后，又加买了 200 万元资金仓位，但并没有达到原来设想的 1000 万元的理想持仓量。"

"这是否与你在实地调研中发现的一些负面信息有关？"

"是的。其实，方大炭素 2017 年真实盈利达 37 亿元人民币，比我最乐观的盈利预期高出 80%，多了 17 亿元，真有点出乎意料。

"回过头来看，对企业的调研工作应有持续性，不能一次调研就下结论，尤其是对周期变化大的公司，应展开持续调研和跟进，不断观察公司的经营状况，对它的调研方法也与稳定发展的公司有所不同。2017 年 4 月中上旬，企业盈利情况较过去若干年有好转，但是企业的领导包括工人都对未来蛮谨慎的，因为长时间的痛苦记忆，谁也没有预料到后面供需缺口这么大。实际上石墨电极价格的涨幅远超股票涨幅，股票涨幅不到 5 倍，石墨电极最高的时候涨了 10 倍。"

"你是什么时候卖出方大炭素的？盈利情况如何？"

"随着石墨电极价格不断提升，方大炭素股价也开始暴涨，最高涨到 2017 年 9 月的 39.20 元。我没有持有到那么高价格。我是在 7 月初以 24 ～ 27 元卖出的（见图 4–11），盈利 200%。此后，再无持有。一方面是没有预计到盈利这么好，全年接近 37 亿元的净利润意味着我买入的 PE 不足 4 倍市盈率，蛮便宜的，净利润上比我最乐观的预计还增加了近一倍。另外，我当时调研时间比较早，调研的信息实际上不是特别乐观，反而变得保守，应该在6月份再去调研的。如果6月去调研，厂商的展望会变得非常乐观，在某种程度上我也会增加持股时间。"

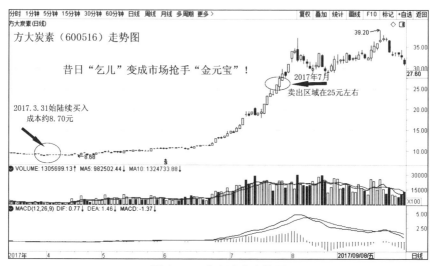

图4-11　方大炭素走势图

投资周期股"择时"的秘诀

"随着产品价格疯涨，方大炭素的市盈率PE越来越低，为何你没有持有到价格的'高峰'区？"

"当时石墨电极的价格涨得很快，方大炭素的盈利状态也非常好，2018年甚至增长到58亿元，它的PE肯定越来越低。而我认为，PE低时，反而是要卖出的时候。"

"为什么？"

"因为周期股巅峰时期的盈利，不具有可持续性。看似低的PE，可能隐含着未来盈利大幅下滑带来的高PE。周期股为什么叫做周期股？就是因为它的盈利并不稳定，具备强周期性。对于强周期的股票，一定不能用稳定发展的眼光和分析框架去看待，否则很容易陷入周期股的价值陷阱。"

"从你投资的实战经验看，周期股的买卖择时点究竟如何把握为好？"

"高 PE 买，低 PE 卖。这是投资周期股择时的一个关键点，也算是一个重要的投资秘诀吧！

"具体如何把握呢？企业盈利不好时也就是 PE 高时买，可能股价会一直在底部徘徊，不仅会有时间成本，还可能会亏不少钱。因此，高 PE 买入周期类股票是必要非充分条件，我们要选在产品价格止跌回升开始大幅涨价时买入。所有周期股的上涨都伴随着产品价格的大幅上行，这一点最重要。如果非要找一个唯一跟踪点，产品的价格加速上行就是唯一点。

"为了选择好的入场时机，我们回到经济学最基本的分析框架来，即供给与需求分析。关键是分析产品价格大幅上涨的产出缺口（也叫供需缺口），分析供给上的不足，需要多久时间能填补供给上的缺口等。

"另一方面，要了解未来新增产能的情况。因为在未来，供给最终会超过需求。在供给接近于需求时，也就是说，在没有产出缺口时，产品价格上涨没有动力时，要把股票全部卖掉。

"2017 年许多在高位买入方大炭素的投资者，犯的错误正在这儿。他们都是在企业盈利很好时买入，而这时的产出缺口已被填平了，未来的产品价格无法继续上涨，上市公司的盈利和股价都处于一个极大值。在这种峰顶区应该坚决卖出，他们看到的是低 PE 和高盈利能力，却不懂背后蕴含着周期，这个周期并不是否极泰来能够解释的。还是那句话，回到经济学最基本的分析框架即从供给与需求角度分析，产出缺口什么时候填平，股价什么时候见顶。如果盲目追进，套牢和亏损，肯定就在所难免了。

"周期股的价值陷阱是比较低级的价值陷阱，希望投资者以后能够避免。"

熊市中打出翻倍牛股的"组合拳"

> *2018 年至 2019 年，在股市暴跌的恶劣环境中，他慧眼识宝，深度挖掘出健帆生物、欧普康视和圣邦股份制胜"三剑客"，在熊市打出翻倍牛股"组合拳"，收获了意想不到的利润！*

捕捉熊市飙涨"黑马"健帆生物

这是发生在 2018 和 2019 年我两度采访杨帆期间，所闻所见的一则生动感人的故事。

众所周知，这两年，中国股市行情一直处在异常惨烈的下跌之中。2018 年，上证指数从年初的 3587 点一直跌到 2019 年 1 月 4 日的 2440 低点，跌了 1000 多点。然后经过短暂的 2019 年春季反弹行情，又继续遁入下跌的迷途之中，令千万投资者感伤和无奈。

然而，具有价值投资专业水准的杨帆，却在漫漫熊市中潜心挖掘出一只逆势暴涨 3 倍多的大牛股健帆生物（300529），让他在暴跌的行情中，仍然尝到获得翻倍收益的欢乐！

买入时间：2018 年 1 月中旬至 2018 年 2 月中下旬

买入价格：平均成本为 27.50 元

卖出时间：2019 年 8 月下旬

卖出价格：72 元左右

盈利状况：162%

以下是挖掘健帆生物的投资价值和投资过程——

杨帆对健帆生物投资价值的挖掘始于 2017 年。但其实，对于医药行业和医疗企业的研究学习，早在 2014 年他在读研究生时，就已经开始了，第一次入门的行业就是 IVD（体外诊断）。他对医疗器械的上市公司相对比较熟悉。

2017 年 10 月至 11 月，杨帆在选择投资标的时，再次把目光聚焦在了医疗器械这一板块。当时，他找了 50 家上市公司，通过筛选，留下了健帆生物、欧普康视、基蛋生物、正海生物、万孚生物、昭衍新药等。而健帆生物，则是他的首选，也是他个人完全独立挖掘的一只翻倍牛股。

"从 2018 年我们第一次见面，你就滔滔不绝给我讲起你持有的健帆生物，你为何这么看好它？你怎么看出它是个优秀的上市公司的呢？"采访中，我问杨帆。

"我是从四个方面，对健帆生物展开第一步研究的。"

"哪四个方面？"

"一是看它的毛利率和净利率，都比较高。毛利率高达 80%，净利率接近 40%。当然，2019 年中期，健帆生物的净利率已经超过 45%，比最初高了 6%，实属不易。二是看它的营业收入和净利润增长是否持续稳定。我自己定的标准是：每年不低于 20%。而健帆生物从 2013 年至 2017 年的营业收入和净利润复合增长率大于 30%，而我认为未来 2～3 年预计有 25% 就心满意足了。但是从 2018 年、2019 年的业绩看，比我预期好多了，两年的复合增长超过 42%，比过去快了十几个点，比我的预期高了接近 20%。三是在资产负债率很低的情况下，ROE（净资产收益率，又称股东权益报酬率）健帆生物一直保持在 24% 的较高水平，2019 年 ROE 超过 34%，目前负债率才十几个点。四是净利润现金含量保持在 90%～95% 的高水准，有时候会略微超过 100%，这种回款质量在全世界都是高水准。"（见表 4-1）

表 4-1　健帆生物财务状况表

财务指标	年份			
	2016	2017	2018	2019 年年中
毛利率	83.28%	84.75%	84.82%	85.92%
净利率	36.96%	35.73%	29.92%	48.31%
净资产收益率	24.08%	22.21%	26.3%	34%
资产负债率	8.9%	18.26%	16.08%	14.35%

"的确，它四个方面都很优秀。你研究之后，马上就买入了吗？"

"没有。"

"为什么？一般投资者能看到状况这么好的报表，就像捡到个金元宝，还不立马行动？"

"投资是件非常认真的事儿。这些只是我研究的第一步。常言说，知其然知其所以然。初步研究后，我只是从三张报表（资产负债表、利润表、现金流量表）上基本确认这家公司是比较优秀的，但是我还要进一步调研，要找到支持这些数据的根本因素是什么。比如，高毛利率是什么原因？公司在产业链中的地位是不是很高？它的产品在市场的占有率怎么样？"

"你投研工作可真细致呀！"我佩服道。

"我了解到，健帆生物在肾病灌流净化治疗的市场上，产品的占有率超过 80%；在肝病治疗中占 50%，具有行业垄断地位。它的产品卖得贵，这正是它的毛利率高的第一个主要原因。第二个原因，就是其产品的成本低。而它的产品成本低的原因是：所有知识产权都是公司自己的，曾买断获得国家科技进步二等奖的南开大学教授的研发专利。"

"弄清楚增长的原因后，就买进了吗？"

"还没有。当时在 2017 年 11 月份，健帆生物的股价在 33.50 元左右，我还是感到股价有点高，还想等它再跌下来些再买，比如 PE25 倍左右买入比较理想。巴菲特的教诲'买得便宜'我一直深深铭刻在心。

"也巧。这时,我了解到:著名的红杉资本要减持健帆生物。我立马联系到了持有健帆生物团队的红杉资本的合伙人,想进行大宗交易接手健帆生物。他们答应了我,并商定好,可以9折价格卖给我。条件是:锁定6个月。我同意了。他们告诉我,等我觉得什么时候可以接大宗交易的时候,可用市场价的9折交易,随时告诉他们。

"之后,我继续调研。我通过一家著名的国际投行,找到了两位专家:一位是交通大学附属第一人民医院肾内科主任、中华肾脏病杂志总编、上海肾脏病学会秘书长,通过他了解健帆生物血液灌流产品在临床上的应用及患者治疗使用的效果,以及健帆生物适应证未来的拓展情况。当时有个说法是,用在自身免疫疾病上,比如系统性红斑狼疮,绝对是有较大应用价值的,健帆生物在报道上也讲述相关案例。但是这位肾内科主任比较谨慎,因为患者人数不够多,可能不会成为一个大品种。而另一位专家则是浙江省医疗器械有限公司负责销售的副总经理,也是健帆生物在浙江省的总代理。我向他了解健帆生物产品在市场中的销售情况,有没有竞争对手,患者医保支付有没有问题等。他回答说,国外同类产品要比健帆生物的产品价格贵3倍,不具备竞争力,医保支付也没有问题,在贫穷地区未来支付率都会有所提高。

"我接着问他,过去销售很好,未来会如何?这位副总说不太好判断。我又继续发问:未来两年销售收入每年达到30%的增长有无问题?可能性大不人?他果断地回答:这一点问题都没有!"

这次向专家的询问调研,让杨帆吃了一颗"定心丸"。

"此后,就买进了吗?"

"还是没有。"

"那到什么时候开始想买了呢?"

"到2018年1月9日之后,健帆生物的股价跌破了30元。1月16日,我在27.50元开始买了一点。等它跌到2018年2月1日时,我联系了红杉资本准备按市场约定的 9 折价一把接过来。我估算了，当时可在 24 元、25 元接一批'货'。"

"从红杉资本那儿，顺利买到股价打折的健帆生物了吗？"

"唉，不顺利哟！我联系了他们，可红杉资本过了两三天给我的反馈是：健帆生物从 33 元多已跌到 27 元左右，他们觉得我们报价太低，决定不再减持，也不愿意卖给我们了：'这个位置再卖，太便宜了，划不来！'

"这令我失望和焦急。但当时红杉资本'毁约'，却让我从中捕捉到了一个重要的信息：健帆生物股价跌到这儿，已经非常具有投资的价值了，一级市场的股东不想卖了。既然接不到红杉资本的'便宜货'，无奈之下，我在健帆生物股价在 2018 年 2 月 6 日这天创出 26.26 元新低时，就开始每天逢低持续地吸进，一直买到 2 月中下旬，平均成本 27.50 元左右。"

"在买进健帆生物过程中还顺利吧？当时市场环境可是十分恶劣呀！"

"的确。在当时极恶劣的下跌环境中动用比较多的资金买进一只股票，我还是慎之又慎的。我对它的认知，一步步在加深。其中，在之后持续的调研中，我遇到了一件很有趣的事儿，令我很难忘。"

"什么事这么令你难忘？"

"当我建仓完后，有一个机会，我有幸见到了健帆生物的董事长董凡先生。当时，我坐在他的右边。当得知我与他毕业于同一所学校，是他的'学弟'时，他亲热地搂着我的肩，笑着问我：'你觉得健帆生物股价在这个位置，有没有一种安全感？'听了他的问话，我一下子愣了：董事长怎么会问这么奇怪的问题呢？灵机一动，我揣摩到了：董事长心中有个'小九九'！于是，我笑答：'健帆生物质地好，估值便宜，市盈率才 25 倍，董事长用真金白银增持了一亿元，我们肯定比较有安全感了。'董凡先生听了我的回答，和蔼地笑着点了点头。

"董凡，曾获得国家科技进步二等奖、天津市科技进步二等奖、珠海市科技进步一等奖等多项荣誉。面对健帆生物的掌门人，我仔细端详着他：四十几岁，头发就已稀疏，说明他工作勤奋用心。畅聊中，我问他：

公司海外产品发展情况，未来 5 年能否再造一个健帆？董事长说："5 年可能有点太快了，我想大概需要 8 年到 10 年是完全可以的吧！"我听了他的话，觉得董事长很实在，不吹牛，不吹嘘，是个务实的领导者！

"另外，我还向董事长就公司销售研发人员包括肾科、肝科现在人员和未来增加人员的计划，还有股权激励考核等一系列公司经营方向和细节，进行了询问及探讨。董事长对答如流，思路非常清晰。这完全说明，他是一个管理水平和经营水平都比较高的人。末了，董事长给我这个小学弟留下一张名片，说如有问题，不需要联系其他中间人，让我以后直接随时向他咨询。"

"你能与健帆生物的高层领导直接对话，在投资持股过程中，应该很有信心吧？"

"是的。当时，健帆生物的财务报表非常完美，给予了我足够的信心。为了进一步验证它的真实性，看现实与财报数据是否相吻合，我后来还有意去了两家医院做实地调查，与主治医师了解更多患者对产品的使用情况。在调研中，我最后得出了三个结论，对健帆生物的前景，有了更加透彻的了解。"

"你调研后得出的三个结论是什么呢？"

"第一，健帆生物业绩好，真实可靠，复合增长率高。未来肾病人数多，产品渗透率还有很大提升空间。第二，公司领导经营管理的水平比较高，未来可期。第三，健帆生物现金流充沛，回款质量很高。因产品在市场上很有竞争力，市场占有率 80%，有定价权的公司、同类公司的产品替代健帆生物的产品难度比较大，供应紧俏，经销商都是先垫款，后发货。这三点足以说明，健帆生物是一家非常难得、非常优秀、非常值得长期持有的好公司。这一切，都是巴菲特的投资理念赐予我的。"

"你买进以后，健帆生物的走势如何？"

"自我于 2018 年 2 月买入后，它的股价从 27 元一口气上涨到 50.45 元，没有回调，走势很坚挺。"

"后来跌了，从走势图上看，它在调整，到 2018 年 6 月 19 日还出现过一次跌停，你也没动过卖出的念头吗？"

"没有。我对它的质地看得太清楚了。所以短期的波动，一点都没有动摇我对它的持股信心。而在这时，中国工程院院士、中国人民解放军总医院肾内科名誉主任、曾受习近平签署通令荣获一等功的全军肾脏研究所所长陈香美，关于健帆生物的临床学术报告发表，给健帆生物的走势点了一把火，使其股价从 38 元涨到了 7 月 13 日的 51.58 元！"

"健帆生物成了明星股，市场很多人都看好它吧？"

"2018 年创业板指数一直在跌，跌幅不小，大约是在 10% 吧，而健帆生物却是'逆势飞扬'，涨幅达 90%，真是万众瞩目。在它涨势的高潮中，记得当时，有超过 100 家机构开始对健帆生物进行调研。不少后知后觉的人追高进去，但在它之后的调整中，又亏损出局，这不在少数。"

"你是在什么时候卖出的？"

"健帆生物于 2018 年 10 月 19 日股价调整到 36.16 元后，就一路高歌，成了熊市中一道亮丽的风景，一直涨到 2019 年 10 月 14 日的 83.95 元。我是在 2019 年 9 月初在 72 元左右卖出的。"（见图 4-12）

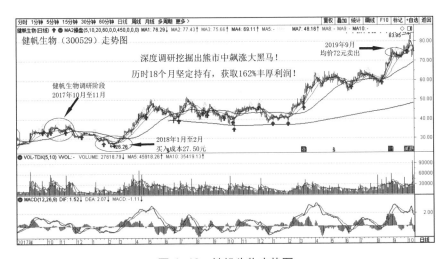

图 4-12　健帆生物走势图

"对好公司不是要像巴菲特说的长期持有吗？当时卖出的理由是什么？"

"长期持有，不代表永远持有。巴菲特也一样。当估值过高，包括行业估值高时，出掉全部或一部分，也不失为明智之举。我在 2019 年 9 月初卖出健帆生物的理由，主要是感到市场上整个医疗行业有点'疯狂'、有点过热，感到估值也有点高了。当时健帆生物随着股价的大幅上涨，它的静态市盈率已接近 60 倍了。所以我就卖了它。"

"噢。收益应该很可观呀！"

"是。我持有健帆生物历时 18 个月即一年半时间，它给予了我丰厚的回报，我的总盈利达 162%。在熊市中能有这样的收益，我感到很幸运，也很满足。"

"从买到卖，对健帆生物历时 18 个月的投资，总的感悟是什么？"

"投资，是一门科学，是真正的专业性的东西，来不得一丁点的侥幸！我能从健帆生物的操作中取得一定的成绩，是真正把它看懂了。这一战绩，是我所学的金融、财务、调研、专业等综合知识及各种技能的合力铸就的结果！"杨帆诚恳地回答。

投资优质赛道上的"领跑者"欧普康视

欧普康视（300595）是杨帆在 2018 年至 2019 年打出熊市翻倍牛股"组合拳"投资的另一个"明星股票"。

买入时间：2018 年 1 至 2 月初

买入价格：平均成本为 15.70 元

卖出时间：2019 年 9 月上旬

卖出价格：45 元左右

盈利状况：187%

　　欧普康视的价值投资挖掘和操作过程如下——

　　杨帆买入欧普康视的逻辑和健帆生物类似。他首先了解公司产品。欧普康视是青少年近视眼校正眼角膜塑形的公司。这一行业在中国的渗透率（注：意为"普及率"）是非常低的。渗透率是判断一个行业成长性的非常重要的指标。中国的青少年近视眼校正眼角膜塑形的渗透率不足发达国家的 10%。随着经济的发展，人均收入的不断提升，渗透率有较大的提升空间。此外，中国的青少年数量全世界第一。高中生的近视率超过 80%。所以，这个行业是成长性足够好的行业。

　　挑选这个行业之后，再看行业内部的竞争格局。在中国拿到注册证的，有七八家公司，以美国公司为主，还有日本和瑞士的公司。中国主要是欧普康视，它的产品效果不比外国公司差，而且价格只有外国公司的二分之一。虽然说不像健帆生物那样具有垄断性，但市场份额也有 13%，具备一定的竞争优势。

　　再看一下公司关键的财务指标。首先是它的营业收入和净利润的复合增长率，过去几年（2015 年至 2017 年），均高于 30%。这是杨帆非常看好的增速。其次，再看公司的毛利率和净利率。公司的毛利率超过 75%，净利率超过 45%，这都是非常有竞争力的。

　　最后，我们再观察公司的 ROE，每年均高于 22%，而它的资产的负债率非常低，只有不到 12%。它的净利润现金含量，每年都超过 90%，说明它的回款能力非常强。

　　那么，这么一家非常优秀的公司又在非常优质的赛道上，它的估值不会跌得很低，可以买进。

　　杨帆在 2018 年 1 月至 2 月初，PE 为 33 倍时买入，买入价在 15.70元左右。2019 年 9 月上旬 45 元左右卖出。卖出理由：即使是好公司，估值水平也太高了。卖出时静态 PE 为 75 倍（见图 4-13）。

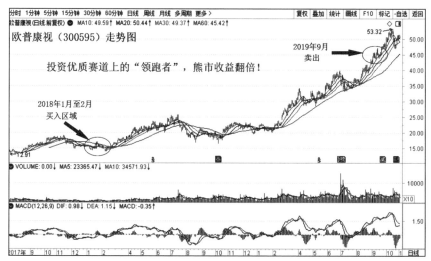

图 4-13　欧普康视走势图

自上而下 "挖掘" 牛股圣邦股份

杨帆说，寻找投资标的主要有两个方法：一个是自下而上，只看公司；另一个是自上而下，先看行业，再看公司。圣邦股份（300661）就是一个典型的自上而下选股的案例。

买入时间：2018 年 3 月

买入价格：平均成本 57 元

卖出时间：2019 年 9 月下旬

卖出价格：190 元左右

盈利状况：233%

圣邦股份的价值投资挖掘和操作过程如下——

早在中美贸易战发生之前，2016 年年初时，杨帆就阅读了大量关于半导体的行业报告和国家政策，连续阅读 1 个多月的时间。半导体的进口量在 2016 年仅次于石油进口量，每年进口额超过 2200 亿美元，并且半导体是人类制造业水平的最高峰。中国制造业升级是离不开半导体的发展的。从阅读的文献、国家政策来看，中国大陆半导体 2016 年的情况，与日本 20 世纪 70 年代、韩国 20 世纪 80 年代、中国台湾 20 世纪 90 年代是非常类似的，处于腾飞的前夜。杨帆判断中国半导体即将进入快速发展的车道，中国在 2014 年成立半导体大基金就是最好的佐证。

他不放过对每一家半导体公司的研究，从美股到 A 股。尤其是美国费城半导体指数，2016 年年中开始复苏，全球半导体行业迎来新一轮的繁荣。但是他没办法购买美国的半导体股票，只能继续研究中国的半导体股票。半导体从上游到下游，大致分为半导体设备、半导体材料、半导体设计、晶圆制造、代工、封测几个环节。有技术壁垒的主要是半导体设备，以荷兰的阿斯麦为全球龙头。半导体材料主要在日本、美国和欧洲各国手中，中国相对较少。半导体设计的大公司，有如我们熟悉的英特尔、高通、德州仪器等。半导体代工是以台积电、三星、格罗方得、中芯国际为主，其中台积电是绝对的龙头。

杨帆先把整个行业都摸了一遍，再从产业链中挑选有价值的公司。A 股真正意义上从事半导体设计的公司很少，未上市企业也只有华为是具备全球竞争力的。在 2017 年有一家模拟芯片设计公司上市，叫做圣邦微电子股份有限公司，它的股票是从香港联合交易所退市以后在 A 股上市的。

杨帆了解后，就立刻展开调研工作，先是阅读招股说明书，然后查看行业研究报告。在了解行业特性，确定这是一个很好的赛道以后，他便请国际著名投行找到模拟芯片专家进行调研。

模拟芯片行业不同于数字芯片，公司的成长主要来自品类的扩充，没有颠覆性的风险。比如 20 世纪 90 年代的技术，稍微修改以后，现在也可以用在很多产品中。所以，公司所处行业是具备稳定成长特性的。此外，行业的竞争格局比较散，全球的龙头德州仪器，也不过占有市场 10% 的份额，全球最大的 10 家模拟芯片企业合计只有 50% 的市场份额，因此小公司具备较大的、长期的空间。圣邦股份过去的经营比较稳健，成长性较好，又有中国巨大的内需市场支撑，有望成为一只长期的牛股。而当时德州仪器的市值为 1000 亿美元，圣邦股份才 9 亿美元。

在与国际著名投行寻找的两位专家分两次细聊 4 个小时后，杨帆基本上确认了对这一行业和公司的投资判断，对行业和公司也更加了解了。同时，他还发现中国模拟芯片行业的龙头矽力杰，但它是在台湾上市的，因此只能退而求其次选择圣邦股份。

在经过充分的自上而下的调研后，杨帆在 2018 年 3 月中旬开始买入圣邦股份，买入价 57 元，市值在 60 亿元左右。2019 年 9 月下旬卖出，卖出价 190 元左右，获利 233%，市值超过 200 亿元。在熊市中再次打了一个漂亮的胜仗！（见图 4-14）

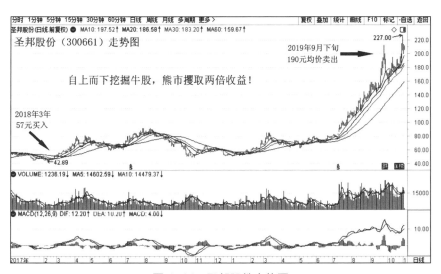

图 4-14　圣邦股份走势图

注：从 2019 年 11 月 4 日开始，外资持续买入创业板股票。杨帆判断创业板指数将持续走强，在 2019 年 12 月初，又重新买入健帆生物、欧普康视、圣邦股份，至此书出版前，已获利 25% 以上。

鲜花遮掩的"陷阱"前，他走向了"光鲜"背后

➲ *"豪气万丈"的办公楼，数千元一碗的"小面"，马达轰鸣"繁荣景象"*
的背后，究竟隐藏着什么秘密？

这是杨帆在投资路上，"拒绝陷阱，拒绝光鲜"的一个真实故事，也是正直的杨帆为坚持投资"真谛"，得罪了众多"头头"的一次投资。

事情发生在 2015 年的 1 月至 4 月初。

地点：西南地区的一家药企。

当时，还在读研的杨帆，因专业能力优异，在某大型券商的一个直投部门直接上岗工作。一次，他随部门领导赴西南某药企调研，这是他们对这家药企进行股权投资前的一次重要的调研。

这家药企地处嘉陵江边一栋"豪气万丈"的大楼里。公司对前来投资考察的杨帆他们，接待异常隆重，消费全是高规格的。一碗"小面"的价格，竟要数千元。

为了证明自己企业具有投资价值，公司经营不存在资金上的问题，当地政府也是非常支持的。他们请来了西南地区某个地级市银行一把手，市委、政协的"头头"出面，先后分三次请杨帆他们吃了三顿豪华宴，为他们接了三次风，充分显示各方领导和政府对企业发展的鼎力支持和看好。此外，当地政府还修了一条与公司同名的路。

但是，投资是件十分认真的事。杨帆没有被这家药企光鲜的外表所迷惑。来之前，他就认真地看了这家药企的财务报表，发现公司的存货和应收账款占流动资产比重很高。到了西南后，他不辞辛苦地赴重庆、成都、贵州等地，走访上下游客户，尤其是向占营业收入前五名的经销商、原材料前五名的供应商了解情况。调查中，从供应商那里没有发现明显

的问题，但在客户走访时，却发现产品销售问题较大，采购量下降。从下游客户的调研来看，企业的情况比过去两年要差一些，产品销售上不给力，但也没有发现明显造假的痕迹。

为了弄清企业存货占比较大的原因，杨帆深入仓库清查。厂里存放原材料、半成品、产成品的十几个库房，他花了 4 天时间，逐个逐个仓库抽查、盘点。

结果发现，虽然原材料不好作出价值判断（因大部分是花、草本等中药材之类），但是，半成品非常多，远超于正常经营周期的 3 倍，产成品也是 3 倍于正常销售量。

通过彻查，杨帆得出两个结论：一是产品严重滞销；二是这个公司货币资金紧张。因为资金大部分都押在了半成品和成品上，不能回款。

他向公司询问库存这么多的原因，公司被迫承认销售遇到了一定困难，产成品销售不出去，半成品就压在库存没有进一步加工，这种情况已经持续大半年了。

为了更进一步了解生产的情况，杨帆走进了 GMP 生产车间。当时，工厂欲盖弥彰，为了迎接杨帆他们一行的"视察"，制造了许多产品供不应求的"繁荣景象"——生产线全部开通运转，马达轰鸣，员工加班。

但当他询问员工时，终于发现繁华背后有"文章"。在与员工的交谈中，他们反映生产节奏和以前相比，出现了明显的下降，之前一天两班，现在最多一天一班。

末了，他们来到公司地处西南的一个新的生产基地，呈现在他们眼前的是庞大的基地正在开挖、推土。杨帆他们估算了一下，如此浩大的工程量，资金至少要 3 亿元。除去杨帆单位原计划欲投资的 8000 万元，这个项目基地的投资缺口，至少有 2.2 亿元。

至此，杨帆终于明白了为什么银行、市委、政协的领导都为这个药企"站台"，就是希望他们"填坑"，拖他们"下水"啊！

此刻，他脑海里回忆几个月来的调研：存货和应收账款占比巨大、产品严重滞销、回收款非常困难、资产负债率高、新的基地资金缺口巨大……情况非常糟糕呀！

最后，杨帆他们要求公司提供货币资金的询征函和纳税记录。公司迫于压力，被迫承认货币资金造假，部分偷税漏税。

一场"闹剧"终于"现形"结束。杨帆他们的股权投资终止了！

临行前，这家公司的董事长和高管团队又来酒店给杨帆他们道别，实际上是真真实实地把企业遇到的巨大资金困难，公司经营情况坦白了一遍，也表示政府、银行都还是很支持他们的，希望以后能够保持联系。杨帆他们也表示公司的困难是暂时的，向他们提供了企业几种可融资的方法，然后拒绝了该公司。

采访中，杨帆讲起这次难忘的投资经历，感慨道："做任何投资前，都要很认真、很负责地弄清所投的标的。千万不要被高端的写字楼、豪华的装修、气派的接待所迷惑。往往外部越靓丽，内部情况就越复杂。要从专业的角度分析企业的资产负债表、利润表和现金流量表这三张最主要的财务报表，还要从上下游走访了解其生产经营情况、库存情况，调取企业的应收账款、货币资金征询函和完税记录，全面地观察和分析公司的投资价值。这样，才能避免落入表面布满鲜花的投资陷阱中！"

价值投资制胜之六大"宝典"

> ⟳ *怎样既要买得便宜，又要买对？怎样寻找伟大的好公司？好公司的标准是什么？财务分析的要点又是什么？怎样提高自己价值投资的专业水平？他在实战中总结出的价值投资六大"宝典"，将告诉你这一切的答案！*

从 2008 年 10 月到 2019 年 11 月，杨帆在跌宕起伏的中国股市中度过了整整 11 个春秋。11 年来，在风雨无常的博弈市场中，他叱咤股海风云，战绩辉煌，没有亏过大钱。作为一个成功的价值投资者，他核心的制胜"秘诀"到底是什么呢？

20 多天的采访中，我一直在"挖掘"他身上的"闪光点"。在日夜坦诚的交流中，杨帆在讲述他成功的精彩实战故事的同时，也毫不保留地袒露他获得骄人战绩的"投资宝典"。

"杨帆，如果能用一句话概括你取得成功的秘诀的话，是什么？"采访中，我直击存留心中问题的要害。

"若用一句话来表述，就是：以便宜或者合理的价格买入好的公司或者伟大的公司，赚企业成长的钱。如果市场估值特别高，还可以赚市场估值的钱。"杨帆诚恳地回答说，"买得便宜卖得高，指的是估值的高低，属于逆向投资的核心；买入好的公司或者伟大的公司，属于公司价值分析的核心。"

"能具体讲一讲，怎样才能买得便宜不被套，怎样才能挖掘到好的或者伟大的公司，赚到比较大的利润呢？"

"可以。概括起来有以下六点——"

宝典一：要敢于在便宜时"下手"

买股票一定要谨记：买就要买得便宜或者合理，系统性的机会都是买得便宜。

买得便宜，是在股市取胜的第一要件。2008 年到 2019 年，杨帆"下重手"的时候，往往都是股票比较便宜或者极端便宜的时候。A 股市场要几年才见到一次。关键是在市场最低迷或个股处于跌无可跌的低谷时，此时估值最低，要敢于出手！这需要眼光、智慧和胆略（见图 4-15）！

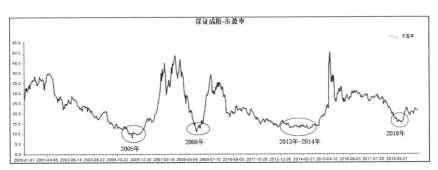

图4-15　深证成指市盈率

为什么要买得便宜？

有三大"优点"是不言而喻的：

第一，买得便宜是遵循巴菲特投资原则的，投资成本低廉，同样的钱可以拥有更多的股票、股权，未来回报率高。市场不好甚至极端不好才有便宜的股价。这时，只有克服恐惧，才能捡到"皮夹子"。巴菲特那句"别人恐惧我贪婪，别人贪婪我恐惧"的名言，正是道出了我们如何"买得便宜"的一个逆向投资行为准则。

第二，买得便宜可提供较高的安全边际。但是要记住一个逻辑关系，买得便宜提供安全边际，然而安全边际不仅仅需要便宜，更重要的是公司质地也得好。巴菲特有一句名言："以4毛钱的价格买入1块钱的东西。"只有足够低的股价，才能为未来的估值留出一定或者足够的容错空间。因为即便是专业人士，也无法做到对未来每一次的投资估值都接近内在价值。

第三，买得便宜有较大的心理优势。如果股价大幅下跌以后买入，公司本身财务状况比较好，投资者认为价格低于内在价值，不担心永久性损失出现，就会安心持股。如果买入价格比较高，股价出现较大波动或者回撤几次以后，很容易就卖出，可能错过更多的上涨机会。

宝典二：坚定寻找和投资好的公司

研究、发掘好的公司甚至是伟大的公司，是价值投资最难、最需要花时间、花精力毕生追求的目标。

巴菲特的价值投资分为两个部分：第一，逆向投资；第二，寻找并发现好的公司或者伟大的公司。两个部分重要性占比是不一样的，逆向投资占 20% ～ 30%，价值分析占 70% ～ 80%。价值分析所占比重如此之大，足以看出投资好的公司在巴菲特投资之道中的分量有多么重。

好的公司财务分析要点：

好的公司首先有一个长期稳健的成长属性，长期指的是 3 ～ 5 年的经营周期。如果按照格雷厄姆的要求至少是 10 年的周期。长经营周期可以为了解企业的经营稳定性和行业周期对公司的影响提供充分的数据，有利于了解公司的各个方面。

优质公司过去 3 ～ 5 年营业收入和净利润的复合增长率一般要求不低于 15%，最好是在 20% 以上，如果达到 25% 以上当然是更好。公司的增长率是根据整个宏观经济增长率和行业增长率来调整的。在 2007 年的时候，很多行业增长率超过 30%，因为那个时候宏观经济有 12% 的增长。2019 年宏观经济的增速为 6%，公司增速是宏观增速的 3 倍、行业增速的 1.5 ～ 2 倍都是不错的增长。

这里，提取 6 个重要的财务指标对公司进行立体式的解剖，可以快速"庖丁解牛"，直达公司的本质：

指标一： 毛利率 =［（营业收入 – 营业成本）÷ 营业收入］×100%

毛利率就是公司去除产品的直接成本的毛收入，没有去除三项费（管理费、销售费、财务费）和所得税等其他成本费用比率，所以称为"毛利率"。

毛利率高说明公司行业地位高，产品在市场有较强的竞争力，也隐含着消费者在购买商品或者服务的时候，愿意付出比同类商品更高的价格来购买公司的产品，这就是企业竞争地位的体现。毛利率高也代表企业产品的直接成本更低，可能因为生产管理水平高，还有可能因为拥有完全自主知识产权。

指标二：净利率 ＝（净利润 ÷ 营业收入）×100%

毛利润还应该去掉三项费用和所得税等，剩下的才是公司的净利润。净利润与营业收入的比率就是净利率。净利率一方面体现产品的竞争力，另一方面也是考察公司管理层管理运营能力的指标。只有优秀的管理层才能用相对较低的三项费用，为公司和股东创造更多的利润。

在观察毛利率和净利率绝对水平的同时，应该注重企业毛利率与净利率的变化趋势。毛利率与净利率是衡量企业盈利能力的重要指标，也是观测企业盈利水平变化的连续性指标。这需要看 3 ～ 5 年的连续数据，单一的一年没有很大的意义。

杨帆对毛利率最低要求一般在 30% 以上，有 50% ～ 80% 更好。为什么毛利率跨度区间这么大？因为不同行业、不同产品的经营方式不一样，所以不可能给出一个绝对确定的值。

虽然一般来说，毛利率越高越好，但作为一个笼统的指标而言，超过 30% 即可。比如优秀的电子制造企业毛利率可能低于 30%，行业的佼佼者虽然只有 20%，很可能是一家好公司。毛利率与净利率结合起来看更有意义，对净利率的要求一般是不低于 15%。这个指标仍然与商业模式有关系，是一个笼统的指标。中国优秀的电子制造企业净利率能够维持 7% ～ 8%，或 10% 就很优秀了。制造业很难维持非常高的毛利率和净利率水平，因此要看企业具体的商业模式。

但是，在选择企业的时候，优先选择毛利率大于 30% 的企业，净利率大于 15% 的企业，这个方法可以帮助投资者排除大量没有竞争力的平庸公司。比如杨帆在选择医药公司的时候，对毛利率的要求一般大于 60%，净利率水平要高于 30% 才能入选。这样比较容易选出细分行业中比较优秀的公司（见表 4-2、表 4-3）。

表 4-2　杨帆操作过的几只股票毛利率比较

股票名称	年份			
	2016	2017	2018	2019 年年中
健帆生物	83.28%	84.75%	84.82%	85.92%
欧普康视	65.61%	76.58%	76.25%	78.13%
恒瑞医药	87.72%	86.85%	86.75%	86.99%

表 4-3　杨帆操作过的几只股票净利率比较

股票名称	年份			
	2016	2017	2018	2019 年年中
健帆生物	36.96%	35.73%	29.92%	48.31%
欧普康视	42.34%	40.09%	34.43%	43.98%
恒瑞医药	24.35%	24.11%	22.34%	24.10%

指标三：资产负债率 =（负债总额 ÷ 资产总额）×100%

这个指标反映债权人提供的资本占全部资本的比例，是衡量非金融的重要指标（银行、保险等资产负债率基本都高于 90%，他们的商品就是钱，所以需要运用另外的体系指标解读）。

通常，对企业而言，资产负债率在 50% 左右或以下是一个安全的状态。如果高于 50%，风险相对比较高，偿债能力下降，最好是在 40% 以下。如果非金融企业负债率超过 60%，就要小心。

指标四：净资产收益率 =（净利润 ÷ 净资产）×100%= 净利率 × 总资产周转率 × 杠杆比率 =（净利润 ÷ 销售收入）×（销售收入 ÷ 总资产）×（总资产 ÷ 净资产）×100%

净资产收益率是巴菲特最重视的财务指标之一。他曾反复多次强调这个指标："我们判断一家公司经营的好坏，取决于其净资产收益率，而非每股收益的成长与否。因为即使把钱固定存在银行不动，也能达到像后者一样的目的。"巴菲特选择的标的，都是能维持高净资产收益率特性的股票。

可以看出，净资产收益率是综合评价一家企业盈利能力的最佳指标。一家企业能维持高净资产收益率，代表从生产、销售、经营、技术、服务、市场占有率等各层面汇聚的综效优异。一般情况下，净资产收益率在10%～20%比较常见。杨帆倾向于选择净资产收益率大于15%的企业，最好不低于20%（见表4-4）。

表4-4 杨帆操作过的股票净资产收益率比较

股票名称	年份		
	2016	2017	2018
健帆生物	24.08%	22.21%	26.30%
欧普康视	38.56%	21.40%	23.59%
贵州茅台	24.44%	32.95%	34.46%
爱尔眼科	21.84%	21.74%	18.55%
恒瑞医药	23.24%	23.28%	23.60%
格力电器	30.41%	37.44%	33.36%
美的集团	26.88%	25.88%	25.66%

指标五：应收账款周转率＝当期销售净收入÷〔（期初应收账款余额＋期末应收账款余额）÷2〕

流动资产首先要分析应收账款。应收账款是客户欠公司的短期债务。公司以赊销的形式向客户出卖产品或提供服务，在客户还清欠款之前，这笔款项会以应收账款的形式记录在流动资产下面。应收账款越少越好，代表了公司在整个产业链上下游的地位。

应收账款周转率说明一定期间内公司应收账款转为现金的平均次数。一般来说，应收账款周转率越高越好，表明公司收账速度快，平均收账期短，坏账损失少，资产流动快，偿债能力强。公司经营情况变好变坏很快就会反映在这个指标上。

指标六: 净利润现金比率 = (经营性现金流量净额 ÷ 净利润) × 100%

在正常情况来说，选择净利润现金比率 70% ~ 80% 的企业，也就是净利润当中，要能够收到 70% ~ 80% 的现金，是比较健康的。现金流就如同企业的血液，如果企业的净利润现金比率长期超过 90%，说明企业经营状况非常良好，而且企业的 "血液循环" 非常流畅。

宝典三 : "高估值" 时一定要舍得卖股票

高估值时能否坚决卖出，是能否获取高回报的另一个极为关键性的投资要点。

当股价远高于内在价值的时候，股票就不具备投资价值了，应该卖出。

估值比较高，说明以后市场长期隐含的回报率是比较低的，容易出现永久性损失。例如 2015 年 6 月创业板 PE145 倍、PB14.5 倍，无论从哪个角度看，都具有极大泡沫。

市场经历过持续性充分上涨后，很可能股价已经远远超过公司的内在价值，这时，巴菲特说的 "以 4 毛钱的价格买入 1 元钱的东西" 变成了 "以 3 元钱的价格买入 1 元钱的东西"，在牛市顶部区域很可能是以 "5 ~ 10 元的价格买入 1 ~ 2 元钱的东西"。这个时候泡沫比较大，属于市场或者公司估值高的区域，应该卖出，或者减仓出来。

那么什么样的估值是很高呢? 有没有一个定量化的标准? 这个标准是

有的。可以从两个维度去分析：

第一，用历史的视角去看待估值与估值的变化。从 A 股的历史数据看待牛市熊市的估值，抽取 A 股 10 ～ 30 年的 PE、PB 历史数据，当估值接近于某些特定值的时候开始买入、卖出。

第二，用市盈率的倒数计算回报率。巴菲特使用对比标的是 10 年期国债收益率。中国目前 10 年期国债收益率是 3.1%。用 1 除以市盈率，或者用分红率去比较回报率的高低。从静态来看，比如市场的估值是 20 倍，回报率就是 5%，则当期 5% 的收益率就高于 3.1%，所以目前的股票的估值就有吸引力。如果市场的估值是 100 倍，回报率是 1%，那么 10 年期国债远优于股票市场。对于分红比较稳定的行业，可以使用股息率去衡量，比如 2018 年 11 月的时候，国证红利指数的分红率达到 4.5%，而 10 年期国债收益率不到 3.3%，意味着国证红利指数更加有吸引力。

估值高容错性差、纠错成本高。这是因为：第一，高估值时买入，长期的回报率比较差；第二，高估值时买入，不要说安全边际，实际上股价远高于内在价值，根本没有安全边际，股价回归价值的时候，不仅要把高估的部分全部跌完，还要跌到足够的安全边际，价值投资者才会买入。这对于错误的估值容错率是非常差的。此外，纠错成本也非常高。高估值一旦发生崩塌，下跌速度是非常快的。2015 年那些互联网金融股票，估值非常高，后来连止损的机会都没有，每天都在跌停，当真正能够止损的时候，股价可能已经跌了 50% 以上，所以高估值区间出现价值回归的时候，纠错成本非常高。

宝典四：避免走进价值投资的误区

误区一：便宜的"价值陷阱"。

所谓"价值陷阱"，指的是那些看上去很便宜，但是公司有严重问题的，即使再便宜也不该买。

第一类，公司依赖的关键产品或者技术已经被替代了。这一类公司的主要产品在短期内还没完全被消费者遗忘，但是从中长期来看，已经彻底失去了消费者的青睐。公司当期的市盈率比较低，但是竞争生态环境却发生了天翻地覆的变化，盈利大幅下滑是迟早的事情。比如曾经的"街机之王"诺基亚，在苹果智能手机推出前风光无限，最后却一败涂地。还有就是，公司的技术已经完全被淘汰，公司依赖的核心技术完全被新技术替代。例如数码相机发明之后，主业是胶卷的柯达的股价从 90 元一路跌到 3 元多，消费者不再依赖于胶卷了，公司估值再低也不能买。

第二类，存量行业中的落后者。存量行业的龙头公司所积累的管理能力、经营质量、人才储备、组织架构、资本能力、产品竞争力等都优于行业中的落后者的时候，落后者很难有机会再像过去一样获得市场份额。这个时候去买估值便宜的存量行业的落后者是不明智的，因为市场份额不断丧失，未来可预期的盈利水平会越来越差。比如空调行业的格力与美的，基本上垄断了行业的利润，其他空调厂商很难反转超越。

第三类，景气顶点的周期股。在某个行业扩张晚期，整个行业的盈利能力非常好，景气度处于顶点将往下走了。低 PE 的周期股也常是价值陷阱，因为顶峰利润是不可持续的，投资者看到十分低廉的 PE，认为行业可能一直会向好。其实，周期股顶部的低 PE，就是典型的价值陷阱。

误区二：长期持有等于不卖股票。

常见有的投资者买了股票后长期"捂着"不卖，甚至经常"坐电梯"也不卖，认为这是学巴菲特的价值投资。其实，这是对价值投资认识上的一个误区。

长期持有指的是享受好的公司的长期成长收益。企业的价值不是一朝一夕能够实现的，好的企业价值随着时间不断提升。比如，腾讯上市的时候才几十亿港币的市值，通过 14 年的成长，2018 年市值达到 4 万亿港币；亚马逊从 100 美元到上万亿美元花了 20 年时间，长期持有是实现资金高复合回报目标的方法。

长期持有是有条件的。这些条件有：第一，持有的公司质地没有变坏；第二，持有的公司估值没有出现较大泡沫；第三，没有找到更好的长期标的。如果其中任何一个条件发生变化就要卖出股票。这正是巴菲特教导我们的。

更重要的是：长期持有，不能是持有垃圾公司。长期持有特指持有好公司，而不是绩差股、垃圾公司。如果一家公司质地出现了天翻地覆的变化由好变坏，不符合持有条件，是要卖出的。巴菲特从来没有说长期持有垃圾公司。

长期持有不代表不卖出股票。茅台是一家好公司，2007 年茅台估值超过 100 倍的时候，为什么不卖出呢？中国平安是好公司，2007 年估值也超过 100 倍。超高估值不卖出，再创新高是 7 ～ 8 年以后的事情。2007 年的时候，中国的价值投资者的理念是比较机械的，这导致 2008 年亏损严重。如果是垃圾公司可能一辈子无法回本。

误区三：集中持股就是持有 1 ～ 3 只股票。

巴菲特投资理念非常强调集中持股，因为买的股票过多比如 50 只，每只股票分配 2% 的金额，即使选中好的公司对组合贡献也比较少，集中持股强调优质公司要分配一定的金额。但是，投资者又容易走向另外一个误区，认为集中持股只能持有 1 ～ 3 只股票，这又从一个极端走向另外一个极端。纵观巴菲特的一生，只有在持有美国运通公司的短暂时间内，其持股资金量超过总资产的 30%，其余的时候一只股票很少超过 15%。我建议资金规模达到一定的数额时，应该持有 5 ～ 10 只股票。资金量比较低的投资者，应该持有 3 ～ 5 只股票。集中持股是适度集中，要避免集中持有 1 ～ 2 只股票出现问题时，引发的资产大幅亏损，减少小概率事件对整个资产组合造成严重的冲击。

宝典五：要有宝贵的坚守品格

股海风浪无常，投资是件不易的事情。即使是买到一家伟大公司的股票，也会有跌宕起伏，股价也会有大幅下跌甚至于出现跌停的现象。常见有的人也买进过非常优质的股票，但一遇波动就慌忙"逃离"，结果错过日后涨幅巨大的暴发期而后悔不已。

不少投资者都喜欢赚"快钱"，整日追涨杀跌，对于股票短期的波动十分在意，很难忍受股票短期趴着不动。即使找到一家优质公司，也很容易在追涨杀跌中而没能守住。据统计，即使在大牛市中，因追涨杀跌也有超过 70% 的人是亏损的，这样的统计触目惊心。除了心态以外，要加强专业能力，提高认知水平，拿不住股票归根结底是因为对企业未来价值前景分析不透彻。

价值投资主要是分享企业的成长，通过企业利润的增长实现股东价值的长期复合回报。企业的成长不是一朝一夕能够实现的，投资者需要放下投机之心，把更多的精力和时间放在分析和研究公司上。要明白：再好的公司也不可能每天都上涨，再伟大的公司也需要长达五年、十年甚至十几年的时间才能长成"参天大树"。我们要忽略短期的涨跌变化，陪伴它成长。守住好的公司是一种难能可贵的品质和精神。

宝典六：积累专业技能，提高价值投资素养

做好价值投资需要学习和具备一些基本的专业技能，最基础的是公司估值、行业分析、公司财务报表分析、尽职调查、货币政策分析等。怎么积累这些专业技能？杨帆建议投资者学习中国注册会计考试中的"会计"和"财务"这两门课，将这两门课学好，投资者的财务分析功底就非

常扎实。有决心的投资者可以通过CPA（注册会计师）考试。此外，可以学习并通过CFA（国际金融分析师）的三级考试，这对于公司财务、估值、金融市场了解等都有很大的帮助。

关于投资类书籍，主要分为三大类：

第一类是价值投资类图书：比如《巴菲特之道》《证券分析》《聪明的投资者》《巴菲特的护城河》《股市真规则》《投资者的未来》《安全边际》《巴菲特给股东的信》《怎样选择成长股》等。

第二类是经济学、金融类图书：比如《经济学原理》《公司理财》（又名《公司金融》）；关于股市周期类的图书，如《从大繁荣到大萧条》《金融投资400年》《大衰退》《郁金香泡沫》《1929大崩盘》《压垮世界的泡沫》等；还有经济史，比如《美国经济史》《欧洲经济史》《英国经济史》等。

第三类就是一些人物传记，如《滚雪球》《约翰·博格》《约翰·内夫的成功投资》《穷查理年鉴》等。

读书，会给予你智慧。相信在不倦地学习中，你一定会提高自己的价值投资专业水准，投资的成果会越来越大。

尾声：巴菲特之道，这辈子一直走下去……

是夜，国际大都市深圳，流光溢彩。

我和杨帆在会展中心那雄伟的"大鹏展翅"旁的一个幽静的茶社里，对稿件做着最后的梳理。我也向杨帆提出了我采访他20多天来的最后一个问题：

"小杨，你从18岁上大学就投资股票。11年了，现在你还没过30岁的生日。你这么年轻，就取得了非常骄人的战绩，这真是非常难得和不易呀！你对未来有何打算？"

"回顾 11 年来在校园里和毕业后一路走过的历程，我能取得一点成绩，都是按照世界投资大师巴菲特的价值投资方法做的。"杨帆回答说，"在中国股市最低迷的 2008 年 10 月 27 日大跌中，我敢于进场，淘到了我人生中的第一桶金。我做股票，很少追高，从不追热点，而是严格按照巴菲特的投资理念，选出了一只又一只估值便宜、成长性好的股票。这让我在校园里早早地走进了'千万富翁'的行列。2015 年 6 月 15 日股市最疯狂的时候，我也是遵照'别人贪婪我恐惧'这一巴菲特的至理名言，成功逃离了泡沫，躲过了'股灾'，并在之后人们最恐惧时又成功抄了底，保住了牛市得之不易的成果，资金翻了 6 倍。这一切，都源于巴菲特的价值投资之道。

"你问我今后有何打算？我想，虽然我现在已经积累了一些财富，但更要鞭策自己不断前行。我们面对的是一个金融新时代。习近平总书记提出，中国经济进入高质量发展阶段，高质量发展阶段要求发展要有效率，发展要有高质量，发展水平要有竞争力。从 2018 年加入 MSCI 新兴市场指数开始，A 股市场正在走向国际化，每年外资流入规模近 2000 亿元。目前外资持股的规模已经超过中国公募基金的持股规模，只用了 3 年的时间。未来外资规模可能达到 4 万亿～ 6 万亿元，甚至更大。要注意的是，这不是一个阶段性现象，而是一个新时代的开启。伴随着外资的进入和证券法的完善，A 股从过去的野蛮生长到估值体系、巾场坏境越来越向成熟市场靠近，'炒小''炒新''炒差'正在失去生存的土壤。与其追逐这种终将结束的炒作模式，不如将投资的重心放在如何寻找好公司、伟大的公司上。

"未来随着中国全面注册制的推行，选股的难度只会加大不会减少。纳斯达克从成立之初到现在，退市率高达 76%，上市的公司很容易退市。在这样的大背景下，对我们投资者的选股能力提出了更高的要求。选股稍有不慎，就容易出现巨亏，选错股票的成本很高。大浪淘沙，从审核制到注册制，只有价值投资这条路是确定能走下去的。"

说到这，杨帆顿了一下，望向窗外的"大鹏展翅"，深情地说："巴菲特的价值投资理念从2000年进入中国开始，从被质疑到有少部分人跟随，再到外资机构大量进入，伴随着近20年的质疑、讨论、实践，未来的路只会越走越宽。中国将成为美国以外最大的价值投资的乐园。男人三十而立，今后的投资道路不可能一帆风顺，我会在中国和国际资本市场的大舞台上，继续实践巴菲特的价值投资理念。巴菲特价值投资理念赠予我的不仅仅是财富，也是学习、思考、生活的指引。巴菲特之道，这辈子我会一直坚持走下去! 永远! 永远! "

05

康会民（君山居士）

————

"证券市场是一个利用智慧和汗水
进行财富再分配的场所。"

　　从 2008 年至 2019 年的 11 年间，他从昔日一个战胜熊市、业绩翻倍的顶尖高手，到今天走出国门征战华尔街再创辉煌战绩的中华金融骄子，续写着自己出彩的股市人生。在不断奋进的征途上，他与时俱进，执著追求，永不停步，用自己的聪明智慧、汗水和人工智能高科技手段不断完善盈利模式，并成功打造出神奇的"阿尔法牛"，震撼中国股坛，令世人赞叹和颂扬。

投资简历
RESUME

个人基本情况
Personal Information

康会民，网名：君山居士。

入市时间
Stock Market Entry Time

1993 年。

投资风格
Investment Style

擅长猎击"大事件"，实施"精准打击"。静若处子，战则必杀！

投资感悟
Investment Insights

投资是一门艺术，盈利的手段和方法越简单越好！

征战华尔街

*记中国羊城股坛奇人、广东君利对冲
基金董事长君山以独创的四大操盘绝
技制胜华尔街的传奇故事*

从 2008 年至 2019 年，整整 11 年过去了。

朋友，你一定还记得 2008 年中国股市所经历大熊市的那场磨难吧?

那年，在以美国为首的世界金融风暴掀起的滔天巨浪中，世界各国股市遭受百年一遇的重创，就连股神巴菲特在他的投资生涯中，也首次遭遇了"滑铁卢"，一年间资产缩水数百亿美元。中国股市从 2007 年 10 月的 6124 高点跌至 2008 年 10 月 28 日 1664 点，跌幅高达 72%，令人痛心、瞠目!

在这场史无前例的"灾难"中，有 90% 以上的投资者损失惨重，伤痕累累。那段血与泪的回忆，令人们永远无法忘记。

当然，你更不会忘记，在中国股市诞生 18 年来最惨烈的这轮熊市中，竟有一位股坛奇人和他的弟子却没有受到丝毫的伤害。每次"大顶"，都被他神奇地准确预测，并八次吹响撤退的"集结号"，且以 95% 的胜算率，带领弟子们 20 余次成功抄底，在大熊市中实现业绩翻倍。当年畅销于全国的《民间股神》第 5 集，曾以《解读 "君山股道" 密码》为题，揭开了这位奇人神秘的制胜之道。

他，就是在中华股坛和千万读者心中红了整整 11 年的 "君山居士"——康会民。

11 年后，当我再度来到羊城欲重访这位股市奇人时，他的巨大变化，令我吃惊，让我刮目相看：如今，他叱咤股海风云，已从国内走向世界，纵横于国际金融市场。他新创的盈利模式和四大操盘绝技，不仅在国内市场战绩辉煌、硕果累累，还走出国门，征战华尔街，震撼了中国股坛千千万万的投资人。那跌宕起伏的激战场景，真不亚于美国的大片！

如果，你渴望一睹这位中华股坛奇人在国际金融市场上的风采，想了解他的必杀绝技，那么，就让我带着你，到羊城，到美利坚，到世界最著名的华尔街，去亲自感受一下这位中国股市的英才是怎样用智慧在华尔街搏杀和取胜的！

引子：美国格林尼治基金小镇，走来一位中国股市牛人

2017 年 7 月，美国格林尼治基金小镇，迎来了一位来自大洋彼岸的年轻基金经理，他就是闻名于中国股坛的君利对冲基金董事长君山先生。

一踏进这个 "梦里寻她千百度" 的小镇，一阵感慨发自他心灵的深处：好美呀！

这个离曼哈顿仅 48 公里的格林尼治，与华尔街铜牛遥遥相望。它，依山傍水，美若仙境；蓝天，白云，大海，万绿丛中，遮掩着一栋栋建

筑风格独特的别墅。

在这美丽如画的小镇，聚集着 500 多家基金公司。全球 350 多个管理着 10 亿美元以上的对冲基金，有一半的总部就设在这儿。一个小小的镇，总的基金管理规模竟达 3500 亿美元以上，掌控和影响着世界金融市场。这里人均年收入 500 万美元。可以说，它是全世界最富有的小镇。

半个月时间，君山和他的美国合伙人从华尔街到驻足于这个美丽而神圣的基金小镇，流连忘返，心情激荡，久久不能平静：有多少年，又有多少天，空闲时他常常盯着电脑中的美国格林尼治基金小镇图片，一看就是半天。这可是全世界最"牛"的人待的地方呀，"世界金融大鳄"索罗斯，"量化交易之父"西蒙斯，世界最大规模的桥水基金……全都隐没其中。这不正是自己在股市梦幻已久、拼搏 20 多年为之奋斗的目标地吗？！

热切的向往，身临其境的感触，让心怀世界金融舞台的君山一连多日，心潮一直在激荡着。

他是个说干就干的爽快职业投资人。在格林尼治基金小镇考察之后，君山与美国合伙人决定立马联手行动，向心目中的华尔街进军！

他们在美国一栋依山傍水的豪宅安营扎寨，装饰了现代化多功能的办公室，立刻组建了操盘团队，并着手制定了周密的投资计划方案……

就这样，从华夏大地走来的中国炒股牛人君山居士，在鏖战中国股票市场的同时，开启了进军华尔街的新征程！

11 年前的 "幸福一家人"

> *在世界金融危机风暴中，2008 年的中国股市发生了灾难性的暴跌。它使千万投资者遭受了巨大损失，伤痕累累，惨不忍睹。然而，就在这前所未有的股灾中，却幸福地生活着 "一家人"，他们没有受伤，没有悲哀。这群熊市牛人，感动着 2008，感动着华夏那受伤的股坛！*

从驻守广州将军山，到走出国门，君山的举动，一直感染着我。我要再次探秘：这一切的背后，究竟发生了些什么故事？

2019 年的金秋，是花城广州最美丽的季节。我踏上了重访当年 "熊市牛人" 君山的旅程。

当我到羊城重访君山，再度登临将军山，再次回到第一次采访君山的地方，在他给我安排的优雅住所里，记忆把我一下子拉回到 11 年前，初识他的情景如现眼前，怎么也抹不去——

"2008 年，我们是炒股人！"

这是一次巧遇，也是感动中国股市的一刻——

2009 年 1 月 11 日中午，我刚刚到达广州，与君山在麓湖边进行第一次交谈后，随着他去送别从全国来羊城专程看望他的第一批学生。

他们在一起聚会即将结束。见到我到来，他们很开心地主动自报家门。

一位看上去只有 20 岁出头的靓女先开了腔：

"白老师，我是傲气俏丫丫，来自深圳宝安。如果说许多人在 2008 年都不敢说自己是炒股的，那么，我们这些来自全国的十几个朋友，却敢自豪地说，2008年，我们是炒股人！因为我们在这一年很快乐，并赚到了钱！"

"我叫佳宝，是南京人，也有人喊我'总理'。过去总爱捂股票，2008年10月，我有幸成为君山老师的学生。他经常敲打我：'不要老把股票当孩子养在家里！'现在我学会卖股票了！"我身边又一个年轻女士如是说。

"我的网名叫新也，是福建南安人。我是2008年3月才入市的。幸运的是，我一入市，就在君山老师UC的免费课堂上学到不少炒股知识。快一年下来，炒股的成绩虽说不如师哥师姐们，不过，我也赚了50%。这是我在股市赚的第一桶金，我永远都忘不了。"坐在我对面，一位穿着红羽绒服的帅哥开心地对我调侃道："白老师，现在我已辞职，想做个职业投资人。说不定，我以后会成你书中的'股神'呢！"

这时，一位长得酷似鲁迅先生的学者笑道："我叫米老鼠，来自杭州，刚刚下海办公司。别以为这是金融危机惹的祸，主要是股票市场对我的吸引力太大了！"

"米老鼠，这一年可没少赚钱啊！"这时，不知谁插了一句。

"要不我公司董事长不当，下海炒股，我傻呀？"说完，他幽默地哈哈大笑。

"他是北大毕业的，是我们群里最有灵性的一个'小鲁迅'。这种熊市行情，可他经常逮涨停板！"我旁边坐的"女总理"向我介绍道。

北大学了米老鼠的话音刚落，一个年轻小伙子就笑呵呵地开了腔："我叫木阳，来自河南。人家说我是'没阳（线）'，只要我一买股票，就会跌。其实，那是反话。涨和跌，牛和熊是一对矛盾的统一体。我木阳，没阳，我买股专门找'没阳'的时候到'弹坑'里捡股票，对吧？这都是跟着君山老师学的！大盘掉到1664点以来，我可捡了不少便宜货，反正账户都在大家面前公布过了……"

"我叫'咖啡'，来自新疆！也是君山培养的一个股市'女赌徒'！"

"我叫'涨不停'，来自南宁，也是2008年的幸运者！"

……　……

听着一阵阵欢声笑语，看着一张张笑逐颜开的脸，真让人振奋，让人激动：熊市里，我从没见过这么一群快乐的股民。他们心里没有悲叹，只有甜蜜。

他们，是股灾中幸福的"一家人"！是熊市中一群真正的牛人！

答谢的饺子宴

我挺有口福的。没想到，我刚"落户"到君山家，当晚就赶上了一顿丰盛的饺子宴。

不过，那倒不是为迎接我的到来，而是君山的学生们为他特意献上的。

他们是君山另一拨"老学生"，是专程从武汉、黄山、郑州、长沙、苏州等地乘飞机来看望君山老师，并为他包一顿饺子的。

这些饺子不是从超市里买的，而都是他们亲手包的。那天，我走进君山家门时，正赶上个"尾巴"，平时喜欢包饺子的我也凑热闹和这些"学生们"一起包。

长沙的"湘妹子"忙着擀皮；苏州的"码头"和"隼"在当小工穿梭般地"运输"；河南郑州的"小小星"精心地包着拿手的"水晶饺"；浙江淳安的"乐乐"和"敏"在厨房忙着酒菜……

"嗬，有水晶饺，还有荞麦面的健康风味饺，真够丰富的！"开饭了，我看到十多人来自天南地北围在一起吃着丰盛的饺子，思念起在部队过年包饺子的情景，心里热乎乎的。

"俺们是来感恩的。老师免费教了我们一年课，让我们赚了不少钱。送礼，老师不要；给钱，更是一分不收。俺真不知道怎么谢老师，没有别的，大伙商量相约来看看老师。他爱吃饺子，我们就给他包顿饺子，也算对老师的一点心意吧！'"小小星"对我说，"要不是老师指点，我家今年的这个年关，真不知道该怎么过……"说着，她的眼里盈满了泪花。

"小星，跟君山老师几年了？"我问。

"要是有几年就好了。可惜，相识太晚了呀！"她感慨地说，"我是一个新股民，入市见行情好，不懂深浅，投资不少，想多赚些钱，为两个孩子以后上学做准备。哪曾想，一进去就摔了个大跟头。'5·30'暴跌，让我快速赚钱的梦碎了。跌的头一天，我不懂走，也舍不得走，硬撑到第四个跌停板，灰心了。心想逃吧！哪曾想，出来了，割掉的股票又涨了。我看到账户上只几天工夫，十几万块钱没了，回到家，抱着孩子伤心地落下了眼泪……

"在我无助的时候，我花了5000元去一家咨询公司学炒股，想早点把损失补回来。可是，没想到学费交了不少，炒股还是找不到北。后来，朋友告诉我说UC有个君山老师免费教学讲得很好。我不信，心想：花钱的都不行，这免费的还会有真招？但我还是抱着试试看的态度，到了君山老师的课堂去试听，也算是'死马当活马医'，随便碰碰运气吧！没成想，我遇到了真正的高手和真心教我们的老师。自从那会儿起，我什么时候买，什么时候逃，老师都一点一滴地教我，真是苦口婆心啊！有时他指导我买股，叫我买二成仓位。我心急想早点扳回本，悄悄买了七八成，他硬逼着让我打开账户，否则以让我'出群'惩罚我。没办法，我第二天立即调整了仓位与心态，炒得很顺，盈利百分之四五十总有吧。我算又活过来了，你说我们能不开心、能不感恩吗？"

我们一边吃着饺子，一边听着"幸福一家人"的故事。

从武汉来的王汉林一边为我斟着红酒一边说："我的网名叫666，年龄最大，56岁了，所以他们也叫我'大哥'。我是中国股市的一个老股民了，1993年入的市。那年，我炒邮票的小型张和新股的'中签表'赚了不少钱。当时炒股可以跟券商一比五的透支，开始赚得挺多，大概有一千来万元吧，算是证券公司的'超级大户'。后来，我胆子越来越大，但到

1994 年行情越来越差，也是熊市，赚的钱又赔进去了。末了，我反欠证券公司 5000 块钱，被迫出局。那是 1994 年的 11 月 18 日。我一辈子都不会忘记那一天。"

"以后，没再炒股？2000 年的行情也不错啊！"我问。

"一朝被蛇咬，十年怕井绳。没敢再涉足，教训太深。离开股市后，我一直搞工程，不再碰股票。到 2007 年，中国股市的行情太火爆了，我实在忍不住，这才又重操旧业，玩起了股票。"

"那年，应该赚了不少吧？"

"是。我这次投资了三四百万元，翻了一倍多，是行情好啊！当时，舆论都在说中国股市迎来了黄金十年，我乐得天天睡不着觉。正准备加大投资，可是在 2007 年国庆节我们来广州见到君山老师时，他却给我当头泼了一盆冷水。当时，一起来的有 30 多人，老师为我们上了四天课，他给我们讲防范风险的安全系数，讲炒股要把资金安全始终放在第一位。记得那会儿大盘在 5500 点左右，他对我们说，回去马上卖股票。我 10 月 7 日回到武汉，8 日卖出了全部股票，手里都是正在赚钱的股票啊！"

"当时舍不得走吧？"我问。

"嗯。不光舍不得，还有些情绪：许多专家都说大盘很快要上 8000 点，君山老师却叫我卖，这不是唱反调吗？不过，我是在股市受过伤的'老兵'，还是听了他的话，全卖了，撤下来再说。"

"卖了后没后悔？"

"卖了后，大盘一个劲往上攻了 7 个交易日，创了 6124 点新高。我心里很不是滋味。可是没几天，股市开始暴跌，我内心不得不佩服老师高明了。""666"感激地说。

"此后，有没有再买回股票？"

"没有。我一直空仓至今，是一张'白卷'。我保住了在牛市赚的钱，一分钱也没受损失。我是幸运的。虽然，我知道我们群（注：指 QQ 群）里不少人如'码头'和'隼'，跟着老师做了不少短线，就连我的司机看了都眼红。可我不眼红，因为我忙，我没空做短线，我能保住大牛市的胜利果实一直到现在，已经非常非常满足了。股市有大把的机会等着我。现在我虽然没有股票，但群里一有活动，我就是再忙，也要坐飞机赶过来，看看老师，看看一同战斗的'一家人'，听一听大家的经验，跟着学一些东西。"说到这，"666"把我拉到君山家的阳台上，悄声对我说："白老师，我给你说句心里话，如果当时进 UC 课堂要是收费的话，我倒不踏实。我不是交不起学费，因为那种赚学生钱的人讲的话，我信不过。而君山老师不收我们一分钱，他讲的，我信！"

凌晨，故事仍未讲完……

"666"的故事，触动着我。在中国股市这场暴跌的股灾中手握重金、一股不买的人，真是太罕见了。他，无疑是"高人"中的高人了。他保住了上千万元的资金丝毫无损。如果他还在股市里面企盼 8000 点，至今，他说，其后果，他想都不敢想……

当晚，他们要走了，我有点舍不得，真想与这些真正的"赢家"多交流交流。有很多人的故事，我还没来得及听。

当我听说苏州的"码头"和"隼"是第二天一早的飞机还没离开时，尽管已是夜里 11 点了，我还是忍不住，又赶往了他们住的宾馆，硬"缠"着他俩，一定要讲讲他们的故事。

他俩来自丝绸之乡苏州盛泽。"码头"说他活到三十几岁方圆两百里的地方都没出去过。可自从一年前认识了君山老师，改变了他的生活。他有生以来坐了 5 次飞机，都是跑到广州来看老师，向老师请教的。股市从6124 点下跌以来，他与"隼"跟着君山老师 22 次抄底买股票，除一次外，21 次均获成功。他开心地说："我们是幸运者，我们真的是幸运啊！大跌前，我们跑光了，保住了资金；下跌了，我们又跟着老师赚了不少钱，能不开心？！"说到这，这位有点腼腆的苏州小伙拍拍自己壮实的身板："白老师，我过去体重只有 100 斤，现在长了 10 多斤了！""吃多饭了？""不。"他笑道，"有句话叫'人逢喜事精神爽'，现在，我才真正体会到了啥叫人逢喜事精神爽了！哈哈……"

"隼"的故事也是一波三折。他是 1998 年入的市，只在 1999 年的"5·19"行情中赚过一点钱，但没走，又套了进去。后来割肉出局，先前投入的 30 万元只剩下 10 万元。到 2006 年 10 月，他再度进场，尽管行情好，但他手里的股票不涨，换来换去的，没有赚到钱。到 2007 年 2 月，他又追加了 30 万元，以 3.67 元满仓买入大成股份（现名：妙可蓝多），可股价涨到 11 块多没舍得走，直到"5·30"大跌的第四个跌停才割肉，赚到的钱又缩掉了一半。后来，他 52 元买进了地产股招商地产。到 9 月份涨到 70 多元了，他很开心，也就在这时，"码头"介绍他认识了君山。他们一同于国庆节来到广州听课，老师要他们卖股票，他不情愿。老师看出了他的情绪，临别时，千叮万嘱："记住，回去后一定全部清仓！"

"你不愿走？还拿着招商地产？"我问。

"我当时一股赚了 20 多块，睡觉都在笑。我想抱着它上 100 块呢，不过，我思想斗争了几天，回想起过去赚钱没走的教训，掂量着君山老师诚恳的话语，我还是按要求走了。"

"不后悔吗？"

"开始后悔死了。我是 78.9 元卖的，没几天这只股就冲到 102 元了。弄得后来我都没敢看它，一看它涨，我这心里头就难受得要命，毕竟少赚了不少钱啊！"

"后来呢？"

"后来看到它很快随大盘从高峰下跌了，而且最低跌到了 10 元钱，我又庆幸，感到走对了。现在想，即使当时不走，可能会抱到 102 元也不会舍得走，还会再往高处想，决不会卖在那个高点上！而跌下来，再舍不得离开，说不定现在还深套在里面呢！"

"出局后还做没做股票？"我问。

"出来后，我们保住了可贵的本金。后来，老师指导我们在下跌中如何抄底，我和'码头'一起都参与了，而且几乎次次成功。"

说着，两人打开随身带的手提电脑，一只只讲给我听。每次他们都买在最低点，除交通银行次日止损外，总收益都超过50%了。

"现在，还怪老师吗？"

"我们感激都感激不过来呢！""隼"说。

临别，"码头"和"隼"中肯地对我说：

"白老师，你把我们这幸福一家人的家长君山老师写一写吧！他的理念与操作方法，很有实战性。写出来，让更多在熊市中受煎熬的投资者受益，也让他们和我们一样，健康开心地生活，好吗？"

"好！好！"我连连点头，答应着。

夜幕下，我回望着"码头"和"隼"，他们不停地向我挥着手。

我看了一下表：此时，已是凌晨4点了。一个小时后，他们就要赶往机场，开始新的一天，继续书写他们熊市里的快乐……

辉煌后的思考

> ⊃ 在灾难性的 2008 年熊市中带领弟子取得翻倍收益的辉煌战绩后，在全国千万投资者"追星"的热潮中，是满足现状，还是谱写新篇章？他选择了后者……

一晃，11 个年头过去了。但，至今我仍忘不了与君山相处的日子，更忘不了11年前第一次结束对君山采访时告别的一幕：

临行时，我最想问他的是，获取成功后新的奋斗目标是什么。

一日，在花香鸟语繁花似锦的将军山上我问他。他笑指正前方一栋摩天大楼："我原来想自己以后也买这么一栋参天的大楼，把事业做大，可是现在变了。"

"哇，这还不够大？"

"不是。"君山说，"你跟我下山，我带你去个地方。我会告诉你。"

说着，他开着他那辆红色奔驰跑车，一溜烟奔去。半小时后，竟然在光孝寺门前停下。

"这是禅宗六祖当年剃度的地方。"进入寺院，他边介绍着，边领我来到一棵千年菩提树下，对我说："我成功后，没有忘记那些仍在股海艰难搏击的中小投资者。我信佛，总想帮大家做些事。于是，我就在网上免费给大家讲课。通过讲课，我要把我多年积累的经验和君山股道的制胜绝技传授给大家。"

"你这样做，真的无所求？"

"有许多人开始也不理解。那天聚会，我的学生佳宝不是对你说过，她开始也不理解，我这样白天黑夜忙乎图个啥？其实，我做这些，有功利思想的人是不可能理解的。我这些年越来越感到，人生不全是互利的，有时多付出一些，也是一种享受不尽的乐趣！你看了六祖写的那首流传千古的诗，可能就会明白我的心境了。"

我顺着君山手指的方向，抬头望着高大的菩提树下，六祖慧能当年写下的著名诗句：

菩提本无树，

明镜亦非台。

本来无一物，

何处惹尘埃！

我久久地凝望着这首诗，心里揣摩着他的追求：是淡泊名利，还是普度众生，抑或是过平静的生活？

他仍在奋斗。他没有停步，更没有躺在"功劳簿"上过悠闲的平静生活。11 年后的今天，充分印证了这一点。

"2018，我们依然是炒股人！"

历史往往会重演。2008 年在世界金融风暴中，中国股市经历了一场跌幅为 72% 的空前浩劫，千万投资者损失惨重！然而，君山带领他的学生们不仅在暴跌中毫发无损，而且在这一年多次成功抄底，收益了 120% 的战果。在众人都不愿回首和谈及 2008 年那波惨烈的熊市时，君山的学生们却自豪地说出："2008 年，我们是炒股人！"他们享受着熊市中的快乐！

转眼 10 年过去了。2018 年与 2008 年的行情是那么相似。从 1 月 29 日的 3587 点开始暴跌，仅 8 个交易日，就跌了 500 多点，其惨烈程度不亚于 2008 年！之后，大盘依然一路狂泻。至 2018 年底，上证指数竟跌去了 1000 点！创下了 28 年来的第二大跌幅！

10 年后，当 2018 年又一场如此猛烈的"暴风雪"袭来，君山和他的弟子们还能像 2008 年那样，在中国股市幸运地生存下来吗？

当带着心中的疑问在 2018 年和 2019 年连续两次重访君山时，我遇到了不少 10 年前的老朋友——跟随君山多年的学生们。他们脸上仍然流露出幸福的笑容，同样自豪地对我说："白老师，2018，我们依然是炒股人！"

面对 2018 年绵绵下跌的 K 线走势图，君山给我介绍他带领弟子们劈浪斗熊取得的战果："2018 年股市走势虽然没有 10 年前那波大熊市跌幅巨大，但行情依然十分惨烈。这一年，我们所有产品都实现了盈利。一些激进策略账户全年盈利率大概有 40% 吧！"

"2018 年炒股的日子非常艰难，你们的业绩依然很出色。那么，在这一年，你是怎么带领你的弟子们度过的? 你们具体投资了哪些股票? "

"的确，由于这一年中美贸易战正式开打，并且愈演愈烈，所以股市行情受此影响，非常低迷，操作难度很大。"君山说，"2018 年的整体行情可以分为两个阶段：一个是春季行情阶段，另一个是中美贸易战阶段。在春季行情阶段，我们的选股思路是在超跌、次新、小盘股中找机会。经过层层的筛选，我们选中了惠威科技（002888）。从 2018 年的 2 月初开始陆续买进，把这只超跌次新小盘股作为春季行情的一个重点投资对象。"

"从走势上，我注意到惠威科技在 2018 年的春季行情中走得特牛，涨幅巨大，你可真有不凡的眼光! "

"我们在买入惠威科技后，它就开始持续攀升。本打算把这只股作为中线持仓，但是突如其来的贸易战，打乱了我们原有的操作计划。我们对这只正在拉升的操作标的，过早地进行了获利了结，只有少部分仓位留在了主升浪的后期。（见图 5-1）

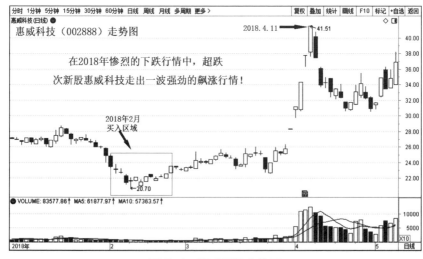

图 5-1　惠威科技走势图

"贸易战改变了我们对行情原有的乐观预期。我们认为大盘会破位下行，从而我们在 2018 年 4 月清仓惠威科技后，把资金集中投向了避险板块的龙头股——山东黄金（600547）。事实证明，我们当时的决策有点过于超前，买入山东黄金后出现了不小的浮亏。这种浮亏持续了 3 个月左右，到 8 月份山东黄金才出现了逆大盘而上的走势。我们一直坚守到年底。这只个股并没有获得太多收益。但在下半年的大跌行情中，它让我们保存了实力，也为 2019 年的春季行情准备了充足的子弹。（见图 5-2）"

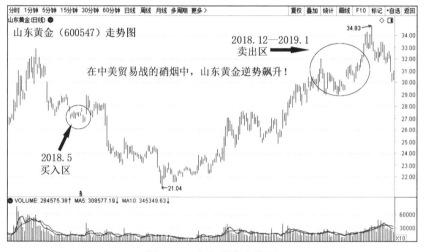

图 5-2　山东黄金走势图

"君山，在 2008 年和 2018 年的两轮大熊市中，你带领你的弟子获取了不菲的收益，真是创造了辉煌和奇迹呀！"我禁不住夸赞君山。

"白老师，和在大熊市中多数亏钱的投资者相比，我带领我的弟子们赚了些钱，的确是幸运的。但要是和世界金融大鳄相比，那真是太渺小了，非常非常渺小，根本谈不上什么成就，更谈不上什么辉煌。"君山谦虚而诚恳地回答说。

"当你取得成功后，你树立的新的目标是什么呢？"

"走出国门，迈向世界金融舞台！"君山说，"我们虽然在博弈股海中取得了一点点成绩，但我感到，过往的一切，充其量只能算在小小的游泳池里扑腾了两下，我们还没有在大海里游过泳，我们的最终目标是走向世界。"说到这，君山语重心长地道出自己的肺腑之言：

"我不敢满足现状！前面的路还很长，我要带领我的弟子继续努力，去续写股市人生新的篇章！"

寻找世界上最厉害的分析方法

⤵ *在漫长的征途上，他通过优胜劣汰，寻找着世界上最牛的分析方法，实现了两个月资金增长 6 倍多的辉煌战绩，跃居全国第一。*

"在 2008 年中国股市最为惨烈的暴跌中，你带领你的学生成功逃顶，并 22 次抄底仅一次亏损，你的操盘技艺真可谓精湛。这种上乘的技术，是否在这些年的操作中还有效？你是否还在用当年那些熊市中的撒手锏呢？"我问君山。

"我们分别后，除了 2009 年有一波反弹行情外，2010 年至 2013 年，还有 2015 年 6 月发生股灾以后的几年，中国的 A 股市场又陷入了熊市行情。我最拿手的熊市制胜法依然发挥了很好的作用，在行情极端低迷之中，我仍取得了可观的收益。但在实战中，我也发觉市场的变数很大，一些老方法用来赚钱的难度越来越大了。"

"那么，在新的形势和行情中，你是怎样应对的呢？"

"白老师，为了适应和战胜市场，我把这些方法中的一部分进行了升级，实战威力更大了。但有一些方法，因为在新的市场环境下无效了，被我淘汰了。另外，我还放弃了绝大多数能赚钱但胜率低的方法。现在实战中我只用几个胜算率极高的方法。"

"这些方法你是怎样升级的？"

"我主要是从两个方面入手的：一个是通过实战来总结，另一个就是通过高科技手段进行提升。"

"不简单，你真是与时俱进。在股市技术分析中，你竟用了高科技手段？"我颇感兴趣地问。

"是的。为此，我投入了上千万元资金，成立了计算机专业团队，运用计算机和大数据，对我过往的分析方法和世界上所有公开的技术分析方法进行回测，精确地显示出这些技术分析方法在历史操作中的胜率和盈利能力，由此可以科学地来判断这些技术分析方法有效与否。我们的目的就是要寻找世界上最厉害最牛的分析方法。"

"现在找到了吗？"我问。

"现在找到了四种胜率极高的分析方法。"君山回答道。

"有没有实战案例可以证实呢？"

"有。我们的君利新星一号基金产品曾实现了两个月6倍多的收益，名列全国第一。由于这只基金刚开始运作时出现了风控失误，损失了接近80%，我们的6倍多收益是在亏损80%的情况下获得的。如果要从最低点算起，这套技术，曾实现32倍的利润。但这种方法需要高强度的盯盘，我们的操盘手因为高强度工作而倒下住院，我们也因此结束了这只基金产品。"

"这么牛的方法竟把人累得住院，还怎么用啊！"采访中，我也不禁为君山这一绝技"停摆"而扼腕叹息，"后来还继续吗？"

"当然不能就此停止。"君山说，"我们采取了两种措施：一种是降低操作频率，另一种是交给机器人去做。"

9 年磨一剑，打造金融界的"阿尔法牛"

⮑ *超前的思维，苦苦地探索，在人工智能时代，他用 9 年时间成功地打造*
出神奇无敌的"阿尔法牛"，震撼了中国股坛。

"把交易交给机器人去做？"当我听到君山如此说后，一阵愕然。"这行吗？"我疑惑地问君山。

"完全可以呀！"君山回答道，"世界著名的投资大师、被人们称为'量化交易之父'和'黑匣投资者之王'的西蒙斯就是运用最为玄妙的数学运算法则，进行量化对冲投资，每天交易超万次，收益远超巴菲特、索罗斯等。自 1988 年以来，他执掌的大奖章基金年均回报率高达 34%，这个数字较索罗斯等投资大师同期的年均回报率要高出 10 个百分点，较同期标准普尔 500 指数的年均回报率则高出 20 多个百分点，比股神巴菲特近 20 年间的平均回报率高 18 个百分点。据美国 *Alpha* 杂志每年公布的一项调查，对冲基金经理收入排行榜，2005 年、2006 年，西蒙斯分别以 15 亿美元、17 亿美元的净收入坐稳全球最赚钱对冲基金经理宝座，2007 年以 13 亿美元屈居第五，2008 年西蒙斯又以 25 亿美元的入账高居榜首，索罗斯当年排名第四，仅入账 11 亿美元。"

"这两年人工智能很火爆，尤其是谷歌开发的阿尔法狗轰动了整个世界。阿尔法狗是第一个击败人类职业围棋选手、第一个战胜围棋世界冠军的人工智能程序。它是人工智能时代的一个里程碑。听说你开发了一个阿尔法牛，你的这只'牛'和那只'狗'有什么区别？"我问君山。

"我的这只'牛'和谷歌的那条'狗'形式上有一定区别。狗是下棋的，牛可是炒股的哟！"君山笑答，"但它们两个的本质是一样的，都是人工智能。"

"哈，会炒股的牛？太新鲜了。"

"对。就是一只会炒股的牛！我们从 2010 年就开始打造这只牛，历经 9 年，耗资已经过千万元。这只牛很聪明，它掌握了'君山股道'的所有绝招秘籍，也通晓世界上公开的所有技术分析方法。它能自己选择最佳的投资品种，并选择最好的投资时机进行自动投资。"

"研发这样一种高级的神物，一定不容易吧？"

"相当不容易。说多了，都是泪呀！"君山有点激动地说，"9 年了，没日没夜啊，经历了不少挫折和磨难。曾经有一次，这只'牛'一星期亏了我 200 多万元。直到现在才趋于稳定，初步定型。我们将很快推出中国第一只人工智能的基金产品，这只牛任基金经理！"

"真的？"我感到好奇又好笑。

"是真的，不是开玩笑！我们研发这只牛，比培养一个博士生花费还要多。等会儿，到晚上 9 点开盘，我带你看一下这只阿尔法牛是怎么赚钱的！"

一天晚上 9 点，君山带我走进他研发阿尔法牛的工作密室。

只见眼前偌大一个电脑屏幕上，这只牛正在同时炒作美国、中国香港和中国内地的期货和股票。无数个品种，瞬息万变的行情，闪电般的在滚动。一时，看得人都有点发晕。可是，机器牛却分分秒秒地在快速交易，似乎永不知疲惫。

"你看，上面是行情，下面是阿尔法牛操作的记录。它做了什么品种，持仓情况和盈利状况，一目了然。"君山指着屏幕上快速闪动的交易行情，给我介绍道，"这只牛 0.1 秒会接收一次数据，每 10 秒钟做出一次是否交易的判断。"

君山的话音刚落，瞬间，我看到这只牛"咬"了一口"肉"，一笔成功的交易，呈现在屏幕上。

"真神了！现场看到这只阿尔法牛炒作的战果，多数都是赚钱的，只有极个别出现亏损而及时止损的。"我不禁赞叹。

"君山，你们有没有用人与这只牛比一比，看谁赢得多？"我边看边问。

"人肯定没有牛炒得好。因为牛不受情绪的影响，它没有恐惧，不贪心，也不分牛市和熊市，操作的速度更是人无法比拟的。你看，我们的'2 号牛'2019 年就盈利了 62.03%。"君山边说，边在手机上调出阿尔法 2 号牛盈利的走势图给我看。

"太不可思议了，太有趣了！"离开阿尔法牛的一刻，我真舍不得走。

"现在这只牛是不是世界上最完美的呢？"我问君山。

"不是，绝对不是。我们还在加紧阿尔法牛自我'深度学习'的研发，到那时，它才会是一只完美的牛。但是目前，它已有能力战胜顶尖的操盘手了。"

"所以，我说人工智能真不是遥远的梦吧！"听着君山的话，看着阿尔法牛分秒间神奇无声的真实操作，我原本禁锢的心灵，被重重地撞击着。

神奇的四大经典战法

> ⤵ *无论是大熊市还是牛市，是什么让他立于不败之地？他又是用什么"独门暗器"，在征战著名的华尔街时发挥了巨大神威？他创立的四大经典战法揭示了其中的秘密……*

经典战法一：色空战法

这是君山交易系统中最重要最核心的。君山说，市场上有 80% 以上的反转点都是由"色空"引发的。

他说，在股市中，新闻和消息纷繁芜杂，扑朔迷离，令人目不暇接，眼花缭乱。如果不能透过消息的表面看到背后的本质，就容易迷失在消息造成的假象之中而找不到方向。君山股道的"色空理论"，就是一把消息筛选的利器，能够帮助投资者去伪存真，透过现象看本质，进一步找准股市的运行方向。

佛曰："色即是空，空即是色。""色"是指一切感受到的事物现象，是人们虚妄产生的幻觉。"空"是产生现象的多种因素和缘由，是事物的本质。

我们将此借鉴到股市之中。人之所以亏钱，是被"色"所迷惑。因为在股市之中，大量的"色"存在，虚幻的感觉让人迷失，往往诱导人做出一些错误的举动，从而导致亏钱。"空"是什么呢？就是产生现象的本质。我们探索的色空逻辑，就是通过判断真实的盘口，探究股市中一切表象的本质，再做出正确的投资决策。

关于"色"产生的原因，佛家讲的是一切的感受，包括眼、耳、口、鼻、心等我们感官能感受到的一切。在股市中，我们的眼睛经常看到一些新闻，耳朵会听到一些消息，我们的心会感受到一些波动，恐惧、诱惑，包括盘口、基本面、消息、感受等。色的种类分以下几种：

盘口。盘面上我们会看到第一种现象，买卖盘。经常会看到一些大单，排山倒海的大买单，给人的感觉是什么呢？就是这只股票要涨，这个涨的"色"来了我们会干什么呢？跟进！往往这样都会亏钱。主力用大单是为了什么呢？就是为了构造一种"色"，来诱惑散户跟进，拉升以后再把股票卖出去。此外，我们也会看到板块的上升，拉得很急，比如中国石化、中国石油大幅度拉升，这意味着股指大幅拉升。因为拉的是指标股，这个时候往往都是机构设的一个骗局，就是让你跟进，大盘往往在这个时候进行反转。

基本面。我们经常看到基本面诱惑的"色"——一些股票的市盈率很低，就像 2013 年和 2014 年的煤炭股、钢铁股，市盈率都低得不得了，五倍六倍，而且每股净资产都比股价高，很多人认为太便宜了，这股票太好了，买进以后肯定赚大钱。最后赚到大钱了吗？答案是否定的。到了2015年，原来看到的低市盈率股票，包括钢铁、煤炭等周期股，后面都变成了大面积亏损、巨亏。这就是基本面的"色"导致的亏损。

消息面。通常所说的消息面是指对公司股票走势会产生影响的信息，如国家的政策。公司的业绩、高层变动、相关行业和地区的消息等，这些都是消息的"色"。有人看到消息好得不得了，就产生了买股票的冲动，感觉到股市一定会大涨，根本不懂得有时候"利好兑现就是利空"的道理，一买结果大跌亏钱。

感受。这可能来自盘口、消息面或者基本面，给人一种内心深处的感受。"祸兮福之所倚，福兮祸之所伏"，有时候事情的进展与人的感觉恰恰相反，因为"色"无处不在，是一种虚幻的东西，它在不断地诱惑你犯错。等你感受到极度恐惧时，往往行情都基本没有问题；当你感受到了非常安全的时候，往往风险就来了。你所看到越美好的东西，往往它产生的相反的效果就越大。

色空战法的操作要点：

"那么，是不是我们一见利好（即好消息的'色'），就做空，一见利空（即坏消息的'色'），就去做多呢？"采访中，我问君山。

"也不尽然。这要具体分析消息的性质。"君山说，"我通常把消息分为三类：第一类是朦胧消息（出台到未来某个时间结束）；第二类是持续性消息（出台后持续进行没有结束时间）；第三类是兑现性消息（出台即结束）。前两类消息出台后，即朦胧消息和持续性消息与消息的性质一般来说具有"同向性"。如果是利好，可能上涨；如果是利空，可能下跌。而第三类兑现性消息的性质则不同。这种消息的出台，往往与实际走势具有相反性。这就是人们熟悉的一句股市谚语'利空出尽是利好，利好出尽是利空'。而我的色空战法应用的要点，正是指的这类兑现性消息。而朦胧消息和持续性消息，则不属于这一战法的范畴。"

实战案例：美联储宣布加息。2015 年 12 月 16 日，美联储宣布加息，表面上此消息对于商品价格是利空，但是商品价格走势如何呢? 商品在加息之后迅速见大底，然后一路狂奔上涨（见图 5-3）。

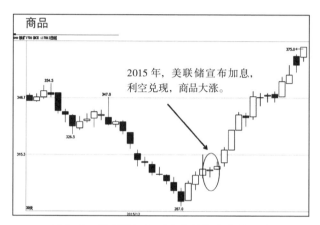

图 5-3　美联储加息对商品价格走势的影响

实战案例：英国脱欧公投。2016 年 6 月 24 日，英国进行脱欧公投，朦胧中的利空，股市迅速探底；6 月 27 日利空兑现，股市大涨（见图 5-4）。

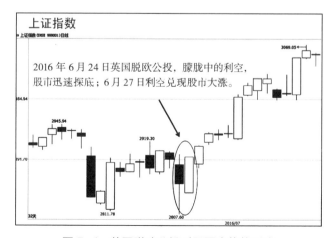

图 5-4　英国脱欧公投对股票走势的影响

实战案例： 中国平安业绩公告。中国平安于 2018 年 3 月 21 日公布 2017 年业绩年报，业绩超预期大幅增长，以亮丽的"色"吸引了千万投资者涌入。结果从这天起便一路暴跌，买入者损失惨重！（见图 5-5）

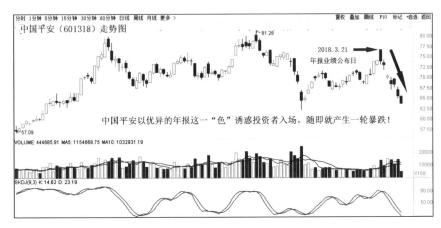

图 5-5　中国平安走势图

在股市中"一赚二平七亏"，为什么亏钱的人那么多，赚钱的人那么少？就来源于形形色色的色，各种各样的"色"诱惑你亏钱。有时我们不能简单地相信眼睛看到的、耳朵听到的、内心感受到的，而是要看市场先生的感受。你感受到了，别人感受到没有？其他投资者感受到了吗？如果所有的投资者形成了一个共识，就是市场先生的感受。如果市场先生感受到这是一个大利好，那么"色即是空"，那这个时候就会跌；如果整个市场群体感觉到这是大利空，那么"空即是色"，市场反而会上涨。

由此可见，掌握好"色空"的分析方法，运用好"色空"这把利器，就能准确识别真实盘口、消息面、基本面，去伪存真，准确判断，灵活把握住色空转换的规律，那么一切股市的问题就迎刃而解了。

君山在讲述色空这一操作秘诀时强调，发布利空这个"色"给投资者带来一定的机会，但切不可错误地认为，所有的利空出来都是利好。这里利空出尽是利好，有个重要的前提是利空出"尽"。有些利空消息导致的基本面变化不可能在短期内消化完毕，例如当年的东方电子、银广厦之类的事件会导致上市公司毁灭性的灾难，利空的出台可能只是上市公司厄运的开始。如果错误地把利空出台不分青红皂白当利好，后果不堪设想。对于大部分投资者来说，最好的办法就是看盘面的变化，依据盘面变化来做决定。因此，在对待基本面出现利空的情况下，切不可简单地把"利空出来就是利好"拿来套用。

实战案例： 数源科技（000909）。

数源科技进入 2007 年之后一路狂升，受小道消息刺激，股价从 4 元多一路飙升至 18 元多。2007 年 5 月 28 日，公司刊登澄清公告："在东方财富网股吧论坛上，有关于数源科技将被浙江广电重组，或被德力西借壳上市的传闻。对此，数源科技进行了核实，现就有关事项作出如下澄清：第一，前述传闻不实，公司目前无重大重组方案和计划，公司控股股东未与其他方协商股权转让、向公司进行重大资产注入和整体上市安排等事宜，公司及控股股东均未以重组或其他可能对公司有重大影响的活动为目的与传闻公司或其他公司进行接触洽谈。第二，公司目前经营情况基本正常，受整个行业影响，公司 2007 年第一季度营业利润、利润总额、归属于母公司所有者的净利润分别比上年同期下降 35%、37.07%、45.79%，但由于存货、设备及人员的因素，公司在相当长一段时间里仍将以电视机等视频产品为主营业务。事实上，公司目前市盈率已上千倍，股价严重偏离价值，也已不可能进行企业重组。第三，经自查，公司和控股股东目前没有应披露未披露的重要信息。"之后，公司股价逆市大跌，这时的下跌并不能说明是利空出尽。因为，这里的利空否定了前期上涨的理由，针对此类利空，我们应果断离场。（见图 5-6）

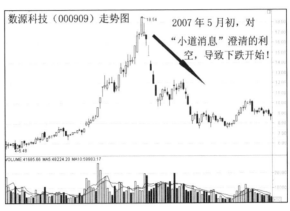

图 5-6　数源科技走势图

经典战法二：弹坑战法

这是君山在抄底中运用较多的一种战法。

在枪林弹雨的战场上，许多老兵非常聪明，都知道弹坑是非常安全的。他们经过总结发现，前面出现的弹坑重新被击中的可能性非常小，反而是战场上最安全的地方，相邻的两发炮弹打在同一个坑里的可能性更小。

君山说："这个理论运用在股市之中，可以让我们获得很多投资良机，同时又能避免很多无谓的损失。那些在 48 元以上为中国石油站岗的投资者，就是不懂弹坑理论的典型。其实，弹坑理论并不是我们的独创理论，在前人的理论中都出现过类似的论断，这种理论实用价值很高，因此我在这里采用了'拿来主义'。"

他讲述了《三国演义》中一则利用"弹坑理论"的经典案例：

当年曹操同刘表、张绣作战，但后院失火，急于回兵。刘表和张绣都想派兵追击，贾诩曰："不可追也，追之必败。"刘表曰："今日不追，坐失机会矣！"力劝绣引军万余同往追之。约行十里，赶上曹军后队。曹军奋力接战，绣、表两军大败而还。绣谓诩曰："不用公言，果有此败。"

诩曰："今可整兵再往追之。"绣与表俱曰："今已败，奈何复追？"诩曰："今番追去，必获大胜；如若不然，必斩我首。"绣信之。刘表疑虑，不肯同往。绣乃自引一军往追。操兵果然大败，车马辎重，连路散弃而走。刘表问贾诩曰："前以精兵追退兵，而公曰必败；后以败兵击胜兵，而公曰必克；究竟悉如公言。何其事不同而皆验也？愿公明教我。"诩曰："此易知耳。将军虽善用兵，非曹敌手。操军虽败，必有劲将为后殿，以防追兵；我兵虽锐，不能敌之也；故知必败。夫操之急于退兵者，必因许都有事；既破我追军之后，必轻车速回，不复为备；我乘其不备而更追之；故能胜也。"刘表、张绣佩服其高见。

君山说："这个历史典故在我们的股市也曾出现过，北京银行（601169）上市首日机构疯狂抢购，很多投资者看到后积极跟进，但是这些机构利用时间差，第二天全部又卖出，追进的投资者大多被严重套牢。时隔几日后，建设银行（601939）上市，机构同样是疯狂入市，但是投资者担心机构再次打时间差，而事实是建设银行的股价一路攀升。北京银行和建设银行截然不同的走势，是将我们前面讲过的'曹操同刘表张绣作战'进行了重新翻版。"（见图 5-7）

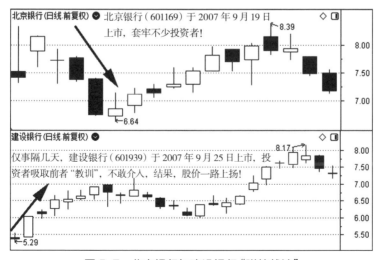

图 5-7　北京银行与建设银行"弹坑战法"

中国神华于 2007 年 10 月 9 日上市之后，股价一路狂升，有很多投资者目睹了中国神华的暴涨，总结了不是经验的经验，这为此后中国石油上市的操作埋下祸根。他们看到中国神华（601088）上涨的风采，企盼中国石油的上市能步中国神华的后尘，再创辉煌，但他们不懂弹坑理论原理，中国石油的这发炮弹，难以再落入中国神华那发炮弹所炸出的弹坑中了，结果中国石油的投资者损失惨重（见图 5-8）。

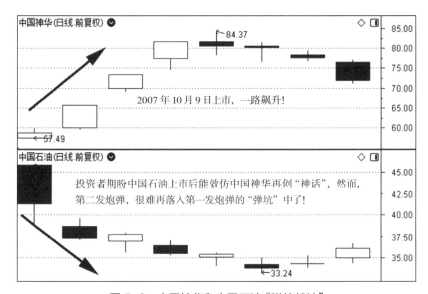

图 5-8　中国神华和中国石油"弹坑战法"

同样，2015 年国内发生的股灾令人记忆犹新。2015 年 6 月 15 日至 7 月 9 日，中国资本市场发生有史以来最恶劣的一轮股灾。上证指数从 5178 点跌至 3373 点，跌幅 34.8%；深圳指数从 18182 点跌至 10850 点，跌幅 40.3%；中证 500 从 11589 点跌至 6444 点，跌幅 44.4%。千股跌停，千股涨停，千股跌停到涨停，千股涨停到跌停，股市之殇，国家救市，时间之短，跌幅之大，跌速之快，影响之巨历史上绝无仅有。

2016 年 6 月 15 日，股灾一周年祭，伤痛并未抹去，广大股民心有余悸。但是有人在悄然中运用弹坑理论赚钱，股市稍作低开，随后一路走高，上证指数收盘涨 1.58%，深证指数涨 2.82%，创业板暴涨 3.42%（见图 5–9）。

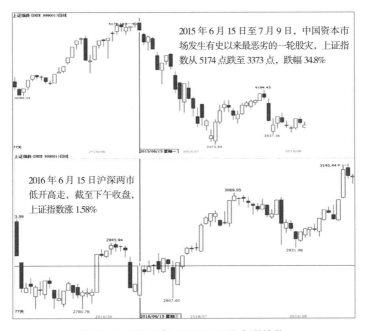

图 5-9　2016 年 6 月 15 日股灾弹坑祭

由此，从北京银行和建设银行、中国神华和中国石油上市后以及2015 年 6 月 15 日股灾发生和 2016 年股灾一周年祭的不同走势，我们可以更加真切地体会到"弹坑理论"的实战价值！

操作注意事项：在波浪理论之中，有一个原则，就是交替原则，即往往两个相邻的形态之间会交替出现，但很难会出现简单的、相同的形态。扩展开来，相同的事情也很难出现相同的表现，波浪理论中的交替原则是弹坑理论在技术分析中最经典的解释。

有些投资者错误地理解弹坑理论，步入了另一个极端，错误地认为很多事情不可能同样发生，这其实违背了技术分析的原则。技术分析派首先必须承认历史会重演，只是历史不会简单地重演。操作中利用弹坑理论必须有两个前提：首先，事情发生在同一背景下，两件事情具有可比性。例如前面举的实例中的中国神华和中国石油，都同样是资源类蓝筹股，投资者对二者抱有同样的预期。中国神华的表现让中国石油的投资者预期一步到位，错失中国神华行情的投资者把所有的希望都寄托在中国石油身上。投资者所有的预期在开盘的瞬间消化完毕，股价暴跌就在情理之中了。其次，事情是众所周知的。中国神华和中国石油的影响力所有投资者都知道，对未来的看法也是所有投资者同样憧憬的，具有可比性。两只个股都具有相同背景，这个背景足以吸引足够多的眼球。只有具备了以上两个前提，才可运用弹坑理论。

运用弹坑理论时，请投资朋友记住西方一句哲言："一个人不可能两次踏进同一条河流！"

经典战法三：喇叭战法

喇叭战法是君山股道独创的一套技术分析原理。喇叭基本无处不在，每天、每时、每刻的分析时间都可以看到。喇叭可以让一些传统的技术形态、失效的技术分析重新复活，变得充满灵魂，让一个很简单的 K 线组合原形毕露，主力无处遁形，从而窥探其本质和真实目的，给我们的投资策略提供正确的信息。因此，喇叭分析原理也被称为"喇叭神功"。

"喇叭"理论，就是通过两个品种的形态和内在对比来发现趋势。这里要注意两点前提：一个是形态，一个是内在。在两者的对比分析下发现趋势。

喇叭的形态主要有三种——上涨喇叭、反向喇叭、下跌喇叭（见图5-10）。上涨喇叭是指对比的二者趋势相同向上；反向喇叭是指对比的二者趋势截然相反；下跌喇叭是指对比的二者趋势向下。三种形态是最为常见的喇叭形态，根据二者喇叭形态和内在分析对比，我们可以得出不同的分析结果，从而发现不同趋势走向。

上涨喇叭形态　　　反向喇叭形态　　　下跌喇叭形态

图 5-10　喇叭的三种形态

为什么会出现喇叭？出现喇叭的根源在哪里呢？我们知道很多比赛押注，比如跑步比赛、赛马比赛、足球比赛等，都是在赛前的半小时就停止下注了。也就是说比赛一开始，我们就不可以再投注了。但是股市不一样，你随时可以下注或者离场。有人说，股市如赌场，十赌九输，只有一个赚钱，而且还是出老千的。一些主力高手往往会在股市运行中出老千，而这个喇叭就是帮主力出老千的，因为他能在比赛之中投注。只要我们识别了主力这个"出老千"的手法，就可以通过喇叭的形态判断出很多未来的趋势。

喇叭很神奇，用途也非常广泛，主要是用在四个方面：一是可以用在形态上，例如中国石油和大盘，大盘股和小盘股走势出现喇叭形态时如何判断。二是用在消息上，今天出个利好，或者出个利空，不跌反涨这是不是也形成了一个喇叭？三是用在盘口上，盘面表现很平静的情况下，跌幅大幅度扩散，该怎么判断？四是用在品种内部上，特别是用在期货上，通过主力龙头和远期合约的对比，就可以轻松判断趋势。

在古代战场，两军对垒，上阵杀敌，我们经常会看到集团军作战，以及先锋营突破、小分队诱敌等策略。如果部队意图进攻，肯定是派遣主力先锋进行攻击；如果准备撤退，往往是利用小分队佯攻掩护主力撤离。类比股市也是如此，一个证券板块就如一个集团军，如果是中信证券主力大前锋往前冲涨停，则板块强势，可跟进；若是国元证券小分队伴攻冲涨停，则板块虚弱，不可冒进。

因此，我们的喇叭必须坚持以下使用原则：

跟大不跟小。例如中信证券涨幅在上面，我们就跟；国元证券涨幅在上面，我们不跟。

小则逆，大则顺。如果小的领涨，我们就要反着做，出货；如果是大的领涨，我们就要顺着做，跟着买。

小强小弱勿跟。小分队往往是诱敌的，我们能跟吗？不能。

顺为主，逆为辅。一定要顺着喇叭做，很多时候可以看出逆转，但还是要顺为主，逆反转往往是辅助用法，尽量少用或不用。

图 5-11 是焦炭商品的一个喇叭，上面是焦炭主力合约 1701，是大的；下面是远期合约 1705，是小的。二者之间，我们用线标出了两个不同的走势。同一天，龙头越是上涨，远期合约却是下跌。这就构成了喇叭形态。按照跟大不跟小的原则，跟大怎么跟？跟着龙头主力合约走，买进！后面仍然保持上涨趋势。

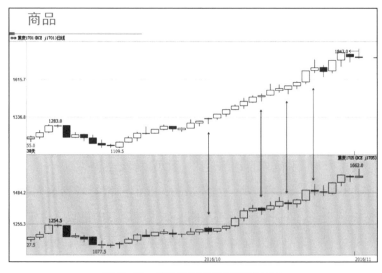

图 5-11　焦炭商品走势呈喇叭形态

图 5-12 是中国石油和大盘之间构成一个喇叭形态。上面是中国石油，下面是大盘走势。在大盘下跌时候，拉中国石油的目的是什么？就是诱惑散户去买进，大盘与中国石油的走势形成一个喇叭形态。这时我们应该果断地卖出。有经验的投资者都知道，每一次只要一拉中国石油，大盘就会大跌，拉中国石油的目的，往往都是诱惑散户犯错。

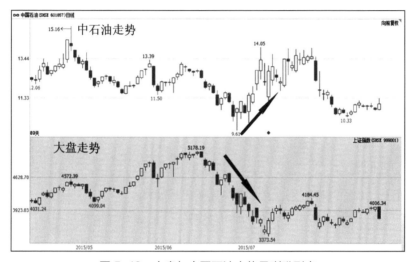

图 5-12　大盘与中国石油走势呈喇叭形态

2015 年 11 月 1 日晚，网络传出"私募一哥"徐翔被抓消息，股市舆论一片哗然。涉及徐翔掌管的泽熙投资的股票，周一全部暴跌开盘，然后大跌。我们选择观察两只徐翔概念的股票——华丽家族和鑫科材料（现名：梦舟股份）。消息出来的第一个交易日，华丽家族跌停，鑫科材料跌停未封住；第二个交易日，华丽家族再度跌停板，鑫科材料盘整未出现大跌，这时候两只股票的走势就形成了一个喇叭形态（见图 5-13）。

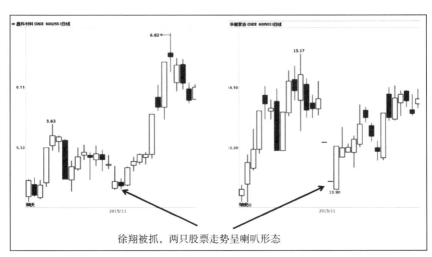

徐翔被抓，两只股票走势呈喇叭形态

图 5-13　鑫科材料和华丽家族走势呈喇叭形态

　　这时我们该怎么做，是不是可以果断买入鑫科材料呢？很清晰的买入信号。之后我们看到，鑫科材料连续出现暴涨。

　　我们再来剖析喇叭背后的原因是什么。徐翔被抓消息出现后，所有的投资者都是恐慌的，徐翔概念股出现大抛压，重挫下跌是正常的，所以第一个交易日概念股都是暴跌。第二个交易日，华丽家族再度跌停，延续暴跌的走势，但是鑫科材料一反常态，盘整不跌了，这是为何呢？同样是与徐翔相关的两只股票，华丽家族连续两个跌停，鑫科材料跌一天之后就不跌了。看到华丽家族两个跌停，所有持有徐翔股票的散户肯定是卖出的，谁敢在这个时候大量买进鑫科材料呢？一定是一个实力不凡的主力，一定是一个资金雄厚的大机构。这时我们该做什么呢？跟进！因为跟着主力走有肉吃。

　　假若抛开喇叭分析原理，单独运用传统的技术分析，单独抛开华丽家族看鑫科材料，你什么也看不到，看不出来。但是采用喇叭分析原理，两个对比结合起来综合观察，就很清晰地发现买进鑫科材料的是个大主力，那你要做的就是果断买入。

因此，通过喇叭分析不同股票的表现，我们很容易发现问题的本质。学会了使用喇叭，到处是牛股，到处是机会；有了喇叭，就有了灵魂，就能抓住趋势，分析起来如虎添翼，投资也变得异常轻松。

经典战法四：供需战法

供需是决定牛市和熊市的密码，也是君山股道基本分析原理之一。纵观整个 A 股，进程中的牛市和熊市，都是由供需关系决定的。假如把供需比喻成一个天平，那么股票的供给比较多时，股市就会下跌；如果钞票供给比较多，股市就会向牛市倾斜。

供给（钞票）< 供给（股票）$\longrightarrow$ 熊市

供给（钞票）> 供给（股票）$\longrightarrow$ 牛市

我们也可以把证券市场比喻成一个水池，供给钞票的就是注水一方，包括汇率、政策导向、货币政策、利率等方面的宽松政策，那水位自然是上涨的；而供给股票的就是抽水的一方，包括发行新股、增发、配股、大小非减持等造成股市扩容的，必将导致资金分流而紧张，水位自然下降。

2005 年中国实行汇改，人民币升值，导致大量的国外资金流入，国内资金宽裕，钞票供给严重过剩。在资金极度宽裕的情况下，通过政策的引导，创造了两年的超级大牛市，很多股票上涨了 30 ～ 40 倍。（见图 5-14）

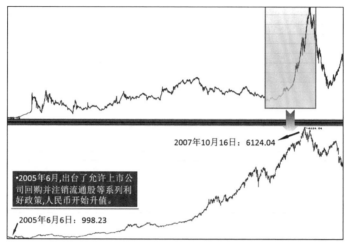

2007年10月16日：6124.04

•2005年6月,出台了允许上市公
司回购并注销流通股等系列利
好政策,人民币开始升值。

2005年6月6日：998.23

图 5-14   利好政策对股市的影响

2007 年 12 月，国家实施紧缩的货币政策，市场上钱太多了，通货膨胀，经济过热，开始政策降温。正赶上美国的次贷危机引发的 2008 年全球金融危机，A 股从 6000 多点一路下滑暴跌（见图 5-15）。

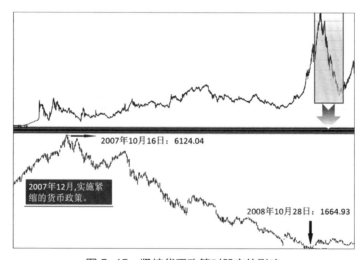

2007年10月16日：6124.04

2007年12月,实施紧缩的货币政策。

2008年10月28日：1664.93

图 5-15   紧缩货币政策对股市的影响

2008 年 11 月 10 日，为应对全球金融危机，国家推出了进一步扩大
内需、促进经济平稳较快增长的十项措施，新增 4 万亿元投资，实施宽
松货币政策，股市立即反弹上涨。（见图 5-16）

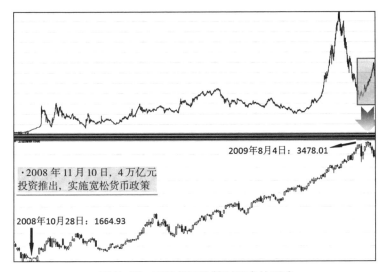

图 5-16　宽松货币政策对股市的影响

大盘如此，个股也一样。例如方大炭素（600516）是全国生产石墨
电极龙头企业。由于取缔中频炉，引导电弧炉炼钢是国家中长期策略，
为此炼钢所需的高功率石墨电极原料这一战略资源的供应十分紧张，石
墨电极供不应求，原料价格一直在飙升。在供需矛盾之中，该股上涨行
情从 2017 年 4 月启动，股价从 8 元起步一飞冲天，短短 4 个月，就翻了
近 5 倍，成为市场上最耀眼的一只大黑马！（见图 5-17）

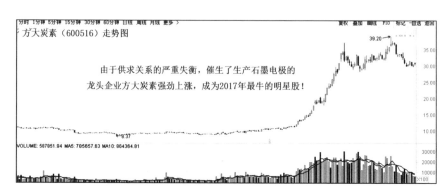

图 5-17　方大炭素走势图

再比如，A 股市场的几轮牛市的启动无不是与市场的供求关系有关。如 1996 年、2006 年、2015 年的牛市行情，还有 2009 年、2019 年度的春季行情，都是在元月份开始的。其实，这都与市场的供需有关联。每年的 12 月往往是银根收紧、市场资金供给短缺之时，常常会诱发市场的抛售潮，股市底部低点也常常会出现在这时。

2019 年 1 月 4 日，上证指数创出了 2440.91 新低，在此"冰点"出现之际，君山根据"供需战法"，敏锐地察觉到股市机会的来临。同时，他看到国务院副总理刘鹤发表的对中国股市看法的一篇讲话："从全球资产配置来看，中国正在成为最有投资价值的市场，泡沫已经大大缩小，上市公司质量正在改善，估值处于历史低位，所以很多机构建议对中国股市给予高度关注，认为中国股市已经具有较高投资价值。"

这更加坚定了他进军股市的信念。1 月 5 日，他在朋友圈里发出了一则重要信息：2019 年第一周，我将君利基金坚持了 3 年多的防御策略调整为进攻。他的朋友和全国各地的学生听到他吹响的"进攻号角"，纷纷重仓跟进，在 2019 年的春季行情中打了一场漂亮的攻击仗！（见图 5-18）

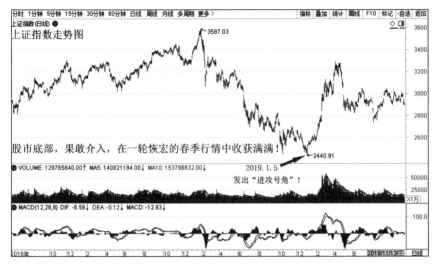

图 5-18　上证指数走势图

　　由此可见，供需是决定股市牛熊的密码。炒股必须听党的话跟党走，一切听从指挥。因为国家政策的变化决定了资金和股票的供给，投资者必须了解和掌握国家政策，顺应经济调控意志，才能理清股市供需关系，把握牛市机会，远离熊市伤害。

征战华尔街的七大战役

　　⊃ *从 2017 年年底至 2019 年年底，他运用独创的四大经典战法，走出国门，征战华尔街，取得七战六胜的骄人战绩，胜算率在 80% 以上。千万投资者齐为中国的顶尖高手君山点赞。*

第一场战役：沽空阿里巴巴

沽空时间：2017 年 11 月 13 日

采用的必杀技：色空战法

投资决策过程：阿里巴巴在 2017 年经过连续的上涨，其涨幅已高达 100%，公司市值逼近世界最大的电商亚马逊。

当时正值中国的"双十一"购物节和美国 11 月 23 日"黑色星期五"购物节。在"双十一"阿里巴巴的销售额创出了历史新高，超预期增长。

两个购物节迎来的"万众狂欢"，是诱惑人们的最大的"色"，此时沽空，是最佳的时机。

投入：此次战役共投入 150 万美元，采用 30 倍杠杆，总投资标的共计 4500 万美元。

盈亏：盈利 130 万美元。（见图 5-19）

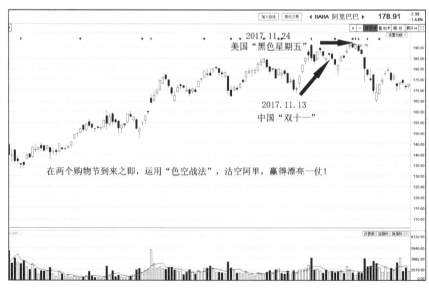

图 5-19　阿里巴巴走势图

征战感悟：这是征战华尔街打响的第一枪。君山十分慎重。当时他面临着一个艰难的决定：究竟是在中国的"双十一"购物节沽空还是在美国"黑色星期五"购物节沽空？如果在中国的"双十一"沽空，有可能造成浮亏；如果在美国的"黑色星期五"购物节沽空，则有可能错失良机。这就是金融市场的不确定性，每一次操作都面临不确定性造成的亏损风险。经过再三考虑，他不愿意错失良机，还是决定选在中国的"双十一"沽空阿里巴巴，同时承担一定的浮亏风险。结果证明还是有点遗憾，如果选择在第二个点即"黑色星期五"购物节沽空，盈利幅度会大很多，将是一次完美的操作。

第二场战役：做多黄金

买进时间：2017 年 12 月 13 日

采用的必杀技：色空战法

投资决策过程：受美国 2017 年 12 月 13 日加息预期影响，黄金一路下跌，从 1303 美元跌到 1239 美元。12 月 13 日美国加息，这是重大的利空，君山运用"色空战法"，大胆买入做多黄金。

投入：68 万美元，运用杠杆 120 倍，总投资标的共计 8000 多万美元。

盈亏：盈利 50 万美元。（见图 5-20）

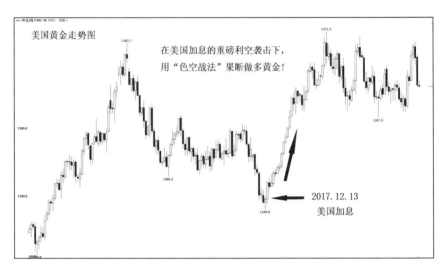

图 5-20　美国黄金走势图

征战感悟：这次战役本打算投入 100 万美元，分两批投入，加息公布前买入 68 万美元，公告后再买入 32 万美元。但由于加息公告后黄金价格飙升，32 万美元没有加成。还有一点遗憾是，买点虽然非常精准，但是出场点相当不理想，为了全力出击下一个目标，不愿意分心，跑得太早了，事实证明这是个严重的错误。如果坚持到最后，盈利可增加 10 倍，可以赚 700 万美元以上。

第三场战役：沽空标普 500

沽空时间：2017 年 12 月 19 日

采用的必杀技：色空战法

投资决策过程：美股持续的暴涨，加上税改利好的"色"，形成了最大的诱惑陷阱。

投入：680 万美元，230 倍杠杆，总投资标的共计 15.64 亿美元。

盈利：亏损 680 万美元。（见图 5-21）

征战感悟：由于此次战役的结果和预期有重大差异，虽然刚开始出现了 200 万美元的浮盈，但最终却以全军覆没而告终。"百亿赌局"的毁灭，也再一次给我们以警示：不管你多么自信，也不管你逻辑分析多么地清晰，都有可能失误，千万不要孤注一掷。

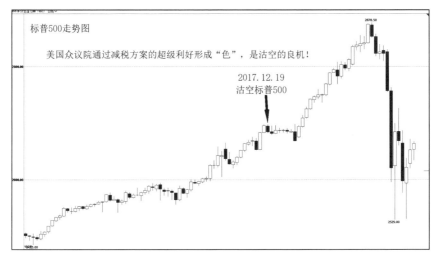

图 5-21　标普 500 走势图

第四场战役：做多恐慌指数 VIX

买进时间：2017 年 12 月 29 日

采用的必杀技：供需战法

投资决策过程：美国税改形成超级利好会导致标普 500 出现大跌，进而诱发恐慌指数飙升。

2018 年 1 月 25 日为美国企业新一年度的缴税开始日。由于 2017 年美股飙升，企业需要缴纳盈利 23% 以上的资本利得税，这将致使大量的资金抽离股市，造成供需失衡，极容易诱发股市大跌和恐怖指数 VIX 飙升。

恐慌指数处在有史以来的低位，被市场严重低估了可能形成的恐慌。

投入：110 万美元，杠杆 5 倍，总投资标的共计 550 万美元。

盈亏：盈利 1200 万美元（见图 5-22）。

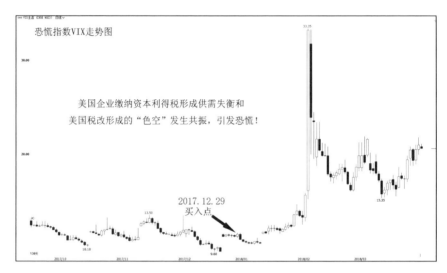

图 5-22 恐慌指数 VIX 走势图

征战感悟：这次战役是一次经典的操作，也是实现了盈利预期的一次操作。开始时也曾经历过一段时间的煎熬，最多时损失接近 30%，而由于对美股暴跌的坚定信念，才一直坚持到最后。

第五场战役：沽空亚马逊

沽空时间：2018 年 2 月 2 日

采用的必杀技：弹坑战法

投资决策过程：2017 年 10 月 27 日亚马逊公布第三季季报，超预期增长，亚马逊股价当天大幅高开高走暴涨13%。2018年2月2日，亚马逊公布第四季季报，业绩超预期增长，第四季报和第三季报形成完美的弹坑，当天大幅高开后就是沽空的良机。

投入：26万美元，30倍杠杆，总投资标的共计780万美元。

盈亏：盈利20万美元。（见图5-23）

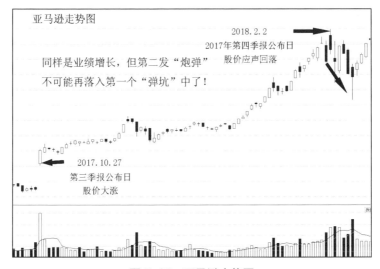

图 5-23　亚马逊走势图

征战感悟：这次征战的操作和上次抄底黄金一样，都是具有完美的入市点，但出货点相当不理想，本来可以赚8倍的，最后以小赚收场，留下了遗憾。

第六场战役：沽空欧元

沽空时间：2018年2月16日

采用的必杀技：色空战法

投资决策过程：欧元处在近一年持续上涨的高位，具有调整的压力。

2018 年 3 月 4 日意大利将进行大选，主张退出欧元的五星运动党民调领先，对欧元形成无形的压制。

美国将在 2018 年 3 月 21 日加息，加息预期将推升美元，同样对欧元构成压力。

投入：26 万美元，200 倍杠杆，总投资标的共计 5200 万美元。

盈亏：盈利 36.9 万美元。（见图 5-24）

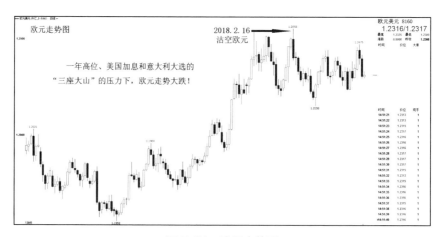

图 5-24　欧元走势图

征战感悟：这次战役虽然投入少，但属于经典战役，沽空在最高点，平仓在最低点。这是第一次测试了"色空"的另外一种战法：利用它的朦胧期顺势而为。此后，本打算在利空"兑现后"反手做多，但是由于在消息兑现的前一晚欧元出现急升，错失了理想买点，便没有再追进。

第七场战役：沽空标普 500

沽空时间：2019 年 8 月 1 日

采用的必杀技：色空战法

投资决策过程：2019 年 7 月 26 日前，当时基本面出现了两则重要的新闻，而且新闻的发生点，都指向了 2019 年 7 月 30 日这一天。

一则新闻是：2019 年 7 月 30 日中美将进行谈判，市场普遍对谈判结果表示乐观。这一消息，对全球股市形成重大利好。

另一则新闻是：2019 年 7 月 30 日美联储要进行议息（讨论利率的走向）。市场普遍预期，美联储会一改三年多持续加息政策，将在 7 月 30 日（北京时间 8 月 1 日凌晨）降息。这对全球股市同样形成了一个超级"利好"。这两大利好，有可能形成一个大的"色"，便想应用色空战法沽空标普 500 指数。

2019 年 7 月 26 日至 27 日，在大海边看着翻滚而来的浪涛，君山心潮澎湃。他冷静地思考了整整两天，最后下定决心，在 8 月 1 日凌晨在美联储降息公布前夕，实施沽空标普 500 指数。同时，他将这一攻击信息发在了"朋友圈"。在截图上，他写道：数了几天美股的浪，感到下周三（8 月 1 日）美股上涨浪到头了，下周三开砸美股，有约一起砸的吗？朋友圈里都为他点赞。

投入：350 万美元，110 倍杠杆。由于判断准确，当晚就赚了 400 多万美元。

盈利：最终盈利 100 多万美元。（见图 5–25）

征战感悟：由于对这一次的战略进攻判断得十分准确，战役开局非常顺利，漂亮！

不料，第二天在盘中出现短期和预期不一致的走向，导致过早地获利了结。本可以一周盈利 10 倍以上的利润，结果只获得小胜。

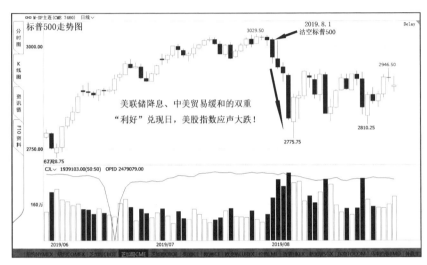

图 5-25　标普 500 走势图

究其原因，连续两天不睡觉，导致疲劳过度，加上随后盘中出现"逆势上涨"，神经过度紧张，唯恐涨势一旦延续伤及本金，瞬间便错误地放弃原有的正确判断，而采取了保守防御性策略——平仓，结果虽然盈利了，但也酿成了一次大的遗憾与失误。

成与败的启示录

> *⊃ 11 年来，他从大熊市的业绩翻倍，到走出国门征战华尔街再度取得骄人战绩；从传统技术分析方法到打造智能炒股的阿尔法牛，其间的成与败，给了他太多的思考与启迪。*

　　华尔街才是职业投资者真正的舞台。由于投资品种众多，投资工具齐全，华尔街没有牛熊，只有对错。在这里，不用承受漫长熊市的煎熬。

投资的方法在于简单有效，而不在于繁杂。"一招鲜吃遍天"说的就是这个道理。2008年君山虽然在熊市中用上"十八般武艺"取得了许多让人赞美的翻倍收益，但回头看，各种分析方法还显得太繁杂了，甚至过多的分析方法对操作形成了一种负担。经过10年的筛选，淘汰了许多低效的方法，操作的胜率得到大大提高。

成功必须付出辛劳。不要怕挫折，不要怕失败。在打造阿尔法牛的过程中，君山曾经历过无数次的失败，但在无数次的测试中，这只"牛"发现了世界上绝大多数公开的技术分析方法的荒谬。由此，它让君山净化了自己的操作系统，淘汰了许多无效的分析方法，使盈利模式更加趋于简单和成熟。

"15亿元赌局"的启示：迷人的华尔街真是天高任鸟飞，海阔凭鱼跃。但在这金子铺满的舞台上，也是暗流涌动，每前行一步都很艰辛。君山的"15亿元赌局"的失利就警示我们：投资永远不要忘记风险！

与时俱进，不断求索。随着谷歌"阿尔法狗"战胜人类的事件发生后，标志着人类进入了人工智能时代。工业机器人、自动驾驶等出现，预示着人类的许多工作将被机器人替代。金融行业也不例外，很难独善其身。不断完善"阿尔法牛"，正是时代的呼唤，也是摆在我们面前的迫切任务。

尾声： 留在"云端"里的微笑

在重访君山的日子里，我的心一直激荡不已。

虽然一晃，漫长的11年过去了，但我却亲身感受到他青春的活力一点没减，他执著追求人生精彩的步子一天都没有停。

股海风云，风雨无常，跌宕起伏。为了适应和战胜市场，他不断地探索，更新和提升自己原有的盈利模式。为了练精"武艺"，最终走出国门，征战华尔街，实现自己的梦想，他度过了11年艰难的岁月，付出了巨大的努力和太多的汗水。我为自己笔下曾经书写过这样一位出色的民间高手发生的巨变，感到惊喜和骄傲！

临别，我怀着不舍的心情，再次步入象征着时代脚步的炒股智能机器人——"阿尔法牛"的工作密室，再度目睹这只神奇的"牛大师"不知疲倦疯狂赚钱的实战场景。它每一单神奇的交易，我知道，那是君山11年来的心血，有欢乐，有泪水……

我真不想与它说"再见"。要出门时，君山向我揭秘："白老师，其实，'阿尔法牛'工作的服务器并不在这儿，您知道在哪吗？"我摇摇头。他神秘地指指天上的云，用玩笑的语气说："它在'云端'里！除了我的团队，您可是第一个见到它工作的真面貌的，千万要保密哟……"

我被君山的话逗乐了。

它在云端？

是的。

此刻，金秋的羊城姹紫嫣红，一片花的海洋。我抬头遥望蔚蓝的天空，似乎看到了藏在"云端"里的"阿尔法牛"，正在悄悄地看着我们，注视着它的主人。它在微笑！

我相信，在新的征程上，这只神奇的"牛"，一定会协助它的主人继续征战华尔街，去创造新的辉煌，笑傲世界！

后　记

　　时间过得真快，在采访的忙碌中，2019 年就这样不知不觉地过去了。

　　回想起自 2018 年底以来，在中国股市极端行情中一年多的艰辛采访，真是感慨万分。

　　首先，我要最诚挚地感谢慷慨接受我访问的五位杰出的高手。在日夜的访谈中，他们把自己多年从"奴隶"到"将军"的真实生动的传奇经历、制胜股海的"独门绝技"和用心血探索和总结出的种种"法宝"，毫不保留地奉献出来，甚至为显示所谈及内容的"真实性"，也为了满足许多读者的要求和心愿，他们还把当时操作的真实交割单捧出，让我随"实战案例"一并贴出，以帮助读者朋友解读其绝招的妙用效果（因篇幅所限，书中只摘取了一小部分）。这种无私的精神，令我着实感动。

　　此外，在与五位共同相处的日子里，他们全力支持我的采访，在生活上对年长的我体贴入微地照顾。他们每时每刻的关怀和爱护，让我一直感到十分温暖。

　　其次，在本书出版之际，我也要向全国《民间股神》系列图书的新老读者朋友们致谢！这些年，正是你们的厚爱与鼓励，一直鞭策着我不断前行。股市行情惨烈，采访难度极大，加上长期奔波身体疲惫，甚至生病住院，我曾几次动摇中断采访，若没有热心的读者朋友们的关爱和不断地勉励，我怀疑自己真的难以坚持下去。

　　当然，我更要感谢我的家人对我的支持与理解。为了采访，我大江南北，四处奔走，甚至中秋、春节假日都不能陪伴家人，这让我十分愧疚与不安。可以想象，如果没有家人对我工作的长期支持，我根本无法完成所有的采访任务。

最后，我要真诚地感谢深圳出版集团海天出版社的领导和编辑为这本书的早日出版面市，所付出的一切努力。聂雄前社长、张绪华执行副总编辑、市场部主任谢春桃、总编室陈丹、责任编辑涂玉香等，对这本书的整体策划、精心的编辑制作和后期的发行工作，给予了高度重视。对他们一丝不苟的忘我工作精神，表达深深的谢意！

与此同时，我还要对关心和积极为本书发行工作"铺路搭桥"的"预测赢家"陈占宇、张哲两位老师表示由衷的感谢！向大型线上学习平台"秋明说股"的文秋明老师以及九州证券广东分公司为《民间股神》系列图书的推广所做出的努力表示感谢！

近年来，我接到不少读者电话询问《民间股神》系列图书的发行信息和有关《民间股神（黄金版）》（即"绝技系列"丛书）是否出版。在此，将有关信息披露如下：

《民间股神（黄金版）》（即"绝技系列"丛书），目前尚未出版，但作者与出版社已有出版计划，会择机推出。

已出版的《民间股神》系列丛书的信息如下：

《看赢家怎样炒股：68 位中国证券高手的智慧》，2000 年 9 月，华东师范大学出版社

《走进大户室》，2000 年 10 月，江苏人民出版社

《民间股神：15 位股林高手赢钱秘招大特写》，2006 年 1 月，上海人民出版社（入选 2006 年"全国十大社科类畅销书"）

《民间股神·续集：十大股林高手赢钱秘招大特写》，2006 年 6 月，上海人民出版社

《民间股神·第 3 集：八大股林高手赢钱秘招大特写》，

2007年4月，上海人民出版社（荣获2007年"全国优秀畅销书奖"，同时被北京万卷宣传机构精选为"2008年十大股票图书"）

《民间股神·第4集：九大股林高手赢钱秘招大特写》，2008年6月，上海人民出版社（荣获2008年"全国优秀畅销书奖"）

《民间股神·第5集：顶尖高手，熊市翻倍》，2009年5月，海天出版社（荣获2009年"全国优秀畅销书奖"）

《民间股神·第6集：股市奇人，鉴股密码》，2010年6月，海天出版社（荣获2010年"全国优秀畅销书奖"）

《民间股神·第7集：草根英雄，惊世奇迹》，2011年8月，海天出版社

《股票投资高手100招》，2015年11月，机械工业出版社

《民间股神：传奇篇》，2015年3月，上海财经大学出版社

《民间股神：绝招篇》，2015年6月，上海财经大学出版社

《民间股神：短线交易系统》，2016年6月，上海财经大学出版社

《民间股神：像冠军一样交易》，2016年7月，上海财经大学出版社

《寻找中国巴菲特·寒夜亮剑》（即《民间股神》系列第8集）2018年3月，海天出版社

白青山

2019年12月于深圳